占察善惡業報經講記《修訂版》

一九八九年 紐約菩提心基金會
夢參老和尚 主講
吳碧濤居士 整理
方廣編輯部 校正修訂

深山中的一盞明燈

夢參老和尚生於西元一九一五年，中國黑龍江省開通縣人。年少輕狂，個性機靈、特立獨行，年僅十三歲便踏入社會，加入東北講武堂軍校，自此展開浪漫又傳奇的修行生涯。

隨著九一八事變，東北講武堂退至北京，講武堂併入黃埔軍校第八期，但他未去學校，轉而出家。

他之所以發心出家是因為曾在作夢中夢見自己墜入大海，有一位老太太以小船救離困境。這位老太太向他指示兩條路，其中一條路是前往一棟宮殿般的地方，說這是他一生的歸宿。醒後，經過詢問，夢中的宮殿境界就是上房山的下院，遂於一九三一年，前往北京近郊上房山兜率寺，依止修林和尚出家；惟修林和尚的小廟位於海淀藥王廟，就在藥王廟剃度落髮，法名為「覺醒」。但是他認為自己沒有覺也沒有醒，再加上是作夢的因緣出家，便給自己取名為「夢參」。

當時年僅十六歲的夢參法師，得知北京拈花寺將舉辦三壇大戒，遂前往依止全朗和尚受具足戒。受戒後，又因作夢因緣，催促他南下九華山朝山，正適逢六十年舉行一次的開啓地藏菩薩肉身塔法會，當時並不為意，此次的參訪地藏菩薩肉身，卻為他日後平反出獄，全面弘揚《地藏三經》法門，種下深遠的因緣。

在九華山這段期間，他看到慈舟老法師在鼓山開辦法界學苑的招生簡章，遂於一九三二年到鼓山湧泉寺，入法界學苑，依止慈舟老法師學習《華嚴經》與戒律。

鼓山學習《華嚴經》的期間，在慈舟老法師的親自指點下，日夜禮拜〈普賢行願品〉，開啓宿世學習經論的智慧；又在慈老的教導下，年僅二十歲便以代座講課的機緣，逐步成長為獨當一面，口若懸河，暢演《彌陀經》等大小經論的法師。

法界學苑是由虛雲老和尚創辦的，經歷五年時間停辦。學習《華嚴經》圓滿之後，夢參法師又轉往青島湛山寺，向倓虛老法師學習天臺四教。

在青島湛山寺期間，他擔任湛山寺書記，經常銜命負責涉外事務。曾赴廈門迎請弘一老法師赴湛山，講述「隨機羯磨」，並做弘老的外護侍者，護持弘老生活起居半年。弘一老法師除親贈手書的〈淨行品〉，並囑托他弘揚《地藏三經》。

當時中國內憂外患日益加劇，日本關東軍逐步佔領華北地區，在北京期間，以善巧方便智慧，掩護許多國共兩黨的抗日份子幸免於難。一九四〇年，終因遭人檢舉被日軍追捕，遂喬裝雍和宮喇嘛的侍者身份離開北京，轉往上海、香港；並獲得香港方養秋居士的鼎力資助，順利經由印度，前往西藏色拉寺依止夏巴仁波切，學習黃教菩提道修法次第。

在西藏拉薩修學五年，藏傳法名為「滾卻圖登」；由於當時西藏政局產生重大變化，排除漢人、漢僧風潮日起，遂前往青海、西康等地遊歷。一九四九年底，在夏巴仁波切與夢境的催促下離開藏區。

此時中國內戰結束，國民黨退守台灣，中華人民共和國在北京宣布成立。一九五〇年元月，正值青壯年的夢參法師，在四川甘孜時因不願意放棄僧人身份，不願意進藏參與工作，雖經過二年學習依舊不願意還俗，遂被捕入獄；又因在獄中宣傳佛法，被以反革命之名判刑十五年、勞動改造十八年，自此「夢參」的名字隱退了，被獄中各種的代號所替換。

他雖然入獄三十三年，卻也避開了三反五反、文革等動亂，並看盡真實的人性，將深奧佛法與具體的生活智慧結合起來；為日後出獄弘法，形成了一套獨具魅力的弘法語言與修行風格。

時年六十九歲，中央落實宗教政策，於一九八二年平反出獄，自四川返回北京落户，任教於北京中國佛學院；並以講師身份講述〈四分律〉，踏出重新弘法的第一步。夢老希望以未來三十三年的時間，補足這段失落的歲月。

因妙湛等舊友出任廈門南普陀寺方丈，遂於一九八四年受邀恢復閩南佛學院，並擔任教務長一職。一方面培育新一代的僧人，一方面開講《華嚴經》，講至〈離世間品〉便因萬佛城宣化老和尚的邀請前往美國，中止了《華嚴經》的課程。

自此在美國、加拿大、紐西蘭、新加坡、香港、臺灣等地區弘法的夢老，開始弘揚世所罕聞的《地藏三經》：《占察善惡業報經》、《地藏經》、《地藏十輪經》與〈華嚴三品〉，終因契合時機，法緣日益鼎盛。

夢老在海外弘法十五年，廣開皈依、剃度因緣，滿各地三寶弟子的願心。夢老所剃度的弟子，遍及中國大陸、臺灣、香港、加拿大、美國等地區。他並承通願法師之遺願囑託，鼎力掖助她的弟子，興建女眾戒律道場；同時，順利恢復雁蕩山能仁寺。

年屆九十，也是落葉歸根的時候了，夢老在五臺山度過九十大壽，並勉力克服身心環境的障礙，在普壽寺開講《大方廣佛華嚴經》（八十華嚴），共五百餘座圓滿，了卻多年來的心願。這其間，又應各地皈依弟子之請求，陸續開講〈大乘起信論〉、《大乘大集地藏十輪經》、《法華經》、《楞嚴經》等大乘經論。

夢老在五台山靜修、說法開示，雖已百歲高齡，除耳疾等色身問題外，依舊聲如洪鐘，法音攝受人心；在這期間，除非身體違和等特殊情形，還是維持長久以來定時定量的個人日課，儼然成為深山中的一盞明燈，常時照耀加被幽冥眾生。

二〇一七年十一月二十七日（農曆丁酉年十月初十申時），圓寂於五台山真容寺，享年一〇三歲。十二月三日午時，在五台山碧山寺塔林化身窯荼毗。

夢參老和尚出家八十七載，一本雲遊僧道風，隨緣度眾，無任何傳法舉措，未興建個人專屬道場。曾親筆書寫「童貞入道、白首窮經」八字，為一生的求法修行，作了平凡的註腳。

公元二〇一八年　方廣編輯部修訂

占察善惡業報經　卷上

為什麼要學《占察善惡業報經》？是怎麼引起這個因緣呢？這個因緣有很早的也有很近的。

最早的因緣是釋迦牟尼佛將要入滅了，堅淨信菩薩就向佛請問了，意思就是佛不久就要入滅了，這個世界的眾生是最苦的，佛滅後像法轉時，眾生善根淺薄，業障深重，邪說橫行，不知如何才能生起信心？應當怎樣作才是對的？佛就跟堅淨信菩薩說：「你問的問題太好了！在此會上有地藏菩薩摩訶薩，我請地藏菩薩給你答覆。」於是堅淨信菩薩就請地藏菩薩說《占察善惡業報經》。這部經的名字是整部經說完了，佛才說的。

《占察善惡業報經》有事有理，這是屬於《地藏三經》當中的一部經。有人認為《地藏三經》是小乘法，不肯學修。因為要學大乘法，要學圓滿教義，一生成佛，誰來學小乘法！錯了！看看《占察善惡業報經》，上卷你一看就懂，下卷就是華嚴境界了，那是屬於理的部分，就不容易懂了。但是現在不說理，先說事。

在我們日常生活當中，有些疑惑。例如有病，好像得了癌症，宣布死刑了，不會好的，但是依著《占察善惡業報經》會告訴你，癌症也可以好的。你們發願為了自己的家族，為了自己的子女父母等一切家屬，要生活呀！求點利養啊！我做這個生意，或我做這個職業，好不好？占察一下，他告訴你可以做，換句話說你一定可以發財。要是占察出來不能發財，就拜懺！拜占察懺；拜過了你再擲，一定會好的。一個七不行，你就再拜一個七，五個七，七個七……總會轉變的。拜一千天，你的一切業障都消失了，就能事事如意了。

「堅淨信」就是證得了清淨信、堅固不退失的意思。根據堅淨信菩薩自己的修行，他感覺到要使末法眾生的信心堅固不退，不被境界轉變是很不容易的，因此他請佛說這個法門；用占察的方法，來堅固信心。因為我們眾生的善惡業，都是由業果裡的惑因產生的！現在我們起心動念都屬於惑，占察之後，惑業消失了，就能得到清淨信心。我剛才只舉一種，這部經裡頭有一百八十九種法，比世間法的算命、批八字、打卦靈得多。現生的是一百六十種，問病、問發財，包括的事情太多了！出了問題，你念一萬聲地藏菩薩聖號，再去占，地藏菩薩會指引你一條明路。

在歷史上，隋朝菩提登三藏法師自從翻了《占察善惡業報經》以後，也沒人看，這個法很少有人注意，直到明朝蓮池大師專門弘揚淨土，他就提倡《地藏三經》。到了明末，蕅益大師就專門提倡《地藏三經》。

但是這個占察輪相呢？經上雖然有說，但是不知怎麼做。經上說這個輪相有小姆指那麼大，四面平，各面斜狹小下去。以前我想了半天還是沒有辦法，後來弘一法師弘揚《地藏三經》，並發誓願作地藏的孤臣，於是他就研究。他是音樂家，也是雕刻家、繪畫家，這方面的藝術他是很高明的。一九三六年我請老法師到青島市湛山寺去，我就跟老法師說：「我想拜這個懺，但這個占察輪，我始終不懂。」他說他可以做，老法師就依照這部經，就做出來這付占察輪，這是遠因緣了。

我有了這付占察輪，就在青島拜過好多日子的懺，雖然沒有清淨，但是罪業消失很多了。我所說的清淨輪相，是指身口意全部清淨。後來日本占領青島，這個修行就截斷了，這一斷就斷到現在，但我心心念念的還是想弘揚。我跟圓拙、妙蓮法師在福建泉州修建弘一法師紀念館時又發現了這付輪相，我就好好保存起來。因為那個時候我要辦佛學院，擔負很多的責任，沒有時間修持。這回我到美國來，圓拙法師也來了。在西來寺，我請他回到泉州時把那占察輪相的木輪寄一付來，這就是近因緣了。

《占察善惡業報經》上卷有好多的相，大家看看這一百八十九種善惡業報相就知道了。例如說我親近這位師父，聽他講經或跟他學法或皈依他，他是不是有真實的道德？我跟他學什麼？這也是這部經弘揚不開的原因，等於是暴露自己了；讓弟子們來占察，看我有德沒德？沒德就不要跟我學了。這個沒有關係的，你說我沒德，我可以修，我可以跟大家一起來拜懺，消完罪不就有德了！這不是更好嗎？因此我想我們可以共同學習。因為我們現在疑惑多，好多的事情認識不清。比如說我發心設一間大道場，沒有這個力量，怎麼辦呢？我請地藏菩薩指示我一條出路。因此大家要知道這個法門什麼樣叫相應，什麼樣叫不相應。一定要孰悉經文，占的時候一定得拜懺，最起碼得念一萬聲地藏菩薩聖號。

你要是把三部經都學習好了，恭敬地藏菩薩，保證不墮三塗了，也不要怕墮地獄、怕墮到畜牲道去。從你學《地藏三經》之後，永遠再不落三塗。像這種法門，我看恐怕不是一般的小乘吧！《地藏經》裡，佛對文殊師利菩薩說，文殊師利菩薩以他的大智慧一千劫都不能知道在忉利天的會場裡，有多少地藏菩薩的化身、分身。佛說：「吾以佛眼觀故，猶不盡數」。像這樣是一般的小乘法嗎？第五品是普賢菩薩請問，普賢菩薩會不知道嗎？第十二品觀世音菩薩請問地藏菩薩的功德，佛讚嘆不盡！我們從第一品的文殊師利菩薩、第五品的普賢菩薩、第十二品的觀世音菩薩、第十三品的虛空藏菩薩，這些都是圓滿果位的法身大士，也都是倒駕慈航示現度眾生的菩薩，我們就知道地藏菩薩是發什麼願力了。

我們看看各各菩薩所現的菩薩相，在佛教的菩薩裡，只有地藏菩薩現比丘身。「地獄不空，誓不成佛」，這種願力在《地藏菩薩本願經》〈地神護法品〉中，堅牢地神就曾讚嘆道：「如文殊、普賢、觀音、彌勒，亦化百千身形，度於六道，其願尚有畢竟。」涵義就是他們的願力都沒有地藏菩薩大。把地藏菩薩所說的三經看成是小乘，這是自誤，傳揚出去是誤人，因此希望大家好好的學一學。這也是近因緣之一。

大家怎麼擲占察輪？相應跟不相應，關係很大。例如佛恩寺的明光法師在電話中跟我說：「老法師啊！我看你這個綠卡有障礙了！你修行修行吧！你為什麼對人家加持，自己的事卻不管呢？」我說：「好！等我到紐約，我就念地藏菩薩，好拿綠卡。」我以前都是念普賢菩薩，這一次因為要弘揚地藏法門，所以講《地藏三經》，教大家打卦。但這個卦是地藏菩薩賜給的，他沒來的時候，這個卦你怎麼打，數字也不會對的。一百八十九個數字，三次都不出來，就只出一個一字，能辦到嗎？比買樂透獎還困難！對某一件事如果不是誠心的求，就不會相應。我問：「這回我去拿綠卡，能辦到否？」卦上說：「很困難！」來了之後，我又拜又念又求。我說：「我要弘揚《地藏三經》了，攆我走，我就弘揚不成了！」再一擲，困難立即消失。律師打電話就通知我去領綠卡了。

還有我問一件事情，我打了三次，數字都是一個。這三次是這個數字，再打三次還是這個數字，一百八十九種裡，連續九次都是這個數字，就不要再懷疑了。菩薩是不會生氣的，但護法神會認為這個人真沒信心。這個意思就是勸大家信。

什麼叫占察善惡業報？占就是占卜、占視之意。察是評審、仔細推察、審察。但是這個占察，有「事」也有「理」。「事」就是身、口、意，這叫三業。身業裡包括「殺、盜、婬」。意業裡包括「貪、瞋、癡」。口業裡包括「綺語、兩舌、惡口、妄語」。這叫十輪。這裡有「過去世」，「現在世」，「未來世」。十善業十惡業配合身口意就是第一個和第二個。第三個就是問現生的疑問，從一到一百八十九，包括很多事相，這叫三種輪相。

你要至誠的擲，念完地藏聖號，拜完懺之後，用一塊乾淨布，將輪放在右手掌上平放，往旁邊擲。第一次擲完了六個輪的數字，把它記下來，第二次又擲，完了把數字再寫下來，再擲第三次，這三個數字加起來，或者一百三十二或者一百四十七，對照《占察善惡業報經》。你心裡想問：「我這趟生意，買這個貨能不能發財？」占察的數字說：「你的病會好的。」那問的不是這件事，這就叫不相應，也就是菩薩護法沒有現前。那你就得再念一萬聲地藏菩薩，再擲。卦上說：「你這回貨或者股票千萬買不得！那你千萬別買了。這個不做，究竟做什麼好呢？再求。你得要生淨信，你要是沒有淨信，不行的。

還有，也可以幫助別人占。他既不信佛也不會拜懺，你幫他占，你得拜懺。但是有一個條件，他給你宣傳得名利，或是供養你紅包，這個絕對不行也不靈。你必須以大悲心，不忍看到眾生苦惱而來占。

這個「理」還有「懸談」的部份，我暫時先不講，講起來很深。因為大家在「事」上不通的時候就先去弄「理」，很糟！「理」上占察沒有必要。善性惡性就是性體亦善亦惡，離四句、絕百非。這個事相都學習了，再回來懸談妙理。例如我們講〈普賢行願品〉，給剛學習的人講「懸談」，他的腦殼都大了，他不知道你說到哪國去了？等他把〈普賢行願品〉學完了，經過一番的讀誦，他就能領略《華嚴經》整個的要義。最近幾年在大陸上我就是這樣，先講經後講「懸談」。「懸談」也必須要講，因為總說了，你才知道用心。占察只是一個過程，懺罪指示你方法，先學會了這個，到後面才能進入「一實境界、二種觀行」。

地藏菩薩教授我們，如果沒有得到清淨輪相，修定慧修不成，是因為你身口意三業都不清淨。得到清淨輪相，下半部就教你學定學慧了。而且這清淨輪相會告訴你學什麼法，學這個法，你就占察一下，問我現在學這個法，我過去的宿生是否學過？是不是能很快成就？對你來說不對，那就換一個；或者你想學密法，或者修禪宗、修淨土往生極樂世界，絕對能生淨土。哪個佛淨土隨便你，你一念自然就是一心不亂，能生。經上沒說極樂世界，但任何一個淨佛國土都可以。

每天受持《地藏經》，我自己是有經驗的。如果你天天受持《地藏經》，從你的夢中或者各種跡象，菩薩不一定會現身，但有些事情，好像你自己就有智慧，你自己就能判斷是非，理解力很強。占察輪也能告訴我們，例如你接近一個人，卦相會告訴你，這個人啊！你可不能接近，這個人是壞人；接近他，他下地獄，你得陪著他下地獄。經上雖然不那麼明顯，但義理就是這樣。女方占察男方，男方占察女方，經上說不要跟他來往，跟他來往要倒楣的，那你就絕對要聽地藏菩薩的話。另外找，多的很。找一個跟你道念相同，觀點一致，成為善友。組織家庭不簡單，大家都說這是一輩子的事，我說不是，沾上了而後成了惡緣，生生世世牽扯你，不只是一世的問題，這個可要慎重了。

有業怎麼辦呢？夫妻倆商量商量來拜地藏菩薩，請地藏菩薩加持。我依著這個法子試驗過，不太多，大概還不到二十多對。有的已經要離婚了，找到我了，跟我說。我說：「我是還沒結婚就出家了。佛不會叫你們倆離婚的，這是犯罪的；但是有個法子，念念《地藏經》，占察一下吧！」他們倆一打架的時候，就想起師父說的念念地藏菩薩很好，就跪在那兒念一念，心平氣和了，就不吵了。我衝你笑一笑，你衝我笑一笑，完了。一回兩回的這樣做，家庭漸漸就和睦了。這一百八十九種跟世間的打卦抽籤算命絕對不同。

既然是叫我們占視詳審業報，善惡就是果報。我們大家現在都是一個報身，報身雖然不同，但是不出兩種業。什麼業呢！善業與惡業。例如你現在每天病歪歪的，可以斷定殺業重。依照佛經上所說的，這個人遇事都發脾氣，不論跟誰，乃至於他自己的三歲小孩都一樣；誰也沒惹他，他自己坐那兒心裡就有股氣，對自己也發脾氣。這類事我們都有！自己把東西遺失了，你不怪自己，反怪別人把你的東西給抓錯亂了。緊急需要這個東西，一找，找不到了。你擱到哪裡去？忘記了，反倒怪夫人，或者怪小孩子。這樣一來，就吵，連鬧帶吵，就熱鬧了。這樣更找不著，這就是「瞋」。這個脾氣發慣了，遇事就發脾氣。

還有，看問題，看的總是跟別人不同，好像他那個是鶴立雞群似的，有獨到的見解，其實是「愚癡」。這種人是絕對的愚癡，認為自己了不起，其實他是最倒楣、最沒有智慧的人。這樣一來，大家都眾叛親離，誰願意來親近你？有再大的權勢都不行！有的人心裡畏懼，做什麼事都膽怯，沒有「勇猛心」，有的人外表看似很有辦法，心中空虛的很，這也叫怯弱的表現。不過，地藏菩薩賜給我們善巧的方法。一切事物都有矛盾，要想斷絕這種過患，你學學《占察善惡業報經》就能斷。這個占察的方法叫「理」占察。

我們占察什麼呢？占察我們的善業和惡業。從我們現在的「報身」就知道過去世的惡業重，還是善業重。有人說，凡是信了佛的佛弟子應該善業重吧！其實也不盡然。入了佛門是不錯，有沒有在佛門裡造罪呢？我看還是不少。我是出家人，出家人不能言出家人的過，但是我們不妨從世間相上來說一說吧！如果不修道、不講經、不禮懺、不念佛，一天到晚搞世間法，這就是人雖出家，心沒有出家。有些居士在百忙中，抽出來一天，他還要學法、念經、拜懺，他雖然身沒出家，他的心出家了。

所以一學了《占察善惡業報經》，我們的眼睛亮了。但還得防範勿造業，跟佛所說的話一對照就很清楚了。你可憐眾生苦，要是沒有業多好呢！個個都修成道了。這是地藏菩薩的願，也是觀世音菩薩的願，學菩薩道的我們也發這個願。因此學了《占察善惡業報經》，從自己的善惡業思惟觀察，這也是占察之意。

在意裡兼雜著一個惑，煩惱惑。身口沒有，身口只是業。第一輪我們就要占察身口意，占你的身業時，如果過去沒有殺、沒有盜、沒有邪婬，你擲第二次的時候，就把殺盜婬剔出去，只要擲妄語、兩舌、綺語、惡口跟貪瞋癡三業。看哪個業擲出來特別重，你拜懺的時候，就專懺這一業。這不是籠統的說，法界眾生罪業我都給他消除了，這個回向是好的。例如專懺身業的殺盜婬，可能惡業轉成小善了，也可能一字沒寫，就是你這個業也不大也不小，但不至於感果；那麼這個你不擲它，就只擲你業重的那一個。

第三輪共有六個輪，擲三次，數字加起來，共有一百八十九種數字，從我今生所做的業，牽引到未來。未來是到淨佛國土生天嗎？生到阿修羅道嗎？不落十道之外。還有能學到佛法不？能遇到聖僧不？能遇到善知識不？能遇到佛不？能遇到菩薩不？這一百八十九個數字，六輪各有一面是空白的，例如一、二、三是一個輪，一面空白；四、五、六是一個輪一面空白，以下皆如是。六個輪擲三次，把數字加起來，就是你所得的數字。和《占察善惡業報經》上，地藏菩薩告訴你的數字相互對照，你所要問的一切善惡業果，都會得到答案。瞭解之後，善業重的，還要更加修，因為你還沒有得到神通。不是都想得神通嗎？把《占察善惡業報經》修好了，就有神通了。這不是你自己證得的，而是地藏菩薩給你的。有了神通，觀自己、觀別人、觀國家，或者地震、風災、水災都能知道。國家的政治不穩定、國王不行善，因此感到果報。還有眾生業太重，要怎麼變化？就要靠你的智慧了。這不算多，有很多的事情，還沒有說到，但也有相似的。你根據這個輪相所現的數字，再加上你心裡所要問的客觀境界相去判斷，你會有處理的方法，這就叫正確。

這個題目如果依過去講經的方式來講，又要通式、又要別式的，那要解釋很久，這就是「懸談」了。要是學的糊裡糊塗的，反而弄不清楚我們要學的事了。我希望大家都學會，也希望諸位善人發心，不清楚的互相教一下，我們要是有一付占察輪在家裡，供在佛前，事先把地藏菩薩聖號念好。不一定要天天拜懺，不過第一次一定要拜懺。完了你跪在佛前占察一下，地藏菩薩會告訴你怎麼做，不會錯的。錯了，地藏菩薩《占察善惡經業報》負責，你別看菩薩相是空的，比你還實在，什麼都可以壞，但信仰心不壞，地藏菩薩的願力不壞。

但是你得堅定信心，得經得起考驗。

我這個和尚經得起考驗，住了三十三年監獄，我還是這個樣子，還是和尚不變。大家都去關三十三年，看你變不變？不變就說明你堅定了。或者你經常的打妄想，無論學哪部經、哪部論，都要至誠一心。你必須至誠的拜懺，拜懺、占察的時候，不能胡思亂想，不能褻瀆菩薩。要來占察打人家壞主意，你絕對會倒楣的，不但得不到輪相，護法神還會治你，因為這個不是蠱毒，不是咒術。

這部經是在我們中國隋朝，一位北印度的和尚，三藏法師菩提登翻譯的。沒看他翻過別的經，我在〈教乘法數〉或是辭典裡也找不到出處，我們就不詳細講他的歷史了。自古以來，序、正宗、流通，這三分是要講的。把這部經分做三大段，前段是沒入正文的開始，從「如是我聞」到「是故我今令彼說之」為止，這叫序分。從「爾時堅淨信菩薩既解佛意」到下卷「供養於佛及地藏菩薩摩訶薩」，這都是正宗分。最後佛告訴一切與會大眾說，這部經的名字叫《占察善惡業報經》，大家信受奉行，這叫流通分，要流通這部經。

如是我聞，一時，婆伽婆一切智人，在王舍城耆闍崛山中，以神通力，示廣博嚴淨無礙道場，與無量無邊諸大眾俱，演說甚深根聚法門。

「如是」就是這一部經。人有人的身體，事物有事物的體，這部經的體是什麼呢？就是「一實境界」。有的叫「法界」，有的叫「如來藏心」，有的叫「真如」，這些名詞雖然很多，但意義是一個。「我」就是指每個人自稱無我的我，也是阿難的自稱，也是「常樂我淨」四德裡的我。在小乘法裡，阿難還沒有證果，在大乘法裡，則稱呼阿難是菩薩了。大乘的經藏都是他集結的。這個「我」不是我們這個肉身報身的我，而是指法體。以下這些法是我親自聽到的，這些法是佛親自說的。

「一時」是時間的成就。「婆伽婆」就是「薄伽梵」，也就是「世尊」。最初翻經的時候，鳩摩羅什用義理來翻，就翻成「佛」。玄奘法師翻「薄伽梵」，外國法師有用「薄伽梵」的，也有翻成「大金仙」的。「薄伽梵」是音譯，在佛的「六種不翻」當中，這是由於多涵義而不翻譯。

「佛」在什麼地方呢？在王舍城。王舍城就是阿闍世王住的國度。離王舍城幾里路有座靈山，也就是靈鷲山。本來是座普普通通的山，是王舍城的一個道場而已，但佛以佛的神通力變化，使我們肉眼看見不同了。這些聖境得用道眼才能看得到。像我們看娑婆世界，磚頭瓦礫的，就是五濁惡世，但華嚴會上，還是這個娑婆世界，就稱為華藏世界了，這是法身大士所觀，每個人的感覺不同。

例如你看什麼都是煩惱，等到你有點道力了，心清涼了，什麼事都是快樂的，反正是隨緣度眾生。有些人看什麼都不滿意，因為他的業很重。我有一位弟子，他到哪兒都不滿意，那怎麼辦呢？就自己懺悔吧！不是讓人家都服從我，佛是隨順一切眾生，你喜歡這樣的，就示現一個這樣的。你喜歡那樣的，喜歡到極樂世界，都送你去。但是文殊、觀音、普賢、彌勒這些大菩薩看這個世界，和西方極樂世界，和東方藥師琉璃光世界一樣的，都在華藏世界裡，這就是人的看法不同。「廣博嚴淨」，這要看是誰來看的。

在這會中無量無邊的大眾，這數字大家不需要要求的很正確，一者是形容詞，二者我們肉眼也見不到，佛在忉利天說法，《地藏經》上沒有提到舍利弗、目犍連，難道他們沒有神通嗎？當然有。《地藏經》是部孝經，每年七月十五盂蘭盆會，講到目犍連尊者這位孝子，為什麼呢？因為《地藏經》是說地藏菩薩做的事，羅漢還沒有資格參加。為什麼有那麼多鬼王呢？因為地藏菩薩有很多化身應在地獄，要是不說鬼王，就沒有意義了。因此學法要學的如理，還得入事。我們不能離開現實的境界相和社會的背景。有些人念《地藏經》，看見那麼多鬼，說我本來是不怕鬼的，這一念覺都睡不好了，晚上別念了。其實《地藏經》就得晚上念，因為你要度鬼。有些人確實是人不做人事！所以學法要會學。

「甚深根聚法門」就是一百八十九種占察輪相。從眼睛、耳朵、鼻子、舌頭、身意對的色、聲、香、味、觸法，跟所起的眼識、耳識、鼻識、舌識和身識。為什麼占察輪第三組輪上是十八個數字呢？代表十八界。我們做事離不開根、也離不開塵，更離不開識。為什麼甚深呢？後文會再解釋，不過是淺顯的，我們還可以再說深一點。要知道觀自在菩薩，就是「觀世音菩薩」的我，就是「無我」。他修觀五蘊，用什麼觀呢？用甚深般若智慧觀。

阿難尊者說這個「我」，就是觀自在菩薩那個自在的我，他說此法是我親自聽到的。「如是」是「信成就」，「我聞」是「聞成就」。「一時」是「時成就」。「佛」是說法主，這是「主成就」。靈鷲山是「處成就」。「無量無邊諸大眾俱」是「眾成就」。一切經都講「六種成就」，缺一種不可信。處所提完了，說的是什麼法呢？理事不礙、事理圓融的法。雖然是一百八十九種數字，不礙圓融義，相即無相，這很不容易。什麼相呢？「一實境界」相、「真如」相、心相，就是我們的「如來藏心」，而我們的「如來藏心」就含藏著這一切法。

「一時」，我要多解釋幾句。無論哪部經都有「一時」，什麼原因呢？時間定不出來。我們看《華嚴經》，那是四教判的三七日。如果說《華嚴經》只是三七日二十一天說的，那〈普賢行願品〉中都標明佛成道之後三七日還沒有度五比丘呢！華嚴會上怎麼會有舍利弗、目犍連呢？而且印度的時間，從來沒辦法考證的。因為我住過拉薩，我就知道有些地方的日子是可以增減的。本來跟漢曆是一樣的，一會兒差兩個月了，有時候又提前二十幾天！這是什麼原因？例如今天是初八，日子不好，怎麼辦呢？他就算今天是初七、明天還是初七，可以過三、四天，就這麼一直初七下去了，完了再初八、初九。那月份也少了。我們在拉薩過他們的年，很奇怪！臘月裡頭就提前過年了，一共過了五個年。漢曆年、藏曆年、尼泊爾的年、印度的年等等。時間是不定的。

另外在道場聽講的有天、也有鬼神、八部，根據誰的為準呢？怎麼辦？就用「一時」。怎麼講呢？一個契機、一個契理。願意學叫「契機」，和佛所教導的義理相合叫「契理」，因此就定了「一時」。

爾時，會中有菩薩，名堅淨信，從座而起，整衣服、偏袒右肩，合掌白佛言：「我今於此眾中，欲有所問，諮請世尊，願垂聽許。」

每逢菩薩請法，都有請法的儀式，像受三皈有受三皈的儀式。有一位菩薩叫「堅淨信」，從他的名字我們可以體會到「淨信」。什麼是淨信呢？信我們自己是佛，不過有一樣不同，還沒有開光呢！因為有惑業被障住了。凡是開過光的佛，比肉身還真實。像釋迦牟尼佛的像供在寺上，一供七八百年，但是我們這個身體不曉得換了好多次了？所以沒有那麼真實。我們的真假往往是顛倒的。大家想一想，你看祖父或者曾祖父的相片時，他早不在了，他那肉體是真的，相是假的。總不能說他這相片是真的，肉體是假的，人家會認為你顛倒了。其實他顛倒了！他的肉體早沒了，他的相片還在。這個道理大家去悟悟吧！真真假假、虛虛實實，你要是被騙了，就沒有辦法逃出這個圈子。你要是真正明白了，騙不到你，門關上你還是照樣出去。我說這是有事實證明的。

我在青島佛學院時，有位教古典文學的董老師，他的信心很堅定，念佛念的很好。他在屋裡念佛，念著念著迷迷糊糊的念到外頭來了。有一個同學叫他，跟他說話，話說完了，他自己很疑惑，怎麼到外頭來了？要進屋子，鑰匙丟到桌上，門開不開。念著佛就出來了，沒屋子也沒身體，身體和屋子合了。我們老法師說：「相應啦！」可惜他就這麼一次，下次他就不靈了。為什麼呢？有作意故。所以我們要從有作意達到無作意的念。

信我們就是佛，否則永遠成不了佛，這叫「淨信」。這就是華嚴、法華等一切經論講到深處的「緣起性空」。一切本來都是空的，無障的。有障礙是你自己給自己做的。處處不自在，為什麼？因為迷了。所以，以堅淨信菩薩為代表，對這占察法一定要生起堅定信心。千萬不能當成了世間算命、批八字，因為沒有對治法。要是人家算定你準死，那麼你可以跟他說準不死。佛法和任何法都不是定的，在佛教講，任何事物全在運動當中。我和人抬槓說，這是恆星，那是恆星，其實有相的都不是恆星，沒有恆星。只有一個是我們每一個人都有，合起來大家都是一個，跟一切十方三世諸佛合起來都只有一個，什麼呢？「一實境界」，無境界的境界。堅淨信菩薩就能堅固這種信。跟講「觀自在」的名字一樣，的確有這麼一位菩薩，所以他來請法。

「請法」，佛在世說法沒有那麼嚕嗦，傳到中國來，事就多了。要先請法師，帶弟子禮拜一下。佛當時托缽完，吃完飯，大家坐在一塊，佛往當中一坐，這就說了，《金剛經》上就是這樣記載的。但是到了中國，為了法的威信，就變了。在西藏是從來不講經的，都是用問答的方式，辯論質問的形式，但是都很神秘的，必須把它做的神秘一點，你看了才覺得是真的；不神秘了，你告訴他真正的好法子，他不信。沒有密法！所謂「密」者是不對機，不能跟他說就是不對機而已，哪有什麼密呢？佛既然要說法度眾生，哪有給眾生這個聽得，那個聽不得！

因此堅淨信菩薩從座位起來了，把他的衣服整理好，「偏袒右肩」，表示他是比丘。因為地藏菩薩現的比丘相，所以請法的也現比丘相。「偏袒右肩」這個右胳膀一定得露出來，可不是穿上衣服的，像我們這樣是非法的，但你讓我都脫了露一個膀子，我還是不習慣，隨順這個時代的因緣吧！至於袍子，是中國式的。我到印度去看，人民都是這樣子披衣服，只是顏色不同。

「合掌」，我們經常說「胡跪合掌」。請法都是單腿跪，有雙合掌，也有單合掌。我們這兒比丘的合掌是兩手當心，其實這不叫合掌，叫合十。要請法就得說，我現在在大眾中有所請問。「願垂聽許」就是試試你同意不同意，我不敢冒昧。

佛言：「善男子！隨汝所問，便可說之。」

佛就說：「可以！你要問什麼，我都答覆你。」只有佛能這樣說！菩薩、羅漢，其他的一切法師根本就沒有智力回答一切所問。僅就知道的，才能答覆所問，不知道，也沒法答覆問者，因此我也學會這套了。這不是滑頭，確實是沒有圓滿智慧，像在這個法會上，一般的菩薩也不能說他全都知道了，因為還沒有到佛位！過去未來還有迷惑，有迷惑就沒有明白，你怎能全知道呢？「隨汝所問，我必一一諦答。」這只能佛說。

堅淨信菩薩言：「如佛先說，若我去世，正法滅後，像法向盡，及入末世。如是之時，眾生福薄，多諸衰惱，國土數亂，災害頻起，種種厄難怖懼逼擾。我諸弟子，失其善念，唯長貪瞋嫉妒我慢，設有像似行善法者，但求世間利養名稱，以之為主。

堅淨信菩薩就向佛表白了，說佛過去常這樣說。正法滅了，證果的沒有了。「正法」就是聞法的很多，說法的也很多。要是入了末法，說法的沒有了，聞法的場合都沒有了，只有損害衰惱。「衰」就是損滅的意思，國土破滅，這個國家就不得安寧。災害，空中各種怪現象，風雨失調，水災，火災、災害太多了！有人為的，有自然的。「種種」就是多的意思。

「厄難怖懼」，有人說他沒有什麼恐懼，因為也沒有誰去擾害他。我在洛杉磯遇到一個人就這樣。我說很好啦！我可以稱你是觀自在菩薩了，《心經》上說，有罣礙才有恐懼，你沒有罣礙了，那你還不是菩薩了嗎？他說：「不敢當，罣礙還是有一點。」我說有罣礙你就有恐怖，晚上睡覺做夢吧？他說夢是假的。我說做夢的時候，你認為是假的嗎？做夢有恐懼，醒著就處處有恐懼，你擔心孩子吧？憂愁就是恐怖。不一定是人家逼迫你才恐怖，自己也會生起無明的恐怖，例如你對一件事沒有把握，心理就會恐懼了。

我們信佛的人，善念如果消失了，貪瞋癡就增長了，這是相反的。這面沒有，那面一定增長。貪瞋癡發之於身口七支。不論什麼，要是說深奧一點，貪佛法也是「貪」。對你的煩惱賊和魔障，在究竟義上講都叫「瞋」，還沒破無明證寂滅的時候，有一分無明，就有「癡」。「我慢」更是大家具足的，即使是做點好事，也塑佛像，也聚在一塊學習佛法，都是相似像，夾雜妄想。但這也不一定，我們自己檢查，不要認為末法了，我們就必定具足這些業障。雖然是末法，但是我們的心還是清淨的，業就不一定，也有相應的時候，這只是總說。

總說末法的時候，只求世間名聞利養。我聽好多的道友們說：「我信佛那麼多年了，沒感應！或者感應了，但佛菩薩加被不夠！」我說：「那就說明了你這個人佛事做得不夠。」他說：「那是你們和尚的事。」我說：「這個信佛堅定不堅定，不一定出家不出家，就以你自己為出發點吧！」

這個世界災害多，業力大，佛菩薩不加持，怎麼辦呢？怨自己為什麼趕到這個時候來？早也不來，晚也不來，偏偏這個時候來，那你該倒楣，這是你的業！抱怨誰呢！哪個國家不好生，偏偏生到中國？有人說願生美國狗，不生中國人，那就等下輩子吧！下輩子恐怕都不行，你的業還不知道把你送到哪裡去了？還想在美國當狗呢！不過美國狗確實闊呀！我到美國看那主人給狗洗澡，上車先把狗捧上去，要是侍候父母是這樣，他就是孝子了。但也不能說他不是盡孝，焉知這狗不是他過去生的父母呢？他為什麼對它那麼恭敬，那麼侍奉呢？不會沒有原因的。是不是美國狗都是這樣呢？我看也不盡然。美國也還是有很多野狗，在街上跑，肚子癟癟的，也沒有繩子牽著，還要被抓，不定啦！所以我們看問題要看遠一點，這就是末法。

不能專心修出要法。爾時眾生覩世災亂，心常怯弱。憂畏己身及諸親屬，不得衣食充養軀命，以如此等眾多障礙因緣故。

「出要法」就是離開三界之法，也就是清淨法。因為眾生看見世態炎涼，所以就憂懼了，求道的心也怯弱了，他不發慈悲心，只顧慮他自己，生到這個世道來很危險，六親眷屬求衣無衣，求食無食，有這麼多障礙因緣，所以：

於佛法中鈍根少信，得道者極少，乃至漸漸於三乘中信心成就者，亦復甚尠。

不但得道的少，連信道的也沒有了，就是在三乘中，生起信心的也很少。

所有修學世間禪定，發諸通業，自知宿命者，次轉無有。

如是於後入末法中經久得道獲信禪定通業等，一切全無。

「世間禪定」，像四禪八定，現在還有。我們看劍俠小說，發出劍光的都沒有了。這在盛世並不稀奇，在西藏這類人物還有，但他不惱害別人，凡是有這種道業的人，他會很小心；越是善念深厚，越保護善念，他知道他過去是做什麼的，像這樣的人越來越少，以至於根本沒有了，怎麼辦？所以：

我今為此未來惡世像法向盡及末法中有微少善根者，請問如來，設何方便開示化導，令生信心，得除衰惱。以彼眾生遭值惡時多障礙故，退其善心，於世間出世間因果法中，數起疑惑。

「數」不念「ㄕㄨˋ」念「ㄕㄨㄛˋ」，「數起疑惑」是經常懷疑之意。

不能堅心專求善法。如是眾生，可愍可救。

不能堅固他求善法的心，這類眾生實在可憐，應當救護他。

世尊大慈，一切種智。

您是有大智慧的。

願與方便而曉喻之，令離疑網，除諸障礙，信得增長，

求開佛恩，以善巧方便的方法，在末世度這些人；使他們不懷疑，修道的障礙都消除了，善根增長。

隨於何乘，速獲不退。」

無論大乘小乘，只要能不墮三塗，不在六道中輪轉就好了。我剛才說誰要你在這時候來了？因為我們業障重。但也有不同的，不知道我們哪位善男子善女人是菩薩化身，越是在末法的時候，大菩薩來得特別多，這些行菩薩道的大菩薩，不在這個時候來度眾生，到哪兒去度呢？到西方極樂世界去度？布施給誰？那兒黃金為地，喜歡的話拿去吧！布施也沒人要了。跟誰生瞋害心？用不著，誰也不會惱害他，貪瞋癡自然就沒有了。但你怎麼能生到極樂世界去？問題就在這兒，這都含著菩薩的憐憫力，假使他有微少善根，就想辦法把他救走，除掉疑惑的網，占察法就是教你不疑惑。

這是《占察善惡業報經》發起的因緣，因為堅淨信菩薩觀察到以上這些情況。他是修堅固信心的，得名堅淨信。堅固信心究竟講起來就是信自己。追求佛法僧三寶，性體就是佛，自己的行動思想就是法，法寶和身體合起來就是僧寶。信心不堅定就不清淨，不相信阿彌陀佛、釋迦牟尼佛是外相。他力和自己結合在一起，這種究竟了義等到下卷時再講，一般來說，我信佛法僧，這是住世的三寶，信自己的佛法僧才是究竟理體的。如果你自己不相信自己，怎麼辦呢？就得假外緣佛法僧來引發你的信心。

堅淨信菩薩說，我現在為未來末世像法向盡，從「正法」轉到「像法」，「像法」也過去了，這「正法」、「像法」怎麼解釋呢？從佛成道說法、度弟子、涅槃，再經過五百年，這五百年間，一聞法、學法就證道，就得成就，這叫「正法」。第二個五百年叫「像法」，證道就漸漸少了，但學法的信心還是相當深厚的，學經學論也很殊勝，到這五百年再過去，就是末法一萬年。説是一萬年，也不一定。這種是歷代祖師分的。其實「正法」、「像法」、「末法」是對著眾生的機感而分的差別，你得道、認真修行，對你來説，這個地方就是「正法」。例如這整個的社會，在我們南瞻部洲，講黑暗與光明，就是看佛法興盛不興盛。經書雖然是佛法，但你自己的心法體悟才是法寶。要使這個法沒什麼正末，那就依眾生機來定。

每一尊佛都是隨順世俗諦的。釋迦牟尼佛在雙樹林下示現入涅槃了，後來道宣律師感應天人送供，他就問天人：「世尊入涅槃到什麼地方去了？」天人説：「你問哪位世尊？」「釋迦牟尼佛呀！」天人説：「哪個釋迦牟尼佛？」「就是在印度成道説法的那位！」天人説：「釋迦牟尼佛很多很多，有降生示現，有講經説法，現在在靈鷲山講《法華經》，在普光明殿説《華嚴經》，在楞伽山講《楞伽經》都是的。你問的是哪位？」從天人眼光看有很多的釋迦牟尼佛，在我們肉眼看，就這麼一位釋迦牟尼佛。

法沒有一定的，但隨順世俗諦，我們確實感覺到釋迦牟尼佛不在了，這個世界的確是苦，不是這個跟那個打，就是那個跟這個打，還有水災、火災等等。整個地球的氣溫都在轉，例如去年冬天中國的東北很暖和，就像秋季一樣，現在突然大雪，冷得不得了，這就是「末法」的表現。這樣一來就要死好多人！這裡水災，那裡旱災，這就叫「末法」。

堅淨信菩薩觀察到這些情況，就向釋迦牟尼佛請求，到了「末法」的時候，如果還有一些微少善根的，有沒有什麼方便法，開示化導他們，令他們能夠信心堅定，沒有衰惱損害的感覺。因為眾生到了這個時候，就稱為「五濁惡世」了。「濁」是混濁不清的意思。「命濁」，我們的生命沒有保障，也有十歲死的，也有五十歲死的，還有活一百歲的，不能一律，這是「命濁」。「見濁」是看問題的看法不同，爭執得不得了，引出了混亂。虛誑不已，瞋怒爭鬥，人貪於愛欲，「煩惱濁」是也。還有「劫濁」，劫就是「時分」，時候不好。還有一個「眾生濁」，簡單的說就是社會道德、人倫事理都是奸道了。這就叫「五濁惡世」。特別是「見濁」，兩夫婦看問題不合，父子不合，這個國家跟那個國家不合，就打仗！大障礙！都是「見濁」的現象。

這個時候得用什麼方法，去除他們的障礙，發起慈悲善心呢？必須相信世間和出世間的因果。因果有兩重，苦集滅道四聖諦法裡，苦是果，集是因；道是果，滅是因。不相信因果，什麼事情都搞不好了。在儒家裡也講，「用人不疑，疑人不用」。例如信佛，有的人信佛之後，確實很順利，菩薩也特別加被。有的人本來很順當，一信了佛什麼都不順了。什麼原因？因為當初沒信佛，所以也無所依賴，遇著什麼受什麼；既然皈依三寶了，彷彿佛菩薩就該加被了！這就生起懷疑了。

要知道佛菩薩加被還得有因呢！自己絲毫沒有那個因，佛菩薩對你也沒有辦法。不論哪位佛菩薩發願，都要度盡眾生，但是下句話就是「無緣不度」。因此必須得結個因緣，這個因緣怎麼結呢？就是你在寺廟裡單合掌、小低頭都能夠成佛。至於什麼時間成佛呢？誰也不敢定。你要是勇猛精進的修，堅定不移的信，時間就縮短了。三天打漁，兩天曬網，這一輩子信了，下一輩子又墮落不信了，就這麼似信非信，時間拖得非常長，這都是不定法門。

像這類的眾生是可悲憫的，佛啊！您是大慈大悲，能不能夠救他們？您是有一切種智的大智慧之人，是否可以說一種方便法，令末法的眾生信了之後不懷疑，做事順當，信心增長。剛才說為什麼信佛的人同樣皈依這個師父，有的人順當，有的人不順當？這也是善惡業早晚成熟的時機不同，而且信的時候，裡頭夾雜著名聞利養的關係；求佛菩薩保佑我發財，否則我就不信，這樣子佛菩薩不會令你發財的，因為這不是他度生的本願。

命也就是種了那個因，當然得結那個果。如果過去沒有種因，現在才種，慢慢就會因緣成熟。如果想求快，得如法修，否則不成。例如買樂透獎一下發大財，但也有人一下子把命送了。以前在天津得到獎就是五萬或者十萬大洋，買一所大樓也不過兩萬大洋。有一個拉黃包車的，他買了，一看中了，高興得把黃包車甩到海河去了。跑去領獎，才發現獎券還在車座底下，這到哪兒去找？他也跟著跳河了！

有些人則有其他的因緣。像我在洛杉磯看到一個飯館打工的，中了樂透獎。這個「幫」找他，那個「會」也找他，六親眷屬都來了，乃至於威脅也來了。把他嚇得說：「那些錢我一個也不要，誰愛誰去要。」後來又去打工了。因此眾生如果沒有智慧，看不到那麼遠，認為這是好事，好事後面跟著就是壞事。你要好的，準有壞的；苦和樂是相對的，有正面準有背面。我們佛教徒兩面都不要，「隨緣消舊業，莫再造新殃」。

剛才說為什麼信了佛反倒不好呢？那是因果看得太近了。我以前在青島佛學院的時候，聽過這麼個故事。有個姓李的，他是一位惡勢力的財閥。第一次世界大戰之後，德國人交給他一間屠宰場，這間屠宰場我還去念過經。在三〇年代，這間屠宰場都是機械化的，很了不起的。牛從這邊搖進去，那邊皮是皮、骨是骨、肉是肉。他給德國人打工就揀著便宜，福報來了。窮的人富不得，富了就不得了，什麼壞事都做。青島人恨死他了！動法律、動勢力，他有錢把官府全買通了。後來民憤太大要殺他，他就把經濟轉移到廣州買船跑南洋，一改以前的作為，盡一切的力量做好事，任何人求他，一定幫助。於是廣東人就稱他為李老善人了。

他死的時候很慘，到船上檢查，不曉得怎麼樣摔下去了，正好另一艘船開過來，這麼一撞，撞的粉碎，屍骨都沒有了。廣東人就抱怨老天爺，這樣的好人給他這麼個惡報，青島人則說天道不公，這樣一個惡人給他逃脫了！問題出在什麼地方呢？不知道！兩方面都不知道業果成熟的時機。占察善惡業報就可以瞭解，但僅就當生的說，多生累劫，那錯綜複雜的事太多太多了。

《占察經》告訴我們不好怎麼辦？懺悔，懺了就可以轉換，懺了又沒轉換，再求，一定成功。都轉換了，你就知道《占察經》能起這個作用，斷了大家的疑惑。我始終不信打卦算命，為什麼？我們佛教講一切的事物、人、社會、山、海，念念在變。西藏的喜馬拉雅山以前是海底，我說這話大家可能不信，登山運動員從喜馬拉雅山頂揀回來的就是貝殼。地球也不是永久存在的，到了年限它一定消失。至於科學說太陽月亮等是恆星，也全都不對，沒有一樣是永恆的，全是在運動中消失。變到沒有之後，是不是真正的斷滅了呢？佛教不講斷滅，還是在大氣層裡頭，慢慢又形成一個星球，但不見得叫「地球」這個名字。《華嚴經》〈世界成就品〉裡講世界是怎樣來的，就是這個原理了。但是很多人看見了才信，其實有時候看見了也不見得信。有人說眼見為實，耳聽為虛。

要抬槓的話，有幾樣事非信不可！例如歷史上的事件太多了，秦始皇沒見過，信不信？歷史可以不信。但是家裡頭祖父的祖父沒見過，信不信？古人的經驗留下來，我們一定得信，要事事都得自己見到很不可能。很多人沒到過美國，我們要是跟他說美國，信不信？雖然他沒見著，別人見著了，你能說沒見著就沒有嗎？所以個人的知識有限，怎麼辦？就靠佛菩薩給我們教育的方法，占察輪也是方法之一。

我們沒看見的有很多，例如鬼，釋迦牟尼佛說有鬼道，並不是我們說的那樣。鬼是一道。人死了，螞蟻死了，畜牲死了，經過鬼那一道，也許轉鬼，也許不轉鬼。死之後叫中陰身，中陰身不是鬼，這叫遊魂。乃至於狐狸、長蟲、狼這些成了氣候的畜牲，大家認為能修成仙，這是錯誤的。有一種狐狸，它一代一代生成就是仙種。就是龍也有上千萬種，我們所知道的龍是幾種呢？畜牲類不說，我們就說人，你能知道幾種人呢？我所知道的人種，你就不知道，我說這話大家可能不相信。我從西藏到四川的時候，過了一個昌都，到裡面人都走不到的地方，有三十九個民族，叫三十九族。從玉樹至囊千往唐古拉的山區裡，往青海去的方向，也有二十五族，這二十五族分三個縣。他們的生活方式、語言跟漢人不同，跟西藏人也不同，大家看過嗎？

在中國東北，我很小的時候到過一個地方叫拉呼族。這個族話很簡短，對自己的爸爸媽媽叫夥計，年輕的無論男女就叫小夥計。叫兒女也是小夥計，子女叫父母也是老夥計。語言簡單，跟他說什麼都不懂，這種人你看過嗎？

還有從西藏往裡走，往吉祥山靠近緬甸處，每十二年，西藏要拖很多糧食到那兒去施捨。通過熟番，再傳給生番，再傳給一種叫菜人的民族，我們都沒見過。人也沒見過好多，這就是形容我們的知識太淺了。因此我們沒看見的，不要懷疑，因為佛菩薩所看見的事，所說的法，多數是我們沒看見的。

貪瞋癡、嫉妒障礙，這種是惑業當中具足的。還有我們信佛的人，認為自己懂點道理，拿起來就跟人家說，嚇唬別人，說了很多難聽的話，這也屬於疑惑。堅淨信菩薩為什麼要請佛說占察法？能使眾生不疑惑，信心增長，換句話說，一直修行不用畏懼，這是很不容易的。他向佛請求使末法的眾生，有微少善根的，信了佛之後不再抱怨，又去造罪，又墮落了！這是堅淨信菩薩請法必須有的因緣。佛除了自說《阿彌陀經》之外，不請不說，不請表示沒有因緣，所以不說。

有的人自認聰明，有智慧，以為自己看《大藏經》就可以開悟，這是絕對錯誤的。釋迦牟尼佛當初也得跟師父，一個師父一個師父學；跟好多的佛，學了很多；所謂善財童子五十三參，文殊、普賢、觀音、地藏，都要經過學的。猶如在暗室中有寶，不能見暗室裡的寶，你什麼都認識不到！「佛法無人說，雖慧莫能了」，如果沒人解釋，連字都認不得呢？「南無」念成「南無（ˊㄨ

）」，所以很多人說你們和尚唸南邊沒有佛，要得到西方極樂世界去找。那不對！「南無」念「那謨」，「般若」唸「班若」，佛法得靠人說，自己悟會悟到另一邊去。不但沒功德，罪惡還很大，特別是《律藏》。你一看《律藏》，那五戒沒得守了，你的眼睛盡看別人去了！佛是不准在家人看《律藏》，沒受戒也不許說，當了沙彌也不能看比丘戒。

還有很多的咒語，上師的傳承根本不是佛教，夾雜著外道，你反而把它當成了無上乘，沒有智慧，你怎麼辨別呢？擲擲占察輪就知道了。

堅淨信菩薩這麼一請，佛就告訴他了。

佛告堅淨信言：「善哉善哉，快問斯事，深適我意。

你問得很好，這是第一個「善哉」。第二個「善哉」是說你這個問題很對末法眾生的機，使他們得到利益，這很合我的心意。

今此眾中，有菩薩摩訶薩名曰地藏，汝應以此事而請問之。

彼當爲汝建立方便，開示演說，成汝所願。」

這件事我不答覆你，這個會中有一位能答覆你的叫「地藏菩薩」。可別想到因為是地獄的關係，所以叫「地藏」。地獄是他發的願。我們一切的事物不都是建立在地上嗎？所以是「能持」的意思。同時這個「地」含藏著很多的寶物。「藏」者，含藏之意。同時這個地既然能生一切，也能載一切重。這是就事法來說。就體性說，我們一切都是「地藏」。每個人都是「地藏」。

大家學了《般若經》或者《心經》、《金剛經》，都空了，什麼不空呢？性功德不空。誰都知道菩薩像是假的，但假的能具足真的，他的道德使你生信，加持你得到真成就，為什麼呢？這是我們自己的心地含藏無量的功德，跟地藏是一個，不是兩個，所以藉著這個來顯自心的。

你去請問地藏菩薩，他能給你建立一個很好的方便法門，滿足你的願。

時堅淨信菩薩復白佛言：「如來世尊！無上大智！何意不說？乃欲令彼地藏菩薩而演說之。」佛告堅淨信：「汝莫

生高下想。」

堅淨信菩薩一聽，他就懷疑了，就起了分別心跟佛說：「您是一切智人，為什麼不說？還叫我去請地藏菩薩來說。」堅淨信菩薩已經是菩薩了，請法的時候，並不是他要學這個法，而是給末法一切眾生求的，必須取信於一切眾生。因此怕眾生想，佛都不說，而是地藏菩薩說，心有高下，佛總要講得好一點，菩薩差一點。

佛就告訴堅淨信菩薩，你不要生高下想，不要認為地藏菩薩不如我，其實地藏菩薩早就可以成佛了。大家看《地藏經》，他的功德除了普賢、文殊、觀音，沒有能超過的，但是普賢、文殊、觀音都是成過佛的，地藏菩薩也如是。

此善男子發心已來，過無量無邊不可思議阿僧祇劫，

這是佛稱地藏菩薩的發心已經過了無量阿僧祇劫了，地藏菩薩對眾生一切的慈悲，就是地獄不空，誓不成佛。地獄不會空的，所以他就永遠不會成佛，地藏菩薩永遠示現菩薩相。就連大慈大悲觀世音菩薩也有繼承阿彌陀佛地位的時候，那麼地藏菩薩誰來繼承？永遠沒得繼承，永遠在地獄裡。有人問弘揚地藏法門是不是跟地藏菩薩下地獄嗎？現在我們都在紐約，有的人過的有如天堂，無憂無慮，也有的人在馬路上睡的，道理是一樣的。「阿僧祇」是「無央數」，不能用數字計算。

久已能度薩婆若海，功德滿足。但依本願自在力故，

他早已經能夠成佛了，功德早滿足了，因為他的本願是「地獄不空，誓不成佛」，所以自在示現來度眾生。

權巧現化，影應十方。

《地藏經》上記載著，文殊菩薩用一千劫來測度地藏菩薩的化身，都算不出來！佛以佛眼觀故都不知道。我再說句現實一點的，我們這法會上哪位是地獄菩薩化身，我也不知道，但總有一位是，反正我不是。因為這個法會就是地獄菩薩示現成就的。每一個法會都有很多魔障，為什麼近百年來，沒有講《占察善惡業報經》的？《金剛經》注疏有五、六十家註解，《占察善惡業報經》，僅有的是蕅益大師所注的〈義疏〉，難得呀！

雖復普遊一切剎土，常起功業，而於五濁惡世，化益偏厚。亦依本願力所熏習故，及因眾生應受化業故也，彼從十一劫來，莊嚴此世界，成熟眾生。是故在斯會中，身相端嚴威德殊勝，唯除如來無能過者。

除了佛，沒有能超過地藏菩薩的，其實他跟佛也是平等的。

又於此世界所有化業，唯除徧吉觀世音等，諸大菩薩皆不能及。

「徧吉」指普賢，文殊菩薩稱「妙吉」，除了普賢、觀世音都沒有地藏菩薩化度的方便，善巧的功德。

以是菩薩本誓願力，速滿眾生一切所求，

「以是菩薩」是指地藏菩薩，他化度眾生的利益，比別的菩薩都深厚，能滿足眾生一切所求，這是菩薩的心願。像別的菩薩在佛法中，你得求出世法，護法善神、菩薩能滿足你的要求。求世間法，他認為你是增長貪瞋的，地藏菩薩則不然。還有祈求免除疾病，藥師佛能滿願，普賢菩薩普皆迴向也都能滿願。觀世音菩薩「千處祈求千處應」，也是都能滿願的。「速滿」是很快的滿足，可不是等三十年、五十年才滿足，那就沒有用處了。

例如你現在窮得受不了，一窮就得忍耐。窮人氣大更不能忍，為什麼呢？窮了就發火，就得受氣，大家看你窮小子，瞧你都拿斜眼瞧，因為你窮對他沒有什麼好處。你要是接近了，不是借錢，就是求幫助。在這種情況下，你求求地藏菩薩，他能使你發財。怎樣發財呢？形形色色、種種樣樣，他能告訴你哪個地方有個事，你去做有好處。你一下子得了樂透獎，要你求他就能保護你。

很不容易，你自己也能知道很不可思議。

能滅眾生一切重罪，除諸障礙，現得安隱。

地藏菩薩就有這麼大的加持力，有什麼下地獄的罪惡，他都給你免除。在地獄門口守著說：「這是我的弟子，他信仰過我。」不讓他下，你那個業就消失了。但這還是你自己消的，為什麼呢？因為你求過他，若沒有念過他的名號，沒求過他，就是再有心來度你也沒緣。就像我們這屋子安好多燈炮，但電流不通，插上電源才有電。跟佛菩薩不掛上線，炸藥就不會炸。我們一到了困難的時候，就想起菩薩，一著急一念，馬上就靈，那是因為你平安無事時，求的都累積到那兒了。

大家說臨時抱佛腳不靈，這是錯誤的，就是臨時來抱也靈，不靈是因為一到受難遭事的時候，全忘了！大家想想做夢，只要一念菩薩、一念經就停了，半截就醒了，醒了就不害怕了。但是到了害怕的時候，就忘了！到了地獄門口，什麼都忘了，業障讓你連名字也想不起了。

我們有很多法師一上座要講法，法就全忘了！說不出來。再不然講出來沒人聽，講再好也沒人聽。大家都知道印光老法師吧！他著的書很多。印光老法師在普陀山閉關之後，到上海講經，聽的人特別多，後來一天比一天少。不是聽的人不想聽，而是想要來聽經，一走在路上出事了，或者家裡來了客人，怎麼能動？來不成就是緣不具。老法師以後改用寫信問答弘揚淨土，這個緣份就多了。有的法師功力很強，有的法師沒學什麼，但講起來很多人聽。

我的一個老法師有位同學叫持律法師，講起來大家可能要笑了。在金山住禪堂裡他是香燈師，一到六月天東西都發霉了，他平日傻里傻氣的，同學就和他開玩笑叫他曬蠟燭。一箱蠟燭他都搬到外頭曬太陽，結果就化了。到了晚上大家要坐禪，維那師問：「怎麼還不點蠟燭？」他說：「都曬壞了！」維那師說：「蠟燭你怎麼拿去曬？」他說：「不曬會生霉。」維那師一氣之下說：「你的智慧太大了，在我們金山寺埋沒你的人才，你到諦閑老法師那兒去學經，去做弘法的大法師吧！」

第二天他就到頭陀寺去了。知客僧從來沒有遇過這樣一個來求學的，看他傻呵呵的就說，老法師說什麼人我們都教。就領去見諦閑老法師，老法師問他：「為什麼求學佛法？」持律法師說：「他們都不會曬蠟燭，我會曬蠟。」老法師一聽就笑了說：「將來或許可以，我們這兒學堂的地方或者廚房地方，你常去打掃，講課的時候，你就旁聽吧！」於是他就幹這個工作。人家一年、兩年、三年、五年畢業了，他還在這兒。住了八年之後，智慧開了，因為他的心很清淨，到了第十年，他就替老法師上課，當了法師。好像是笑話，心誠則靈。因為他用至誠心，所以當了大法師，但也減損了他的壽命，五十多歲就死了！從這個故事，大家就知道佛法是轉變氣質的。今天窮，明天或許就發財了！

有人問，你們和尚或者佛弟子為什麼也說發財？因為那是現在大家所好之故。起碼你求的時候，必須念地藏菩薩，拜懺和念地藏菩薩的功德，使你的問題逐漸變化，一回不成，兩回不成，繼續求，求到十回準成。拜懺，你的業就轉了。心轉，業自然就轉，心學菩薩、行菩薩事，他會加持你得到深厚福慧的。我們福薄怎麼培法？拜地藏菩薩、念地藏菩薩、念他的經，你的福德自然就深厚了，利益也會來了。你就是在利益上面加利益，福德上面加福德，具足萬德就成佛了，最終還是成佛。等你歸向成佛的道路，才知道地藏菩薩的功力願行是不可思議的。

一般廟裡的籤是一百，是斷一百煩惱的，觀音籤是三十二個，只有地藏菩薩的占察法是一百八十九種，把現世的問題都包括在裡面了。

又是菩薩，名爲善安慰說者。

地藏菩薩跟其他的菩薩不同，眾生有苦惱的、有困難的，他最善於安慰了。人要是到了難處，求告無門，六親退失，這種經驗我是有過的。如果你是反革命住監獄，或者是地主階級，沒人敢跟你說話。所以那個時候沒人會安慰你，你念地藏菩薩，他會給你示夢。痛哭流涕至誠懇切的要求，地藏菩薩就來安慰你。因此說他是善安慰說者，雪中送炭，不是錦上添花。地獄最苦，他就在地獄。

有些菩薩，像須菩提專度國王、大臣一些有福者，為什麼呢？他說這個有福的不度他，轉身就失掉了。迦葉尊者則專度窮苦的乞丐，他自己也示現頭陀行，各各菩薩示現不同。現世有些大和尚法緣、福報特別大，廟也大，錢也多，像我這一類，無福生智慧，又乾又瘦，到處掛單，各各不一樣的。各各菩薩珠寶都很多，唯有地藏菩薩這邊手拿個方便鏟，那邊手拿個如意珠。他那個珠不是財寶，你求什麼能得什麼，叫如意珠，所以稱為善安慰者。

所謂巧說深法，能善開導初學發意求大乘者，令不怯弱。

地藏菩薩說法，跟其他的菩薩說法有所不同，用占察法讓你得到，這是善巧方便。甚深的「一實境界、兩種觀行」，地藏菩薩教我們，在拜懺未達到三業清淨之前，還不能修「真如妙心」、「明心見性」的境界。如果你要修，易於著魔。等三業清淨再修定、修慧，一修就成。不只是成定慧，就是平常我們求個感應往往都不靈，但是真正的害了癌症，求就靈了，因為不做其他想故。這個法子我試驗了好多次，害癌症的，念藥師佛也好，念觀世音菩薩也好，真能念到一心，癌症就轉化了，惡性的變良性的，良性的變沒有了，這是不可思議的。他能夠用很好的方法，開導最初學佛法的人，使他們發心求大乘佛法，而且不退怯軟弱。

以如是等因緣，於此世界，眾生渴仰，受化得度，是故我今令彼說之。爾時堅淨信菩薩既解佛意已，尋即勸請地藏菩薩摩訶薩言：「善哉，救世眞士，善哉，大智開士，如我所問，惡世眾生，以何方便而化導之，使離諸障，得堅固信。如來今者，爲欲令汝說是方便，宜當知時，哀愍爲說。」

佛就給堅淨信菩薩說為什麼要請地藏菩薩，就是這些因緣。因為有這些因緣，地藏菩薩是這個娑婆世界眾生所渴望的，所景仰的。他所化導度脫的太多了，「是故我今令彼說之」，地藏菩薩會跟你說的。

我講這個都是很通俗的，比方很多。在我們大家共同學習的時候，我認為不是專門來研究佛法的。因為在佛學院講這些課程，就不是這種講法了。現在我們先說方便法門。

爾時地藏菩薩摩訶薩，語堅淨信菩薩摩訶薩言：「善男子，諦聽。

「諦聽」是囑咐的意思，要他誠誠懇懇的聽、如實的聽。從前我們講「諦」是審查的意思。不能只聽，要契合理。

當爲汝說。若佛滅後惡世之中，諸有比丘比丘尼優婆塞優婆夷，於世間出世間因果法中，未得決定信。不能修學無常想、苦想、無我想、不淨想，成就現前。不能勤觀四聖諦法，及十二因緣法。

許可為他說，說什麼呢？「惡世之中」，「惡世」就是我們這個時候，作惡者多，行善者少。出家二眾、在家二眾，比丘是梵語，翻成「乞士」。乞士者，上求諸佛佛法，下乞眾生資生之具。在家優婆塞是近事男，優婆夷是近事女。佛的四眾弟子，在世間法和出世間法因果不能決定。什麼因果不能決定呢？就是苦、空、無常、無我。這裡頭有世間法，也有出世間法，簡單的說，就是不信因果。例如讀誦大乘、禮佛，這就是出世間的因，種上這個因，將來你一定成這個果報。結果你不信，或信不真，多少總要產生一點懷疑，所以未能得到決定信。既然信不能決定，那就更不能修證了。

「修學」是建立在信的基礎上。像諸位善男子，善女人，有的是先信了佛法而後研究學習的。我們學的並不像世間法學學就算了，或者拿來做為生活的資本，例如有知識、有能力去工作，就取得生活的來源了。佛法不是這樣子的，是出世間的因果，學了之後要行，為什麼要修呢？為了要斷煩惱、除苦難。我們在這個世界上所做的一切事業之中，都含有惑業報，所以就是已經聞到佛法的比丘、比丘尼、優婆塞、優婆夷於世間出世間因果法都不能決定信。現在我們所積集的因有出世間的，有世間的，雖然都是起惑造業，可是還有一部份是善業。

例如我們四眾弟子聞法、學法，念佛就是行，不是學，修禪定、學經都是屬於學教。我們念佛求生極樂世界，這就不屬於世間法，但是因為夾雜著一些妄想、一些垢染，使這個善業不純，因種的不純，那果報就不一定圓滿。想求極樂世界，不能一心，東想西想，想到子女，想到家庭，想到社會，招感的果就不清淨。因此這出世間的因果，沒能決定信，因為不能決定信，就不能修行了。

我們現在得了人身就是苦果，這是過去種的。你現在所種的因，等到未來去感果。但在「集」裡頭有許多成份，什麼成份呢？例如現在念佛聞法，這個苦就抵消了一些，或者將來再生到人間或天界。但只要沒有出離六道，統統屬於世間法。假使我們能夠認識這個「苦」是招感來的，那我們就斷「集」。眾生是畏苦果的，現在不怕因，一邊造業，一邊又怕受苦，菩薩不怕受苦，他怕造因，眾生畏果，菩薩畏因。因此這兩種境界不一樣，用心也不一樣了。

觀一切法無常的道理，很多哲學家、文學家也懂，但是懂不一定「信」，知道無常也沒有辦法。李白在「春夜宴桃李園序」裡說：「天地者，萬物之逆旅；光陰者，百代之過客。」他懂得這個道理，人生百年沒有什麼價值，很快！但是他又說：「而浮生如夢，為歡幾何？古人秉燭夜遊，良有以也。」白天玩不夠，晚上點了蠟燭還要去玩，這種觀點和學佛的不一樣。光陰給我們的沒有好多，人身又特別難得，如果不藉此來修，轉眼就過去了，不曉得要經過好多劫，好多時間，才能又遇著佛法！

有一位先生問我如何成佛？大家不要把佛的涵義理解錯了，佛就是明白法的人。他說法使我們也能明白。我們學佛法，就是求明白，真正的智慧光明了，就是得了般若，這個時候也成佛了。這部《占察善惡業報經》看起來，好像是打卦算命。錯了！這只是「事」，他是引導你去學，恢復「一實境界」、禪宗的「一心」，下卷都是講這個。明白了世出世間因果之後，你一心去修，這十二因緣、苦集滅道四諦，還是屬於聲聞緣覺法，要達到真如實際、無生無滅，那就是真如法，也就是禪宗所說的「一心」、《楞嚴經》上的「反聞聞自性」，也就是《法華經》上說的「開佛知見」，《華嚴經》上說的「心、佛與眾生，是三無差別」。大乘經典所指的都是一樣的。《地藏經》教我們的不只是打卦，這叫方便；沒有這方便，得不了「一實境界」。這種道理一定要懂。精勤不懈的觀察，觀察什麼呢？觀察無生無滅的法。現在我們既然入不了這種境界，怎麼辦？藉這占察善惡的輪相指導我們，使我們沒有懷疑，產生決定信。這樣子就能夠學得進去，修也修得成了。

亦不勤觀眞如實際無生無滅等法。

真者是不虛的意思，「真如」就是如來不生不滅、無染無垢。「實際」也是不虛的意思，虛就有了邊際。什麼是邊際？實際無際像虛空似的，誰能把虛空找個邊際嗎？不可能的。「實際」也叫「真如」，也叫「如來妙心」。

以不勤觀如是法故，不能畢竟不作十惡根本過罪。於三寶功德種種境界，不能專信。於三乘中，皆無定向。

如果不觀這個「真如實際」，想不做十惡法也不可能。十惡法就是身三、口四、意三，殺盜淫、貪瞋癡、妄語、綺語、惡口和兩舌。如果加個「不」字，就是十善了。不能夠證得「實際真如」，不能夠返本還源，得到我們的真心，對佛法僧三寶真實功德的信心，也不能夠堅定。必須信真如，說得通俗一點，信我自己就是佛，現在迷了，如果去除障礙，就決定佛位了。如果不信，逐步的修行信心，頓滅不行。小乘、中乘、大乘，這叫三乘。我們所以會做十惡業，就是一個我執我見為主，放不下看不破，所以解脫不了。我們天天念《心經》，我想佛教徒都會念《心經》的。「觀自在」，但是我們自己很不自在。第一個就是什麼事也不明瞭，糊裡糊塗的造罪，觀不成也不自在了。我們認為「觀自在」是觀世音菩薩，但是誰觀誰自在？誰能反聞聞自性，誰就是觀自在菩薩。能夠專住三乘之中，依哪一乘入都可以，會逐步引導你得到究竟。達不到這種目的，你在三乘之中也定不了向。現在我們不具足出世業根本的信念，因此求地藏菩薩把我們的業障消除一點。障緣減少點，能夠不阻礙我們信道。

於是地藏菩薩說了一種方便法門，方便不是真實的，藉這個法門達到你所求的願望，真如實際、具足般若解脫，成就法身，就跟佛無二無別，跟毘盧遮那十方法界佛都如是了，都能具足三德。懂得這種道理，以下再說說障緣，知道障緣，才能知道方便的功德。

如是等人，若有種種諸障礙事，增長憂慮，或疑或悔，於

一切處心不明了，多求多惱，眾事牽纏，所作不定，思想擾亂，廢修道業。

「疑悔」是十種煩惱裡頭最猛利的。我們懷疑一件事情做得做不得，就會二心、三心、四心、五心，無量的妄想出現了。「悔」呢？已經做過了，明白方法不對，看問題不準確，最明顯的是做股票，看見要發財買了，結果上當了。發了財，存在銀行，結果被地下銀行騙走了！你雖然賺了錢，還是一文得不到！後悔了。但這個「悔」並不代表事情解決了，受罪的日子還在後頭，未來不曉得流轉到無量劫哪兒去了！因此一念之差就流好多劫去了！這個「悔」跟懺悔不同，懺悔之後，業就沒有了，像身上的染垢經過一洗還復清淨，但是這個「悔」沒有方法把所做的再來一遍，怎麼辦呢？地藏菩薩也給我們說了一種方法，留在下文跟大家講。

因為心裡不明瞭，貪求者多，煩惱也多，人生活在煩惱當中，就被一切的事事物物牽纏著，所做的事情都不能定，常常憂慮不安。遇見一個問題，在地上來回走，或是坐在那兒，晚上睡不著覺、失眠，這就是思想擾亂的表現，道業就不清淨了。地藏菩薩慈悲方便，使你的心能明瞭，不要懷疑，但是你得發願，他指示這一百八十九種當中，有些都是事法，或者有疾病，或者有願求，他告訴你能不能得到。

有如是等障難事者，

假使有這些障難怎麼辦呢？

當用木輪相法，占察善惡宿世之業，現在苦樂吉凶等事。

可以用木輪這種占察的方法。第一輪相是十個，「殺生、偷盜、邪淫、妄語、兩舌、綺語、惡口、貪愛、瞋恚、邪見」。占察完了，再問一問輕重？占察第二輪身口意，三個不一定一起擲，這裡頭還有相應不相應的問題。如果你今生多病，輪相現殺業重，相應。如果你這個人做事很果敢，做什麼事都很猛利，懷疑心少，意業就沒有癡。如果你現在懷疑多，占察你無癡，那肯定不相應。占察的時候，最主要是要知道相應不相應，不相應，你再去拜懺，或者多念聖號，再去占，占到跟你今生所受的相應了。看業是哪一種，你拜懺的時候就專拜那一種懺。

用木輪來占察善惡。善就是十善業，十善業的輪相是紅的。不深厚就是那個小的，淺淺的；深厚就是那個深的。一個輪四面，大黑的長槓表示惡重，另一邊就是積善很深厚。小善是紅的小淺槽，小惡就是黑的短槓。小善小惡不帶重業，大惡才能轉變的業果。善惡是相對，一個大惡小惡，一個大善小善，這是第一輪相和第二輪相。再和前面的事實相應。例如殺業有，但也不是經常的病，那是業牽不動你的業。這生不是偷東西，就是被人家偷，前生造的業，也是照樣的偷人家。如果擲出來沒有，那就不相應了。

我過去用這個方法擲，我很相信。為什麼呢？我前生從來沒有偷人家的東西，否則我今生不會從來沒有一次遇著扒手。世界上扒手那麼多，從來沒光顧過我，我也沒丟過東西。我不偷人家，人家也不偷我的。掉了東西，人家馬上就喊我說我掉東西了。那證明我沒有偷盜業。可以根據這個檢查身三、口四、意三，檢查惡業重不重。

第一輪十個，一面是紅字，一面是黑字，黑字表示惡果，紅字就是善業。

擲出來惡業很少，證明你前生的善業是深厚的。今生學法，三業清淨很快能入。地藏菩薩告訴我們，三業不清淨去修定修慧，都會著魔。我們修的時候，證不到果，苦功下的不少，還是不能成就，這是什麼原因呢？業還沒有懺清淨之故。

所以瓶子如果裝過毒藥，雖然裝上醍醐甘露，裝上好藥，你喝了還是中毒！這個氣味已經不行了，必須先洗乾淨。我們現在用這個報身，必須把十業最根本的業懺清淨，才能得到相應。求定得定，求慧得慧。現在我們修行的功夫用的不夠，必須得拜懺。

第三輪是六個，第一輪是十個，第二輪是三個。這個輪是數字。三面有數字，有一面不現。擲三次的最大數記下來。一百八十九種，最低數字是一，一是什麼呢？聞大乘佛法，立即成就，就直心證入「真如」，或者禪門一炷香，頓超直入，立證菩提，當下成就。那你得三次只能擲出一個一，馬上就能開悟。

一百八十九呢？一、二、三，回回是三，四、五、六，回回是六，七、八、九，回回是九，十、十一、十二，回回是十二，十三、十四、十五，乃至十八這三次擲的都是最大數。三個加起來一百八十九，你要是聞大乘佛法，立即成就。一和一百八十九是很不容易得到的，但是你要能得到了，就表示你能成就了。成就了，也是你應得的果位；因此輪相能夠告訴我們吉凶禍福，分別善惡。

擲第三輪前，念一千聲地藏菩薩，擲的時候底下必須放條乾淨的布，托平了用右手旁擲。擲出來不論好與壞，好要鞏固，壞要懺悔。像我們打卦算命批八字，知道要倒楣了，還是照樣倒楣，不知道還好一點吧！為什麼？例如醫生斷定他得了癌症，告訴他之後，痛苦憂愁又增加了許多煩惱。但這個不同，我知道注定要死，我就求地藏菩薩加持。藉著拜懺的力量消除過去的宿業，假使已經不能消失，希望未來的我，從現在拜懺的善業速得善果，結束惡業。同時藉著占察輪相，你如果能夠觀「一實境界」、「真如實際」，不但不受惡果，而且還得到最大的善果。

他還教你觀，不論惡業、善業，一切諸法皆空。我們說罪業，誰又能把罪業拿出來看看呢？身體不好說是罪業，這只是說說而已！如果做錯了一件事，這件事所產生的後果都要受報的，業是無形無相，如果沒有觀空，沒有觀到「真如實際」，受報也是無形無相的，但是感到痛苦。因此有人說有這個肉體就有痛苦，沒有肉體就沒有痛苦了，但是自己總會感覺有肉體的。睡覺做夢的時候，身體在床上，當你碰到人家撻你了，遇到什麼危難了，你不會知道這是做夢，如果你知道是做夢，就像我們活著的時候，有身體，說這是空的。「罪性本空唯心造」，我心都沒有了，罪業又何處出生呢？涵義就是這樣，但是很不容易悟得。

緣合故有，緣盡則滅。業集隨心，相現果起。不失不壞，相應不差。

這是就理上講的。前面講種種障緣，現在要示個理。一切諸法，在佛教講都是「緣起性空」。一切法是因緣和合時就存在，因緣滅就滅了。緣起之法沒有自體的，不是堅固的，所以體性是空的。不論善、不論惡都是因緣。緣合了業報就現了，緣滅了業報就盡了。我們經常說夫妻是緣，有惡緣有善緣，無緣不聚。兒女是債，有討債有還債，無債不來。子女不孝順就認了，心安理得的。兩夫婦不合，經常吵架，這是惡緣。有時候想散散不了，有時候散了想聚也聚不了，這就是緣散緣盡的意思。

一切的作用都是業，積聚多了，善屬於善類，惡屬於惡類，善得善報，惡得惡報，善報也好，惡報也好，都是自心現的，這種道理可以不去執著它，但業果不失，所作的因一定要結果。緣散緣聚跟業果聚則起，都是隨心而得成就的。有相就有果，無相則無果，這種是不失不壞的。但是要修成了就破壞它了，沒修成則相應不差。所以人出生那天就注定要死亡，這個道理人人都懂，這是生滅法。但是假使把這善惡業看空了，認為這是緣起無自性的，體就是空的。

人離不開地水火風空根識七大，我們的筋骨實質性屬地大，流動性的水份，痰吐尿溺屬水大，眼淚是眼睛的水份。人沒有暖氣是活不成的，暖氣溫度屬於火大，每個部位跟每個部位都有空隙，屬於空大，在人身體裡都有股氣，練氣功就是氣體在身上流動，那是風大。風就運轉你的一切，如果風濕了，就是那個地方濕掉風滅了，沒有作用也動彈不了，沒有風的支配，根就動彈不了。這個法門叫「根聚法門」。五根、六根聚合在一起，眼、耳、鼻、舌、身、意聚在一起，這個經文又叫《根聚經》。這些東西合和成了，有緣就有了人，緣盡了壽命盡了，就死了，消失了。眼睛瞎了沒有關係，或者耳朵不在了，也沒有關係，少一個不影響人的存在。

心是根據實際產生的，是真實的，是什麼呢？「一實境界」。什麼是「一實境界」？就是真如、如來藏性。解脫就是自在，自在有什麼相嗎？沒有。我們說這個人有智慧，智慧就是光明。有人能看到別人有光明，有反光，人人都有，大小不同，但是這個光明不是般若。「一實境界」因為真如無性，無所不現，能為一切作主，也隨一切緣。我們說隨緣意就是緣合真如實體，而能隨一切諸法之緣。

在〈大乘起信論〉裡說，「一心二門三大」。「一心」就是我們這個真心，不變的心。「二門」，一個是真如門，是如來藏性，具足無漏性功德。一個是生滅門，生起一切眾生的法，有九相，業相、現相、轉相、智相、相續相、執取相、計名字相、起業相、業繫苦相，這業就繫住你，再也脫離不了了，要想斷這個根，很不容易，要多生累劫。為了要顯這「一實境界」，隨之而有這些和合的虛妄相，就把你迷惑了，不明瞭了，要想復本還源，再不迷惑，就得好好修練。

我們怎麼會迷惑呢？因為沒有智慧。地藏菩薩給我們一種方便智慧，用他的大慈大悲，用這六種輪去占察、指引你。乃至於你聞這個法，聽這部經能修嗎？適合不適合我的過去業，占察一下吧！占察完了，說這法過去修過，能很快成就，那麼讓菩薩指示。如果這個法不行，念佛行不行？修觀行不行？讀誦大乘可否？告訴你那一種，你一直修，就可以得到事半功倍的效果。

如果你過去根本沒修過，現在瞎修，今天讀誦《金剛經》，明天讀誦《法華經》、《華嚴經》，究竟哪部經好？哪部經相應了，乃至於《四阿含經》都好，對你相應就好。如果不相應，絕對不好。念佛本來是很好的，但是你心裡靜不下去。念幾聲阿彌陀佛就能生極樂世界，有沒有誰看見過？懷疑了絕對去不了。念念佛或者家裡有些事生煩惱了，你說佛不加持我，念他做什麼？鬧了！那麼這個也依著《占察善惡業報經》拜拜懺。善業不如惡業，善業不容易生起，也容易斷。惡業隨時生起，而且不容易斷。惡業跟我們的緣太深了，做壞事好像很習慣，一做就順了；好事很難做，事情過了，心裡又不在焉了。

像我們出家人，職業就是修行，應該是善念念不斷才對，而事實上呢？做不到！多生累劫的牽引力，就是你那積惑造業的力牽引要往那頭走，例如你種種的六親眷屬，多生累劫的六親眷屬拉著，你想信佛，或者你的夫人不讓你念，或者你的父母不願念，或者說你好事不幹，為什麼信佛呀？他把信佛看成是極不好的事了。因此必須多拜懺，多修行這個善業的法門。

如是諦占善惡業報，曉喻自心，於所疑事，以取決了。

自己不能除疑怎麼辦？地藏菩薩就跟堅淨信菩薩說，如果這一類眾生不能去除疑諦，如理的占察善惡業，以占察輪來決定，使你的自心明白，懷疑的事就能夠明白。

若佛弟子，但當學習如此相法。至心歸依，所觀之事，無不成者。不應棄捨如是之法，而返隨逐世間卜筮種種占相吉凶等事，貪著樂習。若樂習者，深障聖道。」

前面我們講過這個法門決不是世間的卜卦，因為它是依著「一實境界」而來的，明瞭緣起性空的意思，緣合緣盡的意思，緣聚則有，緣盡則散，是依著這個而生起的。依於無性緣生，所以佛弟子要是學習這個法門，就能夠生起甚深的境界，指引你達到「一實境界」。你依著輪相，所觀察的事都能得到成就。

事有世間事，有出世間事。生在人世間了，這個業報身是人，怎樣盡人事？自己不明白，糊裡糊塗的。做生意不發財，想供養三寶沒錢沒福報，懺悔吧！求點福報再占察，地藏菩薩會告訴你什麼事可以做，問股票可否買？他說可以買就買，不可以買就別買。你要真正的相信，買了又後悔，想這個《占察經》把我耽誤了，買了也不一定發財？結果還是發了，後面跟著財，禍也來了。一文得不到，還把命搭上。

善男子，欲學木輪相者，先當刻木如小指許，使長短減於一寸。

這個木頭如小指許，當初很多人不理解，因為「小指許」就理解成一個手指頭。不是的，小指許是只有一截。小指手這一截當然是依照我們現在這個眾生，不是依著佛在世，那佛的一指長多了！我們現在擲這輪相，使它長短減於一寸，地藏菩薩告訴我們的很清楚。

正中令其四面方平，自餘向兩頭斜漸去之。仰手傍擲，令使易轉。因是義故，說名爲輪。又依此相，能破壞眾生邪見疑網，轉向正道。到安隱處，是故名輪。

「四面方平」就是四面都是很平的，兩頭漸漸的有點尖。「仰手傍擲」，為了讓它容易轉動。弘一法師沒發明前沒有，好長時間都沒有。做的時候得用香木或其它他材料，香木更好。為什麼叫輪呢？我們知道法輪常轉有推輾之意，把煩惱惡業都給你輾去。明白這個「意」之後，起碼把懷疑輾去，生出淨信。這有什麼好處？依此輪相能破眾生的邪見疑網，懷疑就像網似的把你罩住了，你沒法鑽出去，這個輪相就讓你鑽出去。能夠轉向正道，使你到達安穩處。你不懷疑了，經常的用輪相占察，心裡就很愉快的，無有憂惱。

其輪相者，有三種差別，何等為三，一者，輪相能示宿世所作善惡業種差別，其輪有十。二者，輪相能示宿世集業久近，所作強弱大小差別，其輪有三。三者，輪相能示三世中受報差別，其輪有六。

過去所做的善惡業種是種子，現在是現行。第一組輪相有十個，就是十業。第二組輪相就是身、口、意三個能示你過去的集，「集」就是招感之意，就是你過去報感了一些什麼業？多生累劫招感的那個業是強？是大？是小？第三組輪相能示三世中受報差別，從哪道來的？拿這數字六種輪相就示給你了。餓鬼道來的，畜牲道來的，人道來的，天道來的善根深厚，或者菩薩道，或者二乘，或者大乘，都會告訴你。

若欲觀宿世作善惡業差別者，當刻木為十輪，依此十輪，書記十善之名。一善主在一輪，於一面記。次以十惡書對十善，令使相當，亦各記在一面。

這木頭刻的十種輪，就是刻兩面。三業這個輪就是四面都有，小善、小惡，大善、大惡。第三輪是三面，一面沒字，表示不帶動業。為什麼用十八呢？因為六根，眼、耳、鼻、舌、身、意，六識，眼識、耳識、鼻識、舌識、身識、意識，眼根對於六塵的色法，生起了六識的眼識。六根、六識、六塵加起來是十八界。

三種輪相能示你宿業所作的善惡久近，能示你三世受報的差別。第一種輪相就能知道善惡業的差別，作的業深厚與否屬於第二輪，善惡業都有槽槽，小善就是半截大，大善就深厚了，小的惡業也是一點點，大的惡業是整個的。

言十善者，則爲一切眾善根本，能攝一切諸餘善法。言十惡者，亦爲一切眾惡根本，能攝一切諸餘惡法。

普賢菩薩的十大願王也是從一到十為數，那是無窮無盡的願攝到裡面，但是以十為本。一切皆從一開始，從一到十，你再數又從一到十，還得從一到十。我們講「一實境界」就是這樣講的。善法也能攝一切善，惡法也能攝一切惡。但這有事有理，要是在理上講就深了，念殺也算殺。在理上講，善即是惡，惡即是善，「一實境界」裡面，只要把迷去了就行。貪瞋癡也是如此，所以在這個娑婆世界，現在說唯佛一人清淨，其餘的菩薩只要示現，就不清淨。

像大家唸準提咒能使怨敵腦袋裂七分，一切的魔障，你咒他，一咒就死了，但你得持靈呀！像密宗有念靈的，但這種既害人也害己，那就不是菩薩大慈大悲了。準提菩薩還是觀音菩薩示現的。又如比丘的涵義有「殺賊」、「怖魔」、「破惡」之意，凡是一個殺字即不善意，但是殺的是煩惱賊。再說素肉、素雞、素鴨這些都不叫素，雖然沒有肉，但是為什麼叫肉呢？這一念到吃肉，就吃肉了。「相」由心生，不吃肉就不做肉想。

有時候眾生的執著，佛都要設法去救。佛在世時，比丘都光著腳，有位比丘在夜間踩到一條繩子，他認為自己把蛇踩死了，一定要受報。天天想，想死了，還命債去了。原本是一條繩子，他的心意圓成它是一條蛇，所以萬法由心生由心滅。為什麼要修觀？如果是宿業一成不變，那眾生永遠不會成佛了，所以一切法都是假的。如果我們一想到空，一想到假就去幹壞事了，這可不假！要有像僧肇法師那樣的本事，可以「將頭臨白刃，一是斬春風」，沒關係，沒有業，業是緣聚的，緣盡了都散了。

從前鳩摩羅什法師，那是不得了的，大家都知道皇上叫他娶妻，給他好多的宮女，那就不能在廟裡住了。和尚們看見說：「法師都娶妻了，我們也可以娶呀！」有天早上吃飯的時候，鳩摩羅什說：「今天不吃飯了。」拿了很多針放在缽裡，誰也不敢吃，他說：「你們不吃都給我吃。」他就把所有的針都吃下去了，吃完了又從每個汗毛孔裡出來。當然這是故事，真的假的不知道，因為隔著一千多年了。他說：「要娶妻可以，誰能吞針，可以娶妻，否則娶不得，娶了下地獄。」這就是說業。大乘法是圓融的，在密宗裡，不是那個「根器」，很多的密法也不知道，是真是假？是婆羅門教嗎？是黑教嗎？因此要會學，學法別學成病，善業跟惡業為什麼要說十呢？佛的萬德洪名是由修一善而生起的。

若欲占此輪相者，先當學至心總禮十方一切諸佛。因即立

願，願令十方一切眾生，速疾皆得親近供養，諮受正法。次應學至心敬禮十方一切法藏。因即立願，願令十方一切眾生，速疾皆得受持讀誦。

受持讀誦一切法藏。

如法修行，及爲他說。

就是宣揚佛法。

次當學至心敬禮十方一切賢聖。因即立願，願令十方一切眾生，速疾皆得親近供養，發菩提心，至不退轉。

八地菩薩不退轉地，或者小乘初果就不退了，不是究竟不退，但不是成佛，是不退墮六道。菩提心不退是不退墮二乘。

後應學至心禮我地藏菩薩摩訶薩。因即立願，願令十方一切眾生，速得除滅惡業重罪，離諸障礙，資生眾具悉皆充足。如是禮已，隨所有香華等，當修供養。修供養者，憶念一切佛法僧寶，體常遍滿，無所不在。

大家禮完佛了，就得禮地藏菩薩，要是我們就不能這樣說了。這和受三皈依一樣，要立願。願一切眾生都把惡業重罪除掉，這就是普賢願王十大願的「禮敬諸佛」。但是這裡加個「法」，加個「僧寶」，普賢願王就是禮敬，供養加個「讚歎」。地藏菩薩教我們禮完了之後，要供養，拿什麼供養？香、花。供養的時候，盡力就行了。以經濟力、財力為準，有力量你不供，得不到加持，要是勉強，那你會受苦，也不是菩薩的願心，要量力供養。

另有一種供養，〈普賢行願品〉上說，「法供養為最」，所以事物的供養不如法供養。拜懺、禮佛的功德迴向上供十方一切諸佛。我什麼供養都沒有，念念《心經》供養佛也好，念十聲佛供養佛，或者以法供養佛，塑像、印經都可以，比世間的物質供養力量更大些。以你的心力，遍虛空遍法界都是供養諸佛的。你可以把紐約迴向供養佛，整個的美國，乃至於這個地球上所有的物質，你認為最好的，都拿它供養十方諸佛。這個數字還是很小很小的，要像普賢菩薩把這無量的三千大千世界，所有的七寶都拿來供養佛。隨你的心力，你能想好多，就供好多。

很多不信佛的，什麼叫三千大千世界恐怕還不知道。我們知道這個地球很大，在佛教講，只是恆河沙的一個河粒。這種說法很玄，但是現在科學證明太空裡銀河星系無窮無盡的。佛家說三千世界有一百億的太陽，一百億的月亮，一個月亮照四大部洲。南瞻部洲只是四大部洲的一部份而已。要是會供養，會迴向，無窮無盡的。這裡沒有詳細說禮佛，普賢菩薩教我們禮佛，身像虛空彩雲一樣，供養的佛也是無窮無盡，每尊佛都在受你的接足皈命禮。大菩薩都讓你供養，這一禮不可思議！別人禮一劫，禮十劫，禮一百劫都沒有你這一禮多，就看你的心力大小，要這樣的修供養功德無量。

供養誰呢？一切的經典法寶、三寶體常遍法界，「佛」是覺者，那麼所說的「法」就是所覺，「僧寶」就是能所合和，和合僧之意。常時遍滿，無所不在，所以莫起「分別心」，認為佛涅槃了。釋迦牟尼佛就在這兒，都有一層障礙，看不見而已。天人看得見，看的特別近，時間也特別短，天人看我們人間五百年，是四天王的一晝夜。四天王的五百年是忉利天的一晝夜，往上增長加十倍是夜摩天！

站在兜率天看人間，一百年只是幾秒鐘的時間，像這樣的加倍，看我們人間簡直跟遊戲、電影一樣。就像我們看一種蟲子叫蜉蝣，早上生了，一會兒又死了。死了又生，一天來回好幾次。所以古人詩云：「生死人常理，蜉蝣一樣平」。人的生死也如是，動物也如是，跟小蟲子一樣。朝生暮死的蟲子太多了，天人看我們，可能連朝生暮死的時間都還沒有！我們認為十年百年很長啦！天人看見，佛菩薩看見只有一瞬間，所以我們要這樣的觀察時空，空也遍滿一切時。

願令以此香華，等同法性，普熏一切諸佛剎土，施作佛事。

像我現在供養一枝花二枝香，它的法性遍滿一切處，諸佛之前都有一切剎土，都有我在供養。根據這段經文，這是小乘嗎？圓融無礙，事歸事，理歸理。說的儘管又玄又妙，具體問題是人家打你三個耳光，無緣無故的，你馬上就發火了，或者告他，用法律解決。所以我們得把理融入事，事能融理，才能夠把理顯出來，理也能融事，大小要融合。因為我們在事上是通的，但理上是障礙的，有時事上也不通。我經常跟人抬槓講真理，但大多都不知道什麼叫真理，我說你那真理是假理，是對假說的，有真必有假，我們這個沒「真理」，我們只有「心理」，就是「一實境界」，真如不變。要這樣來理解事理，要相融。禮佛的時候，作如是觀想，爾後你占察善惡輪，你的事業成就了，你也就理解了，理解它成就的原因了。

又念十方一切供具無時不有，我今當以十方所有一切種種香華、瓔珞、幢旛、寶蓋、諸珍妙飾，種種音樂，燈明燭火，飲食衣服，臥具湯藥，乃至盡十方所有一切種種莊嚴供養之具，憶想遙擬，普共眾生，奉獻供養。當念一切世界中有修供養者，我今隨喜。

用我們世俗的話講，就是設想越大越多，越圓滿越好。想想還捨不得嗎？雖然說想想，有些人想不到，心量就那麼一點，看不見？我們能看見好多瑪瑙？也沒看見好多！現在都被挖的沒剩多少了，但是我們隨便拿哪一種，恐怕還是享受不盡的。我看達賴宮，一世一座塔，那塔上鑲的鑽石是最大最好的，還有喇嘛用的鼻煙壺有好多種類，有翡翠的，有瑪瑙的，有珍珠的。像這些大家看見過的，就觀想著去供養佛。一尊佛面前，一位大菩薩面前，供養一個。在地藏菩薩手上拿著，你這麼一想一作意，這功德是沒法計算了。

同時想到一切眾生也像我一樣在供養，把六親眷屬都想上，一個不漏。腦筋裡記得的朋友，一切眾生你想不到那麼多，就說這一切道友，三皈的、聞法的，乃至護法的都想。我常想十二億中國人，加上世界五十多億人一起供養，這個數字很少，我們把南瞻部洲、北俱盧洲銀河星系所有星球，就是外星人也跟我一起供養。《華嚴經》就是這種境界，所以《占察善惡業報經》遍法界絕對相應。你說：「我要發財，去問地藏菩薩。」他說：「這樣好，你就去做吧！」這樣方便，你或許會懷疑，用不著懷疑，因為你有這些供養。

還有，這只是你在供養，也要想到這個世界上很多人都在供養，看不到就隨喜吧！在彌勒內院供養，你就想，自己也在彌勒內院，釋迦牟尼佛在靈鷲山說《法華經》，都來供養釋迦牟尼佛，你也供養了。釋迦牟尼佛在普光明殿說《華嚴經》，那些大菩薩在那兒修供養，自己也在那兒隨喜供養。這是普賢菩薩的第五大願，「隨喜功德」。地藏菩薩說的和普賢菩薩說的完全一樣。

若未修供養者，願得開導，令修供養。又願我身，速能遍至一切剎土，於一一佛法僧所，各以一切種莊嚴供養之具，共一切眾生等持奉獻。供養一切諸佛法身、色身、舍利、形像，浮圖、廟塔、一切佛事、供養一切所有法藏，及說法處。供養一切賢聖僧眾。願共一切眾生修行，如是供養已。漸得成就六波羅蜜四無量心，深知一切法本來寂靜。無生無滅，一味平等，離念清淨，畢竟圓滿。又應別復係心供養我地藏菩薩摩訶薩。以當稱名，若默誦念，一心告言，南無地藏菩薩摩訶薩，如是稱名，滿足至千。經千念已，而作是言：

遍一切眾生，遍於現在，遍於過去，如果沒修，勸大家都修。擲輪相之前，一定要修供養，而且還要作觀想的供養，不要因為一枝花，一點點的小東西就把你局限住了，這樣的供養特別小了。要大供養，還要隨喜修供養，勸大家也修供養。不讚嘆、不供養，什麼也得不到！不僅是對佛法僧，就是對其他的一切眾生都供養。要富貴得先修供養，不布施怎麼感果呢？為什麼今生有窮的，有富的？

從前有位施主，年輕唸書的時候，所有的考試都是別的同學替他作的，糊裡糊塗大學畢業了。因為他們家是財閥，二十六個兄弟，屬他的地位最低，在北京當造幣局的局長，專門造大洋。他一天班也沒有上過，掛了四、五個頭銜，電燈廠廠長，又是這、又是那，名堂很多，他就在家裡燒鴉片煙，什麼都不做。他也信佛，但是不明白事理，我們就給他取個名字叫「佛迷糊」。迷迷糊糊的，但一生盡享福，幾個子女都是美國留學的博士，一生沒事，我說，他前生一定是山裡的老比丘沒修行好，到這裡來享福了。

這就叫過去的善因所得的善果。今生他種的善根又不少，見什麼和尚、喇嘛、道長，他都磕頭禮拜，都供養。誰求他都可以，碰上他今天要是腰上錢纏得多，都掏給你，回到家裡有人又給他裝上。但是修福不修慧，開不了悟，福盡了，還是要受苦的。

占察我們的善惡業報，跟算命批八字相命不一樣。要想相應，必須作些佛事。有人說像這樣的作佛事，不必用《占察善惡業報經》，我自己已經開智慧了。例如前面講的修供養，意念十方一切三寶，能夠使香花儘量的滿法界，所有的事都變成「理」，因為在「事」上是不能遍的，這一枝花就是一枝花，用理觀，用心力把它變成遍滿十方一切諸佛剎土，這種的心量、功德，何必還要占察善惡業報呢？我說，現在我們在「理」上還有障礙，因為我們沒有證得，這只是想，只是意念。

像修密宗藥師佛的法門，觀想藥師佛的法身放藍光，我們經常講灌頂，這就是灌頂，自己觀想身心每個汗毛孔吸收藍光往外排的都是黑氣，黑氣代表我們的十惡業。如是觀想到了一定的階段，成熟了，觀想的藍光就加大，放出的黑氣漸漸的就變了白顏色，這就表示黑業已經轉成善業了。自己觀想佛的藍光注入我的身體，我的身體也發出藍光，這種藍光就是觀想天空放晴時候的天藍色，法身清淨的意思。這種觀想成就的時候，排出來的都是藍光了，也就是佛和我結合成一體了。觀想極樂世界，那是紅色光。如是觀想，相應的時候，就能夠得到。

我們供養三寶，觀想十方一切三寶，這不是做「個別觀想」，而是「普遍觀想」了。一切佛就在我一念間，我的身也到十方一切剎土去了。到那兒供養佛，佛和我們結合一體了。但這是意念，初修的時候，這種意義不是一下子就可以領受得到的。

我們得先知道，不但是佛法，就是一切世間法，只要是法，法者方法，方法就是形相，也就是種種事物的樣子，這一切法就包括世出世間法，都是虛妄的、緣起的。一切法都在運動中，不停的運動是法相，但是本來的法性是寂滅的，因為這個寂然不動的體遍一切處，而我們的妄想心不停的運轉。

為什麼佛教裡判小教、始教、終教？判教的意思就是次第，如果不知道就容易混淆，而且理事混淆、小大混淆。事理不分，不但修不成，而且容易造業，也容易墮落。一切法本來寂靜，無生無滅，為什麼地藏菩薩要到地獄去度眾生呢？這是「理」，是最深的教義。要證得這種情況可以的，我證得了，我心裡是這樣的承擔了，現在則隨順世緣，為什麼呢？眾生不瞭解「緣起性空」，我就隨順眾生示現緣起，但我的內心瞭解。因此地藏菩薩示現了，還讓你問善惡因果。講理也必須懂得「一實境界」，否則跟世間的占卜算卦又有何區別？在理上我們雖然明白，但在事上不能消失，為什麼不能消失？現在我們每個人照樣有煩惱、不順心的事，因為智慧沒開！不知道「事」該怎麼處理？有人說一切法本來寂靜，無生無滅，那我用不著修了，我修它做什麼呢？你現在能不能解脫？能不能照見五蘊皆空？不能！事還是事，理還是理！必須懂得「一實境界」。

為什麼《地藏經》上說，地藏菩薩的功德超過觀音、普賢、文殊，十二億的大菩薩加起來的功德，比不上禮拜地藏菩薩一剎那的功德，這是因為講地藏法門，所以這樣講。這個道理我們一定要懂得，地藏菩薩和觀世音菩薩在法性上沒有高低。

為什麼要講這無生無滅的道理，「一實境界」沒得到的時候，有很多不瞭解，有很多不對機，不適合。能證得密即是顯，證不到顯也不明白密。「緣起性空」的道理，在西藏宗喀巴大師是相當提倡的。宗喀巴大師著的《菩提道次第略論》以及《菩提道次第廣論》，都是依據阿底峽尊者《菩提燈論》作的，明白這個才懂得密教的意思，完了才學「圓滿次第」。我在西藏聽來是這樣子的。

我沒到西藏以前，在北京加入菩提學會，跟喇嘛學密教，學的糊裡糊塗不明瞭，總是資格不夠！那麼要有什麼樣的資格？我到西藏去，感覺到真正夠資格的十地菩薩，都是《華嚴經》的後半部，全是密咒，受各種的儀軌。像占察懺的儀軌，就是禮過去七佛、五十三佛、堅淨信菩薩、徧吉菩薩、觀音菩薩，地藏菩薩，就這樣了，但是蕅益大師著的占察懺法，禮拜就多了。

懺法基本上都是祖師做的，三昧水懺、藥師懺，都是根據經上的意思，引我們入門修的種種懺法，讓我們達到一切法是一味平等、離念清淨的，這樣子才能達到圓滿。懂得這個道理，再去占察。占察是事，在理上我們明白了，事上還是不行，現在我們沒有明白的時候，法告訴我們了，我們依著法也就開悟了，學就是學開悟，開了悟，明白再去做，很快就相應了，不做相應不了。

我在這六十年當中，遇見很多人修行幾十年不得成功，什麼原因呢？如果你學學《占察善惡業報經》就知道，在你三業沒清淨之前，修定修慧皆成魔業，都有什麼魔呢？或許是精神分裂，或許是外魔入體，也許是鬼神擾亂，在《大佛頂首楞嚴經》中有五十種陰魔，色聲香味觸法每一種都有十種陰魔，你不但沒修成，被魔障牽引就墮落了。

地藏菩薩說，除了供養十方諸佛，還得供養我地藏菩薩。這個在我們凡夫是不行的。你供養佛法，供養我（凡夫）是不行的。前面說的甚深義理，因為我（指地藏菩薩）是主法者，所以要供養我。這種道理在西藏是很根本的，供養三寶的時候，首先供養上師，就是給你灌頂的那位上師，授你傳承的那位上師。為什麼呢？因為沒有上師，你不知道佛法僧這種甚深的教義。就像我們現在學占察懺，當然以地藏菩薩為主，特別繫念供養地藏菩薩。這個念要念一千聲，這是很重要的。為什麼要念一千聲呢？因為念一千聲就代表十至百、百至千意念至心了，有你這個「感」，才有地藏菩薩的「應」。

如果沒有供養十方三寶，也沒有稱念地藏菩薩的聖號，那就絲毫沒有關係，跟我們平常一樣，他所受的境界和你不相應。擲了很多的數字，跟心裡所問的事情不相應。如果你供養完了，在密室裡，就是自己關一間佛堂，乃至於小小一個角落都可以。思惟憶念念地藏菩薩聖號，以後再擲，這樣你內心想的跟那輪相所現的一百八十九種絕對相應。問這個病能不能好，擲出來說事業能成就，或者這個困難很快就消失，那就不相應了。問病，輪相上告訴你說這個病可以治療，這就叫相應了。

有人說我們每個人都在占，地藏菩薩能現這麼多身嗎？大家要是不信，念一念《地藏經》，最初釋迦牟尼佛在忉利天宮，以各種形相的化現，種種的聲雲在忉利天上，為了顯地藏菩薩的功德，佛就問文殊師利菩薩，地藏菩薩的化身有好多？文殊菩薩以他的智慧觀察，用一千劫的時間不能知道地藏菩薩化身有好多！佛說不但以你的智慧不能得知，「我以佛眼觀故，猶不盡數。」我們在這個地球上才五十億人，那跟這數字完全不能比了。佛說無數恆河沙一個沙做一個數，你看有好多？你念地藏菩薩，你身邊就有地藏菩薩，但是因為我們這個信心建立不起來，所以安排堅淨信菩薩來請法。你念完了一千聲，要求地藏菩薩說：

「地藏菩薩摩訶薩，大慈大悲，惟願護念我及一切眾生，

速除諸障，增長淨信，令今所觀，稱實相應。」作此語已。然後手執木輪，於淨物上而傍擲之。如是欲自觀法，若欲觀他，皆亦如是應知。占其輪相者，隨所現業，悉應一一諦觀思驗。或純具十善，或純具十惡，或善惡交雜，或純善不具，或純惡不具。如是業因，種類不同，習氣果報，各各別異，如佛世尊餘處廣說。應當憶念，思惟觀察所現業種，與今世果報所經苦樂吉凶等事。及煩惱業習，得相當者，名為相應。若不相當者，謂不至心，名虛謬也。若占輪相，其善惡業俱不現者，此人已證無漏智心，專求出離，不復樂受世間果報。諸有漏業，展轉微弱，更不增長，是故不現。又純善不具，純惡不具者。此二種人，善惡之業所有不現者，皆是微弱，未能牽果，是故不現。若當來世，佛諸弟子，已占善惡果報得相應者，於五欲眾具得稱

意時，

前面這段話必須記住，沒說這話不相應。必須啓請，說地藏菩薩您大慈大悲，唯願您護念我。為什麼加「一切眾生」呢？因為要學地藏菩薩。地藏菩薩是照顧一切眾生的，你拜占察懺，學地藏菩薩，念地藏菩薩的時候，也要把「一切眾生」都加上，讓一切眾生都跟我一樣，障礙消失，增長淨信。這個淨信就是信心堅定了。

發了願，啓請語說完了之後，拿占察輪來擲，找一條乾淨的手絹，不做其他用途，用完了擱在占察輪裡頭。用傍擲，擲在這個淨布上，擲一次加一起寫下來，由是六個輪數字，三次總數加起來。對照經文看，如果說你所問的問題有困難，那麼這個是籠統的，沒說你問什麼問題，也算相應。困難很快就消失，這不論是求財、求病都算相應了。

還有你要到那裡去，或者搭飛機，打個卦，說走不得，暫時不要動，如果已經買了機票非動不可怎麼辦？念地藏菩薩的聖號一萬聲，它會起變化的。這是地藏菩薩的方便法門。

我們學法、求法或者閉關、拜懺，為什麼要有師父或者道友指引你？就是讓事情做的如法。西藏修密法，離開師父是絕對不行的。建壇城的時候，就需要師父幫你灑淨。那個壇城不是像我們這裡一間佛堂就可以了。建好了，請十方諸佛菩薩，主要請你的本尊，例如修消災延壽佛法，請藥師佛；修彌陀法，請阿彌陀佛，如果沒來修不成，什麼法也修不成。

必須得三業清淨，修密法更要三業清淨，成就的是十地菩薩以上的即身成佛。所以說即身成佛法門好不好？好！但不是你修的。真好！善財童子五十三參，參的是些什麼人物？十地菩薩示現的，從初信、二信、三信到普賢菩薩、即身成佛。龍女即身成佛，但你看到的是現在。釋迦牟尼佛夜睹明星成佛了，難道他那三大阿僧祇劫的修行都不算了？就只算他那一念的開悟？中國的禪宗說，禪門一炷香，頓超直入，立證菩提。你只知道他現在證了，就像看到人家打工一年掙五、六萬，你只能掙幾塊錢，為什麼有這麼大的懸殊？你可曉得他讀博士學位好苦？

孫中山先生在上海有個故事，他住的那個房子水管壞了，找個工人來擰兩下就好了，二十塊錢。那個時候二十塊錢可不得了，孫先生就說：「貴了！」

那工人說：「這兩下子你就擰不來，我讀了好幾年的書，花了好多心血，才能得今天一擰二十塊錢。」孫中山就明白了。

修了三大阿僧祇劫，才證到這個程度，不是我們說的那麼容易！要先種上善因，這一段話你能夠體會，產生真正的信仰都不容易了。這已經不是一佛、二佛、三、四、五佛面前種的善根，都是親近了千萬億佛而種的善根。《金剛經》上有這段話，只要聽到《金剛經》這個名字，過去就有這麼大的善根。所以我們現在地球上有五十多億人，儘管地藏菩薩那麼普遍度生，我說我要講《占察善惡業報經》，有一位老法師還對我說他沒聽過這部經！這不是大法吧？

這個法不是那麼深奧，但是不是《占察經》不那麼深奧呢？一切法本來寂靜，無生無滅，這個深不深？《華嚴經》也無非如是！一念平等，畢竟清淨，畢竟圓滿！所以學法要會學，從淺入深，從深至淺，過去了還得回來。念一句阿彌陀佛，就能夠生到極樂世界，《阿彌陀經》告訴我們要一心不亂。我說念到一心不亂，就不用念阿彌陀佛了，也不用去極樂世界了，我在這個世界上，雖然不說即身成佛，也差不多了！一心不亂已經到大菩薩境地了。我們一天妄想紛飛的，如果能夠一心不亂，那我上兜率天去親近彌勒菩薩一同再來人間，還近一點呢！

我以前親近的師父很多，密教、禪宗、淨土宗我都親近過，但都不長，因為總想另外還有沒有好方法？我遇見過兩位最好密宗的大德，是現在達賴的師父，一位赤江仁波切，一位靈倉仁波切，還有兩個師父是哲邦寺的康薩仁波切，還有康薩仁波切的師父頗邦喀仁波切，這都是當身成就的大德了。他們教我們要從持戒入手，宗喀巴大師的顯密次第學好了，身心清淨受灌頂，就修一法。不要左一個右一個灌頂，再修第二法。就像占察善惡業報，三業清淨了修定得定，修慧得慧。沒清淨就只有隨聞修了，或者拜一千天，地藏菩薩也保證你絕對清淨。那你求生極樂，生那個佛淨土都可以。

這方便法門很多，普賢菩薩行門也說讀〈普賢行願品〉，普賢菩薩就送你到極樂世界去。讀過〈普賢行願品〉嗎？「若人誦此普賢願，我說少分之善根，一念一切悉皆圓，成就眾生清淨願。」乃至於〈普賢行願品〉最後一偈，假使我們業障重了，就是念普賢行也可以。「往昔所造諸惡業，皆由無始貪瞋癡。」「誦此普賢大願王，一念速疾皆消滅。」這是正懺，是《華嚴經》的圓滿教義。

相應了，這個門你就走得進去，也成就了。我感覺到這個門走不進，走到一半，我們先取個免疫證，別害傳染病，也別害愛滋病，這都是我們所畏懼的。就來世來說，地獄、餓鬼、畜牲這三惡道是絕對不願意去的，再來做人的話，也是享受的，做國王之類，生天也可以，這是地藏菩薩保證的。因此我感覺到我們現在眾生罪業深重的時候，《地藏三經》是最好的。《十輪經》比《占察經》更深，也是講十輪，學起來更困難一點，所以講《占察善惡業報經》就是這個意思。

如果占察善惡輪相出現空白，擲多少次還是空白，那是得到無漏智了。有漏業很微弱或者無，所以都沒有。逐漸的證得般若波羅蜜空義了。這是很不容易的。或者是善惡業交叉，不是十業純善，也不是十業純惡，這兩種人善惡業不現，也是微弱的，不能牽引你到惡道，也不能牽引你的善業。這時候就拜懺，增長善業，成就善果。

好多人請了占察輪，不知道怎麼用，最重要的是相應，相應了就是你所求的告訴你。因為你拜懺了，念了地藏菩薩名號，這時候財色名食睡，都滿你的意了，想得什麼就得什麼，這個也很危險！為什麼得到還很危險呢？因為容易犯錯，起心動念關係很大。

我跟宏覺法師有一段時間，心裡一動念，居士就送來了。我們倆就提高警覺，不能隨便打妄想！這種危險能送你下地獄的。想什麼得什麼，這不是好事。所以我們要求得到的時候，第一個先感謝菩薩，加強懺悔，使善業更增長，起心動念不求五慾，有也不要，可以轉施，需求的人很多，這都是小事。例如你想念兩個蘋果，人家給你拿了十幾個蘋果來；或者想吃水餃，人家打電話來說，我們給你包好了送去。這都是小事情，不過是測驗你，想利益好多眾生就不靈了！為什麼不靈了呢？力量不夠了！

例如我經常發願，願聽我講經的人或者皈依我的人，聞過我說法的人，願他們臨終時都能夠生極樂，現生滿他們的願，你們能感覺到我這個願達到了嗎？天天求，時時求，念念求，好比我們坐飛機的時候，願飛機上的人都能皈依三寶，永遠別造惡業；坐火車也發這個願，等汽車飛機的候車室裡頭，來來往往的好多人，你就發願，願眼睛所見到的這些人，將來都能聞到法，都能夠了脫生死，他們這樣來回的奔走，讓他們都滿足吧！

願是發了，讓他們都滿足是不可能的，這個願就不大靈了。菩薩也是發這個願度一切眾生，但度不盡，度不了，連佛都度不了！因此這種願你儘量的發。但是得個包子、餅子的這種願，很容易靈，為什麼？因為這個願很小，都不是菩薩現的，有很多護法神鬼在你身邊，你一動念他知道，他有他心通，他說：「啊！老法師打妄想了，給他吧！」但這種滿願不是好事，我在這裡提出來警惕一下！

勿當自縱，以起放逸。

不要放縱五慾，這是警戒我們，勸我們不要犯過。

即應思念，由我宿世如是善業故，今獲此報。我今乃可轉更進修，不應休止。若遭眾厄種種衰惱不吉之事，擾亂憂怖，不稱意時，應當甘受，無令疑悔，退修善業。即當思念，但由我宿世造如是惡業故，今獲此報。我今應當悔彼惡業，專修對治，及修餘善，無得止住。懈怠放逸，轉更

增集種種苦聚，是名占察初輪相法。

有善根了，今生得了這種果報。如果遇著《地藏經》，或者《占察善惡業報經》，聞著了，今生就精進修行，不應停止。有很多人不但是優婆塞、優婆夷在家眾，就是在終南山裡頭很多修道者，得到一個初步的相應，或者一坐也能定幾天了，就認為自己了不起，一放逸，慢慢這種境界也沒有了，再想進步就難了。修道的人進步很困難，退墮卻是很容易。假使我們拜占察懺或是念地藏菩薩，千萬不要放逸，隨時發願利益眾生。

我在北京有一個道友問我，他說：「我信佛四十五年了，也沒有懈怠過，但是為什麼佛菩薩都不加持我，一回比一回困難，困難越來越大，我沒辦法磕頭了，不信佛道了！」我說：「你不信馬上就好？」他問：「真的嗎？」我說：「你試驗一下，做惡去馬上就好了！」他問：「為什麼？」我說：「你周圍的善神那麼多，使你今生能夠成就，乃至於得相應，能生極樂世界。如果你一退念，波旬的子弟兵就來了，他會讓你一切順當，但最後的惡果呢？再來一世就不是這樣子了，要懂因果，要這樣理解。」應該怎麼辦呢？在你不如意的時候，甘心領受，現在你才受一點，比下地獄好多了！

我就跟他講我的歷史，住三十三年的監獄，我沒有後悔，沒有抱怨，我沒説這是什麼人加給我的，而是業障現了。我那些道友在國外弘法，他不下監獄，解放時人家往國外走，我卻要回來內地，這不是自己作業去的嗎？自己要安心受，所以平反之後，我還可以講經，還可以回到佛教界。或者是你們大家加持我，有緣，那時候我要是關到裡頭關死了，我們現在結不到緣了。

不稱意的時候，「甘受」，甘是甜蜜的領受。我在監獄裡就常想到《金剛經》告訴我們，今世被人輕賤者，應知道宿業尚未消滅。我就想到我自己的變化非常大，從二十歲開始講經，在大陸上是很繁重的，還得請師，還得高高的坐，每次聽的人都很多，最多一次有一千七百多人。在〈影塵回憶錄〉裡有記載。一九三六年在長春般若寺講《四分戒律》，台子高，禮拜的人多，這個被尊敬的待遇是諸佛菩薩加持的。到了監獄裡，把我們叫什麼呢？叫不恥於人類的狗屎堆！不算人，比狗屎還糟！人家都躲著，怕踩到把鞋都弄髒了。這樣一個天上，一個地下，這不就是六道輪迴嗎？

要甘心忍受消業障，業障就會消失！當初我想再不能講經了，關了三十三年，中間還有很多波折，早就忘了！我是八二年才平反的，八二年到現在才八年多，平反時，我已經快七十歲了，你說過去的忘了，新的還能學嗎？佛菩薩加被的，我也是供地藏菩薩，供地藏水。有時候我在底下備課的時候，還想不到要說哪句話，到時候就想起來了。

記得我在閩南佛學院講經的時候，講《華嚴經》，舉蘇東坡的詩做例子：「橫看成嶺側成峰，遠近高低總不同，不識廬山真面目，只緣身在此山中。」不理解《華嚴經》，只因為還在凡夫境界被包圍著，懂得了就出到外頭反過來再看。引這個例子很好，但臨時在座上卻忘了，很急，聽的有好幾百人，沒辦法，請諸佛菩薩加持，低腦袋想這麼一下就來了。有人說是第六感，反正想起來了，這種情況很多。

我說我這個例子，就是勸大家相信不懷疑，一懷疑什麼作用都沒有了。或者我沒講經的時候，在底下覺得疲勞，一講起來就都沒了。有時候我擔心營養不足，年歲大要害病，這是多餘的擔心，我講越多越好。在廈門的時候，我一天講四個小時，早上兩小時，晚上兩小時，都是《華嚴經》，也沒什麼不好。但是我在監獄裡不好，身體確實不好。

善男子！若欲占察過去往昔集業久近，所作強弱大小差別者。

過去究竟造了什麼罪？是惡業多還是善業多？我作的業，力量大不大？猛利不猛利？大小差別？

當復刻木爲三輪，以身口意各主一輪，書字記之。

身口意三輪，占過去所集聚的業。這個過去，不是指著前生，而是累積所有過去的一切生。

又於輪正中一面書一畫，令粗長使徹畔。次第二面書一畫，令細短使不至畔。次第三面作一傍刻如畫，令其粗深。次第四面亦作傍刻，令使細淺。

紅的表示善業，大的表示根基很好，要是小的就是善果很淺，小而黑就要拜懺，很快就會消失。惡業很重，得經過好多日的拜懺。這四個面，兩面表善，兩面表惡，只有這三個輪四面都有，其他那兩種輪，第一輪只有兩面，兩面空白，第三輪有一面空白，為什麼？連擲三次都是空白，那麼證明已經得成就了。大家學習學習拜懺，要是沒辦法拜怎麼辦呢？那就念地藏菩薩聖號，例如來回坐車的時候就念，開車遇困難了，別念！念的把人家車撞了就找麻煩，測驗一下，人家說我們佛教講的都是玄虛，其實我們佛教最切合實際了。

有些人問將來能不能好？我要是說不能好，就斷了他的善根，怎麼樣能好呢？念念佛求求懺悔，有什麼作用？假使我給你一千塊錢解決困難了，那是短時間的，業障深重拿了五百塊錢出去還會出事，或者是財露白還要受傷！看起來像是虛的，大家好好觀察一下，越是看不見的力量越大，有相的東西力量反而不太大。風是無相的，誰也抓不住，但能把我們這個地球吹垮！所以心念最厲害，能夠轉動十方世界，也能轉變三世惡業。

當知善業莊嚴，猶如畫飾。惡業衰害，猶如損刻。

善業是紅的，就像莊嚴世界，惡業是指有損生佛國土的善緣。

其晝長大者，顯示積善來久，行業猛利，所作增上。

作善事很猛利，怎麼樣猛利呢？佛在世的時候，有一位貧窮的婦女，她撿到一枚金錢，她想這是佛菩薩的加持，要供養佛。就到油店裡請油老闆買一個錢的油，油老闆叫她拿個瓶子來裝，她說：「我什麼都沒有，你可不可以幫我？」老闆說：「你這麼窮，連飯都沒得吃，這個錢不必了！」她說：「因為我沒供養過三寶，所以才窮，我打算買這個油全部供養佛。」這位老闆受感動了，就說：「我給你一大瓶，其餘的油和瓶子算我的。」於是就拿到祇園精舍去。

那天正是目犍連尊者當班，早上起來他去滅燈，其他燈都熄了，就這盞燈怎麼滅都滅不了，現神通也滅不了。佛就告訴他，就是菩薩也滅不了，什麼原因呢？因為這個女人的願心很大，竭盡施，她的心非常猛利，這就叫善業猛利。這個道理是一定的，你拜懺念地藏菩薩或是念阿彌陀佛，念的人很多，隨便打個佛七，有好多人得到利益？真正的念悲切了，像明天死亡就降到我頭上了，這樣的來念，這個猛利心念一聲可以抵好多聲！還有觀想念。人家念佛念一聲，你觀想佛堂裡，乃至於整個美國、整個地球，乃至於天上人間、極樂世界和所有的星球中一切外星人都跟我念，都是我的化身。那你生極樂世界去上品上生，普賢十大願念佛是供養佛、禮敬佛、讚嘆佛，十方世界都震動了。

我有位親教師—慈舟老法師，最初剛一開始學佛的時候，我就跟他學，他念的就是〈普賢行願品〉，教我們無論做一點什麼事，都觀想十大願王。《地藏經》第一品是文殊菩薩請問，第五品是普賢菩薩問地獄的問題，第十二品觀世音菩薩讚嘆，加持《地藏經》，所以《地藏經》是四大菩薩都具足了，念這部經就觀想這部經不可思議的力量，動員了很大的力量來宣揚這部《地藏經》，不要聽人家說這是小乘，這是鬼神，其實這是不可思議的。

其畫細短者，顯示積善來近，始習基鈍，所作微薄。

剛種一點善根，基礎還不太鞏固，善業很微薄，受不得沖擊，一遇貪業五慾就隨之而轉了。特別要注意順境，逆境是當頭棒，你看到樣子還可以躲一躲，順境是腦後針，沒辦法防備。還有碰見人家讚嘆你道德很高，小心點馬上就低頭懺悔，一在順境，一在人家讚揚聲中，很容易就忘了你是誰了！隨著讚揚放棄善念，就退道了，所以這個輪相是提醒你善業作得還不夠。

其刻粗深者，顯示習惡來久，所作增上，餘殃亦厚。其刻細淺者，顯示退善來近，始習惡法，所作之業，未至增上。或雖起重惡，已曾改悔，此謂小惡。善男子！若占初輪相者，但知宿世所造之業善惡差別，而不能知積習久近所作之業強弱大小。是故須占第二輪相。若占第二輪相者，當依初輪相中所現之業。若屬身者，擲身輪相。若屬口者，擲口輪相。若屬意者，擲意輪相。不得以此三輪之相，一擲通占。

粗深者又粗又深，我那付占察輪是弘一老法師做的，黑的很寬，就是很粗，表示惡業很重，過去作惡太久而且成了習慣。我們在監獄裡有這麼一句話，形容專打小報告的人：「三天不害人，走路沒精神」。要是沒害別人，心裡不舒服。這種人可以看的出來，從來不給人說好話，就是這個意思。作惡太多就是增上惡。細淺的顯示退善的時間還不太長，習惡所作的業還不久，要改。佛教注重懺悔，懺就是改未來。懺完了再作惡，罪特別大。這都是宿業牽引的，大家都有。心想這個念不能起，不要打妄想，跟自己說這會兒我一定好好念，這個佛七我絕對不打妄想，本來妄想或許不多，因為有這念頭，妄想紛飛。要無作意的，自己隨時警惕就好了，效果會好一些。小惡一悔就悔掉了，因為在你將來受的時候加進去了，它順著你未來的意。或者得個小的善果，但轉動不大。或者人家見到你罵你幾句，這也是小惡，叫惡口。

一個人過去的習慣，大多不能轉換，用幾十年的功夫想轉換一個習氣很不容易。顯著的還容易轉，過去沒有注意的習氣，斷了見惑、思惑，習氣還是斷不了，這是屬於塵沙惑，所以我們有很多的習氣一定要細心觀察。

占察時，心裡必須沉沉靜靜的，這叫「至心」，不叫「一心」；「至心」

就是誠懇。如果「一心」就不用占察了，因為「一心」得智慧，判斷力會很正確，自己能判斷業障重不重，我說這個就是鼓勵大家生起信心。

佛法非信不能入，想入佛法，入門時必須得信，才能得到實在的利益。信十分利益十分，信一分得一分利。種個善根，也許現世得不到利益，將來必定能成就，隨喜將來就得到隨喜的利益。尤其是四眾弟子，都想得一點成就，起碼我們來生比今生更好，更能深入學習佛法。

所以我請諸位道友原諒，我講經不注重義理的說教，而是注重大家要去做。好多的佛法，不做嚐不到法味，信心建立不起來，遇事就懷疑，乃至於有點挫折就懷疑了，也引到佛法上，不但佛菩薩一點加持沒有，還讓我遇到這些壞事，有的佛弟子在大陸上，解放初期就受苦了，有的文化大革命受害的，有的後期，有的現在趕上了，有些出家人時間雖然很短，但是趕上了，這是什麼原因呢？罪業難逃！我們一個人的力量敵不了罪業，琉璃大王殺釋種，釋迦牟尼佛都沒有辦法，目犍連尊者以他的神通力送五百人到天上去，留個種子，結果全化為血水，眾生的業果不失！

這三種輪，第一個是占十業，所以叫十輪，占了初輪之後，就能知道過去所造的業，但只能知道善惡的差別，還不能知道這善惡種的深厚不深厚，積的久遠與否？猛利與否？同樣是殺人，有猛利和不猛利的，猛利的以極重的瞋恨心、報復心，乃至於手段也很毒辣的，這個殺業就重了。有的則是無意的，例如執行槍決的劊子手，因為他吃這碗飯，做了這個職業，雖然一樣是殺業，就不猛烈了。

這個業有大有小，那怎麼知道呢？擲第二輪。畫紅槓表示是積善大或久，一生、兩生、三四五生我們過去也不知道生幾回天？或者作惡業的時候下地獄好多回了，都不一定的。第二輪就占身、口、意三業，來判斷前面那個十業，強不強？大不大？大呢？

懺的方法就不同了，得下點功夫，多作一些懺悔。善業也如是。如果過去積善積的很猛利，修行起來進步就很快，修定慧很容易，容易證道。我們大家都想知道各種問題的答案，想得個宿命通。三業清淨了，求宿命通一百天就得到。為什麼我們修的很多也得不到？相應的問題。三業不清淨，修定慧不成，這是地藏菩薩說的，說不定還著魔。

在各個道場裡，不論在終南山或五台山，這種著魔的事很多，失心錯亂要想糾正，很不容易。等著了魔再來懺悔，魔會來擾亂你，使你懺悔不成。因此要先懺。身、口、意三輪要一個一個擲，不是三個一起擲。身業殺盜淫，口業妄語、兩舌、綺語、惡口，如果是貪瞋癡就屬意業。三個不能一起擲，所以要占第二輪相者，要依初輪相中所現的業，就是看作用的大小強弱。如果說我要知道是妄語重，還是綺語重，還是惡口重，都有的話就要擲四次。先擲妄語、再擲綺語，一定要擲四回，要是殺盜淫都有，身業就擲三次。

這第二輪大多在什麼時候擲呢？後文告訴你，必須拜過懺七天之後，清晨就擲，才能知道業清淨與否？已經清淨了，或重惡變輕了，就可以修定慧了，不會著魔了。

有人問念佛禮懺仗他力為什麼還著魔？因為宿業的關係，《楞嚴經》上說，我們五蘊有五十種魔，就在自身當中含藏有五十種陰魔。身、口、意清淨之後，這種魔才不現。或者自己得了加持，但眷屬並沒有修，找到小孩身上，讓你不能修，必須得照顧小孩。像這種魔障特別多。

應當隨業主念，一一善惡，依所屬輪，別擲占之。

隨著你所作的業，有善業、有惡業。並不是說個「業」字，就是業障。不一定是惡業，戒定慧也能成障。例如智慧很大，你認為有本錢了，了不起了，就會成為障礙。所以善業惡業都能成障。業輕懺悔起來，一懺就清淨了。重業可不行，重到什麼程度？就依著懺悔所現的輪相而定。例如我們沒有擲輪相以前，看見地藏菩薩放光，或者做夢夢到釋迦牟尼佛或觀世音菩薩，那是魔境，絕不可靠。鬼神都能現菩薩相來擾亂你的道業，鬼像個鬼，你知道如何對治，以前我跟大家講過當頭棒、腦後針，因為你拜佛念經都只求個聖境，它就給你現了，香上現花或者屋子裡頭現奇異香，乃至於現出天人散花，這是魔境，不是聖境。三業清淨了，就是沒有光、沒有花，沒有什麼境界相，只要三業清淨，也容易成道。

發大心的人就是發了菩提心，要行菩薩道，我們舉個例子說，我發了大心要建道場，希望佛菩薩加持我，心發了，障礙很多。沒發心的時候，收入很好，一發心馬上就倒楣，生意立刻賠錢，那是菩薩沒加持嗎？不是的。是因為三業不清淨！發心之前屬於魔子魔孫的系統，是魔在加持你，要是跟他對立了，他馬上不加持你。因為一發了菩提心，魔就退了，就不能再近你的身了。

假使我以前是行外道的，皈依正道、正語、正業、正命等八正道法，過去所有的神通、智慧馬上就沒有了，重新再來。這個關係如果不明瞭的話，反而認為信佛沒有加持！加持的是正道，邪道馬上斷，否則照著去修就很嚴重，這個我們不知道，占察一下就會告訴你，所習的都是魔業。

學某個法對不對？或是正道法，但對你不相應，修好久都不能成就。比方說有些道友們念了很多，好像相應的不大。現在我們講《地藏經》的系統，念地藏菩薩，有很多人馬上就得了相應，見光見花且不說，心裡非常喜悅，這就叫「相應」。以前沒有這種安慰，沒有這種快感，念下來之後感覺身心輕安，這就叫「相應」，修這種法很快就能成就。各各菩薩的願力不同。讀書的時候，你的願力也不同，有想讀土木系的，有想讀電機系的，就看哪個相應了。這種情況用來印證佛經也是這樣。我們不能千篇一律的念咒，必須要用占察輪這一法，這是地藏菩薩特別的慈悲。

問的人是堅淨信菩薩，所以首先要堅固我們的信念，不能夾雜，要至心、要清淨。堅淨信菩薩不是一般的菩薩，是菩薩摩訶薩，摩訶薩的意思是這位菩薩已經是地上的菩薩了，不是三賢位了。三賢位就是十住、十行、十迴向。一登了地就是菩薩摩訶薩了，就是法身大士。

復次！若占初輪相中，唯得身之善，於此第二輪相中得身惡者，謂無至心。不得相應，名虛謬也。

怎麼叫不相應呢？占初輪的時候，得「身」是善業，但擲第二輪「身」現惡了，這叫不相應了。不相應就都不算了。為什麼呢？不至心，也就是求的時候不夠至心誠懇。不得相應就是虛謬的。怎麼辦呢？馬上再念一千聲地藏菩薩聖號，重擲。好比今天早上擲的身業是善，意業是惡。明天擲的意業是善，身業又是惡了，不相應。不相應的時候就得重新第二天再拜，再擲。如果第一輪殺盜淫沒有了，第二輪是善業，那就相應了。以後就再不要擲身業了，再也不管它了。如果三業都這麼擲兩次都相應了，就不要再擲一輪、二輪，這是相應了。

身、口、意都清淨了，這個時候可以修下卷，「一實境界、二種觀行」。「二種觀行」就是定慧，就是止觀雙運，就很相應，很快能得到成就。不是了生死的問題，而是成佛的問題，了生死，三業清淨，惡業沒有了，要求生極樂世界，準去。不要擔心，也不用懷疑，一定能生得到。

又復不相應者；謂占初輪相中，得不殺業，及得偷盜業，意先主觀不殺業，而於第二輪相中，得身惡者，名不相應。

不相應的情況，又如這生所做的事業，從來沒掉過東西，而輪相卻表偷盜就不相應。

復次！若觀現在從生以來，不樂殺業，無造殺罪，但意主殺業。而於此第二輪相中，得身大惡者，謂名不相應。自餘口意中業不相應義，亦如是應知。

有些人生下來就吃素，在我們佛門有些出家的比丘，乃至於在他母親懷孕時就不能吃葷了，吃了就吐，必須吃素。小孩生下來一直就吃素，這就叫「胎裡素」。但這只是個不殺業而已，十業之中只是一業。修道的時候還是不一定成就。雖然不造殺業了，但或者說瞎話，或者認為自己是吃胎裡素的，好像善業很深厚了，就隨便瞎說，說自己得道了，有神通了，大妄語說的厲害，那不但不得道，還照樣墮落。

並不是每個人都十惡具足，善善惡惡都有的，不然我們怎能托生為人？又怎能遇到佛法呢？這個道理一定要懂。因為自從出生以來就不樂殺業，那說明了意裡頭現殺，或第二輪中得身大惡也名不相應。那意業的三種和口業的四種都照這個去配，叫不相應。怎麼辦？拜懺！重新拜。

善男子！若未來世諸眾生等，欲求度脫生老病死，始學發心修習禪定無相智慧者，應當先觀宿世所作惡業多少及以輕重；若惡業多厚者，不得即學禪定智慧，應當先修懺悔之法。

這就說到未來了，末法眾生想求度脫生老病死，沒有聽過佛法，沒聞過佛法，現在聞到了，發什麼心呢？有兩種，一種是小乘心，很快脫離苦海；二種是尊從佛的教導，看我是苦，我受罪，看見眾生有苦我更苦呢！不是為自己，讓大家都了脫，這叫發「菩提心」。這要發大心。因此要了生死也好，想利益眾生也好，必須得修。根據佛所教導的修定，或者修習無相法門。應當先觀察過去所作的惡業多少，作的惡業多而且重，不能修禪定，也不能學智慧，學什麼呢？先修懺悔，這是方便法門。習定習慧，先修一個前方便，先修懺悔。

所以者何？此人宿習惡心猛利故，於今現在，必多造惡，毀犯重禁。以犯重禁故，若不懺悔令其清淨，而修禪定智慧者，則多有障礙，

為什麼不能學禪，也不能學慧？學慧就是學經，學教理。參禪求明心見性的方法，就是深入的大乘法九次第定。我們往往在大乘和小乘的名詞上混淆不清。例如大家都知道「三門」。和尚廟門口就叫「三門」。但有些和尚不懂這意思，寫成「山」了。遁了空門，就是中間那個大門是空的，左邊是無相，右邊是無作叫「三門」。我們聽空就引證到《心經》去了。不是的。佛在印度說法的時候，基本的就是空義。小乘法要修「寂滅」、「空生死」，「空煩惱」；不要作業了叫「無作」，無相呢？就是證得了二乘的涅槃了生死。但以大乘的意思來講，空是般若，無我相、無人相、無眾生相、無壽者相、乃至於無一切相。「無作」就是無作意，要怎樣的無作意呢？「應無所住而生其心」，這就是不作意。大乘的無相就是觀苦空無常無我。因為觀苦不作一切意，斷集，因為惑而集，就是招感一切業，這些都如夢如幻。大小乘的意思都跟大家講一下，不論你修大乘、小乘都一樣，一步一步入。要是有罪業，惡業不清，修不成的，要修懺悔法。

大家信了佛之後，不宜好高騖遠，甚至於還想即身成佛。受個灌頂不容易，三業沒清淨都是魔業。上次我給大家打個比方，有毒的碗如果沒有洗乾淨，水倒進去，喝下去一樣中毒。要是身語意沒有清淨，不是法器，把禪定智慧裝進去，就是再深再妙也不是醍醐甘露。一定要懂得這個道理，必須學懺悔法。

不能尅獲，或失心錯亂，或外邪所惱，或納受邪法，增長惡見。

不能克服煩惱，精神分裂，出家人還有瘋子嗎？有！可不是像社會那個瘋，出家人瘋了就是靜靜的在那兒。修道修不成了，只在廟上掃掃地呀！懺悔吧！因為在這個僧眾之中有一種加持力，如果離開僧眾就不行了。失心錯亂的和尚，社會上的人見不到他，或者傻呵呵的，或者住山裡頭滿山跑。這個失心是連妄心也失掉了。還有外邪入侵擾亂你，鬼藉機會就來附體，你就胡說八道起來了，畫符念咒，這個增加罪業，完全墮入魔道。或者正法領著他，他不入，去領受邪法。聽不正確的法很感興趣，這些我們都可以體驗的到。現在離佛已經兩千五百多年了，末法時期。正法五百年，像法五百年，早都過了。這個時候如果沒有大善根的人，對正法不得信入，一增長一接納邪法，就形成惡見。

在我們弟子當中，破戒可以救，懺悔完了救得，破見不可以救。破見就是邪知邪見，看問題的看法不同，轉不過來。他說那個是成佛的，他不說那個是邪見，反過來說你是邪見。那些自稱「我是某某佛來的」，都是落入邪見網了。

是故當先修懺悔法，若戒根清淨，及宿世重罪得微薄者，則離諸障。

離了諸障之後，也要「修懺悔法」。過去善根清淨，罪不太重的，就能見清淨輪相。這時候習定就能入，開智慧。我們剛才講空、無相、無作。雖然佛門是空門，我們也經常講空，但佛教是「空」和「有」同俱的。「有」是緣起，「空」是體性，叫「緣起性空」，這是佛教的基本理論。要是能把「緣起性空」弄懂了，那顯密都懂了。這個研究通了，真正理解了，馬上就能離開一切障礙，光明照耀。知道一切法是緣起的，善惡業都是緣起的，如夢幻泡影，就像黑雲能遮太陽，白雲照樣能遮太陽，所以惡業能現前，善業也能夠遮住你，這是真實的智慧。但是惡業現前的話，就往下墜的很深。善業一遮住了，只是不開根本慧，但還不會墜落。雖然兩個一樣的遮，一樣的不空，但性質不同。

「緣起」就是「有」，在佛經上說叫「妙有」。什麼「不空」呢？佛的一切性功德不空，因為空才能成就有。大家想想看，如果這個地方不是空的，再想要蓋房子，蓋的成嗎？如果腦子裡的思想盡是「業」，成就不了！這個原理是一樣的。我們懺悔，能夠逐漸的達到這種境界，以下就說明懺法。

上面這段經文就是應該修懺法的原因，修懺法必須作個前方便。我們大多數照懺本拜三十五佛、拜八十八佛或者拜藥師懺，不論拜什麼懺不容易免難，為什麼呢？前方便沒作！既然是消業，講事就有規格，不依規格，得不到成就。但磕頭拜懺總是好的，消的沒那麼快就是了。第一個要道場清淨，拜懺也是道場，現在我們講經說法的法會也是道場，一般要灑個淨。

善男子！欲修懺悔法者，當住靜處，隨力所能，莊嚴一室。內置佛事，及安經法，懸繒旛蓋，

要想修懺悔法，先找清淨的地方。初學者必須得清淨，離開干擾。像我們在寺廟裡，闢間靜室，或者感覺大叢林不好住，到茅棚去找個清淨地方。這不容易。我們住的房子都不是很大，能夠拿個布簾隔上一個地方供地藏像。在這個方塊裏，供上花，買幾個蘋果、梨子當供具。

懸繒旛蓋做不到怎麼辦？旛是扁的，做小一點都可以，買不起綢緞，花布也可以。還有小圓筒，小孩玩具都可以算數，以心量把它擴大。供上經，或請一部《占察經》，或《地藏經》或《十輪經》，再供一尊地藏像，其他像不供都可以，如果能夠，供一尊釋迦牟尼佛像。這個法沒釋迦牟尼佛，地藏菩薩也說不成。頂好能供堅淨信菩薩，大家沒見過，就請一尊菩薩寫一個名字，拿紅紙寫個名字也可以。

拜的時候，能夠磕下頭就行了。我們集體修，道場得大，就得作一番佛事，清淨壇場，潔淨之後就不能隨便進去，除了作佛事的，進去之後則不能來回進進出出的。進去的時候要乾淨，心乾淨。意念清理一下，嚴肅一點。身體要乾淨，要洗澡，不能有氣味，有氣味也不容易得。

求集香華，以修供養。澡浴身體，及洗衣服，勿令臭穢。

於晝日分，在此室內，三時稱名。一心敬禮過去七佛，及五十三佛，次隨十方面，一一總歸，擬心遍禮一切諸佛所有色身，舍利形像，浮圖廟塔，一切佛事。次復總禮十方三世所有諸佛，又當擬心遍禮十方一切法藏，次當擬心遍禮十方一切賢聖。

結了界，供養了，一修就要點香，不能省事。倒不是省那一炷香。好比一部經沒念完，馬上得續香，不能說香沒了，我就這麼念下去吧！白天就是晝，這是根據印度時間算的，二十四小時晝三時，夜三時，共分六時。一邊稱名，一邊敬禮。「一心敬禮過去七佛及五十三佛」，完了向東南西北上下這叫「十方」，當然不是叫你在那兒到處轉。口念意觀遍禮，說一禮遍十方，凡是佛遺教所留下來的塔廟、寺院、浮圖，浮圖也是寺院的意思。「一切佛事」就是做這些佛事。

如果你心量沒有那麼大，或者你信佛不久，心裡就總禮十方一切諸佛，還有十方諸法，凡是十方就包括極樂世界，也包括東方藥師佛琉璃光淨土，也包括上方不動世界，東方還有東方，東方還有阿閦鞞世界，這個很多意念一觀想就行了。在這個法中，還必須得禮《占察善惡業報經》，還有十方一切賢聖，菩薩、聲聞、緣覺都是聖眾。

然後更別稱名禮我地藏菩薩摩訶薩。如是禮已；應當說所作罪，一心仰告：惟願十方諸大慈尊證知護念，我今懺悔，不復更造。願我及一切眾生，速得除滅無量劫來十惡四重、五逆顛倒、謗毀三寶，一闡提罪。復應思惟如是罪性，但從虛妄顛倒心起，無有定實而可得者，本唯空寂。

依法行事，地藏菩薩是法主。你禮占察懺，以地藏菩薩為主，要特別禮敬。最後地藏菩薩要三拜，因為他主持這個法會。界也結了，供養也修了，禮拜也禮了，再來就是發露懺悔，就是向上仰告，作觀想都可以。有的人自己編懺悔文，想求什麼事，自己編一個懺悔。可以說我這個懺悔過去罪，求生淨土極樂世界，還有六親眷屬都得利益，乃至於以後擴展到不認識的。這樣來懺悔，來仰告。

或者你說我現前別的都在其次，吃的、穿的、住的，還有走路要有汽車，那麼自然得有錢，講事業不是求大發財，六親眷屬都沒煩惱，都能成道，這些都可以求。一百八十九種都有的。地藏菩薩告訴我們可以向他求這些事。同時把過去的罪說完了，必須加個「不復更造」。舊罪消了，新罪又生，這可不行。能嗎？不能！為什麼不能？受業所牽。

大家天天都是，「願消三障諸煩惱，願得智慧真明了，普願罪障悉消除，世世常行菩薩道。」天天的禮佛拜懺都念。天天懺，天天還造罪，說瞎話順口說，腦子也不用想。大家回想一下，我說的不見得準確，但起碼我是這樣子。因此想要說絕對不造罪，信了佛所有的惡業一下子停斷，沒有這個力量。要有這個力量必須多生累劫，必須菩薩現身。我們用儒家曾子說的「吾日三省吾身」。到了晚上，一天的工作完畢了，佛事也作完了，上床休息的時候，想想一天二十四小時，念地藏菩薩佔了好多時間？搞名利乃至貪瞋癡，妄語、兩舌、綺語、惡口犯了好多？不用問佛菩薩，自己就能知道。能清清楚楚的知道嗎？在天平上一秤就知道了。

晚上回想一下，感覺自己慚愧業障重，臨睡的時候，念一個十大願王，從「一者禮敬諸佛」乃至「十者普皆迴向」，或者念一遍《心經》，要不了好多時間，如果佛法僧具足，則念十方一切諸佛……。三兩分鐘的時間，念完了再睡，會得清淨相。不但惡夢，善夢也少，會得到加持。心裡意念一靜下來，念念睡著了就跟三寶合成一片。我們發願的時候要隨著地藏菩薩發，一個是上求諸佛佛法，要成佛，一個是下化一切眾生。成佛就是為了要度一切眾生，否則跟我現在不是一樣嗎？成佛度眾生能普遍一些。

「十惡」就是十惡業。「四重」即殺、盜、淫和大妄語。弒父、弒母、弒阿羅漢、出佛身血、毀謗大乘破合和僧，這叫五逆。不修十善，不清淨，這都叫顛倒。還有「毀謗三寶，作一闡提罪」。除了這些要想一想，思惟就是自己觀察。我造這些罪，這些罪的體性是怎樣的？要覓罪是了不可得的，「罪性本空唯心造」，妄心造的。妄心消失了，罪也沒了。「心亡罪滅兩俱空，是則名為真懺悔。」要達到這個境界，可不是小乘了，完全是大乘究竟了義了。觀想罪業是緣生的、性空的，是虛妄不實的，是顛倒妄心造的、沒有實體可得。意思就是不是不可消滅的。「空寂」就是寂滅不生無所得。

願一切眾生，速達心本，永滅罪根。

願一切眾生都明白自己的本心，都明瞭佛性是光明的。要是不達到心的本源，罪也懺不清淨，永遠不會清淨。達到了，罪根拔起，罪就沒有了。這段經文的意思後面會有很深的解釋，每部經論都是這樣闡揚的。但是像我們還是有相的，念一個名字，磕一個頭，一邊磕一邊懺悔，從有相達到無相。這就是懺悔罪業，但是必須得發露，也就是前面說的仰白，仰告十方諸佛。

發露的意思就是我們也不知道自己過去作了好多罪？那就籠統的說一說。以下就是配合普賢十大願王，勸請轉法輪，勸請諸佛不入涅槃，就是〈普賢行願品〉的第六大願「請轉法輪」，第七大願「請佛住世」。

次應復發勸請之願；願令十方一切菩薩未成正覺者，願速成正覺，若已成正覺者，願常住在世，轉正法輪，不入涅槃。

不但願普通的眾生，還沒成正覺的，快點成正覺。沒成緣覺的速成緣覺，沒發菩提心的速發菩提心，行菩薩道常住在世，常住在世就是不要入涅槃。「請轉法輪」、「請佛住世」是第六大願和第七願，「隨喜功德」是第五大願，在這裡第五願是擺在後面，先後次序沒有關係。

次當復發隨喜之願；願我及一切眾生，畢竟永捨嫉妒之心，於三世中一切剎土，所有修學一切功德及成就者，悉皆隨喜。

三世諸佛菩薩在此教化眾生，還有一切在此修利生的功德，乃至於一切眾生所修的善業，我們都要讚嘆隨喜。他們布施的，他們持戒的，他們忍辱的，我都要修，有拜懺的，有講經的，有說法的，有聞法的，我都隨喜。乃至於一點點小善都不遺漏，心量大了，功德不可思議。不要認為這是人家做功德，我在這兒隨喜，也沒出力，隨喜功德是相等的。看見人家供花，馬上合掌隨喜，看見人家學習，隨喜這功德不可思議，為什麼呢？十法界在你現前一念心中，一念遍十方。

《華嚴經》第四會覺林菩薩讚嘆佛，就像工畫師修的，能畫一切彩色。這個世界的一切事事物物都是一念心造的。一念心成佛、一念心下地獄。「若人欲了知，三世一切佛，應觀法界性，一切唯心造。」這是覺林菩薩在夜摩天讚嘆釋迦牟尼佛的話，所以大家要如是隨喜。布施一個充滿七寶的三千大千世界都沒有隨喜功德大。所有生極樂世界的，我都隨喜。應當這樣的來隨喜，千萬莫生嫉妒障礙。這個世界的眾生恰恰相反，不但不隨喜，看到有做好事就說：「那算什麼？誰都做得了！」不但不隨喜還要破壞。「我做不成，你也別做！」這就是嫉妒障礙，罪業特別重。這是個方便，佛法所說的方便，就是竅門。因為沒有力量做，他做了，跟我做不是一樣嗎？這是菩薩的用心。看到他做，突出了，那就顯不出我了，這叫嫉妒障礙。

我們前面講懺十惡，現在這個隨喜，不但口裡讚嘆，意念還要想到這些功德，這才是真正的隨喜，不是虛假的。口裡說得很好，人家問你我們做什麼事，「好啊！我隨喜！」扭過頭來就向人說：「他幹得成啊？」說壞話破壞人家，這種人大家到處都可以看的到。

次當復發迴向之願；願我所修一切功德，資益一切諸眾生等，同趣佛智，至涅槃城。

我們現在的修行，就是我們聞法的功德，大家共學的功德，把它迴因向果，向果就是向佛。這一切的功德不貪戀執著，資助一切眾生，一同趣向佛的智慧海，乃至於究竟成就不生不滅，這就是解脫意。

如是發迴向願已；

拜懺完了，應當發願，心裡所緣念的，所仰白的，向十方諸佛菩薩表白我的心跡。迴向願也發完了，離開懺悔室。

復往餘靜室，端坐一心。若稱誦、若默念我之名號。當滅省睡眠，若惛蓋多者，

我們現在沒有這麼多條件，這間是拜懺室，那間是念佛室。要是一個想修道的人，常住會成全他的，但還要有點地位。在西藏，一般的和尚想修行，一間靜室也沒有，這還要有點福德！這間靜室完了，還要入另一間靜室，出聲或者默念。念什麼呢？地藏菩薩的名號。地藏菩薩告訴我們不要睡覺，睡是五蓋之一，要減少睡眠。到了夜間身體實在支不住了，靜坐一下易驚醒。

夜不倒單的意思就是讓你能修道，倒著睡，睡的時間容易久，坐著睡睡不長，一下就醒了。但是夜不倒單養成了睡覺的習慣，不坐則已，一坐下腦袋就搭下來。你講經他在那兒贊成呢！你問他聽到沒有，不知道！人家問我不贊成不倒單？我的意見是，要不倒單修行，並不是坐在那兒睡大覺！睡覺經常睡的脖子歪了，有的腿也痛了，背也駝了，走路是個彎腿，我看好多的喇嘛師父，走都走不起來。因為坐久了，並沒有修行就睡著了。坐著睡跟倒著睡，我看倒著睡還更舒服一點吧！至少不會出很多病，因此我要糾正一下。

還有過午不食，因為顧慮早上不吃，晚上也不吃，這一頓飯思想有包袱了，吃不下了還要吃，那胃能受得了嗎？就算吃下去，當時也不能修道了。往那一坐，瞌睡馬上就來。和尚是智慧的，我們是學智慧的，這不是越學越愚癡嗎？不但不相應而且很不好。有人說習慣了。我說好的習慣可以繼續下去，壞的習慣不能繼續下去。否則貪瞋癡我們習慣了，也不要懺了。我把你殺了，我習慣了，行嗎？不行的。

為什麼要生極樂世界，因為那兒的習慣好，貪瞋癡都斷了。想往那兒去，可不像美國，想個辦法能來。到那個地方沒有別的辦法，唯有念阿彌陀佛，或者念念大乘經典迴向。別的後門開不了，就在自己腦子裡開個門，還得不為名利念，不為人知念。別儘想我是個善人，我是個念佛的，這又怎樣？心裡頭在幹什麼？

有一位老太太，一天到晚阿彌陀佛，順口就叫孫子把燭台上的螞蟻統統燒掉，我說這樣念佛效果不大。學法要會學，要學的正確。你心裡頭到底還是有智慧的，要判斷。學過幾部大乘經典就知道成佛不是那麼容易的！有人教你即身成佛，這個我看看，等你成了，我再跟你學，沒成那我跟你白搭了！這邊口裡要修成佛的法，那邊錢都給我，行嗎？這叫南轅北轍。

「睡眠」是五蓋之一，我們睡眠差不多都睡很久，但是我勸大家要睡夠了。要是四十歲以上的人，睡眠不足，無論幹什麼工作，精神不集中，到那兒都打瞌睡。這樣去操作機器很危險，說不定還把命搭上！開車撞上了，糊裡糊塗的就受傷了。我說的減少睡眠是指純粹修道者，已經放下身心在密室中修行，瞌睡了就叫「昏睡蓋」。

有人沒昏睡蓋，睡眠很少打妄想，這一定是得了失眠症！為什麼？因為太鑽牛角尖，想發財，怎樣也發不了，事業就是不成就，東想西想想竅門睡不著，精神錯亂叫「掉舉」，也是五蓋之一，這都不行的。就靜下來觀心，觀心的時候，注重觀地藏菩薩的聖像。睡眠多呢？站起來走一走，坐著比較舒服一點，所以坐下來就打瞌睡，驚醒一下。

應於道場室中旋遶誦念。

這個要自己掌握。地藏菩薩告訴我們這個方法，在具體運用上，自己要靈活，但是不要離開題目。蕅益大師引證過《法華經》上這麼一句話，《大佛頂首楞嚴經》也這樣說，念六十二億菩薩的聖號，乃至於供養六十二億的菩薩，衣、食、住、行七珍八寶，供養六十大劫，不如念觀世音菩薩聖號。《法華經》上公開這樣說，我們念《普門品》不是這樣說嗎？念觀世音菩薩一名的功德等於念六十二億菩薩的名字。在《十輪經》上，有這麼樣一個發心的人，對彌勒、文殊、普賢、觀音這一類的大菩薩，供養一百劫、皈依一百劫、讚嘆一百劫，不如有人於一食頃，就是吃頓飯的功夫，皈依、禮拜、供養地藏菩薩。

為什麼說這幾句話呢？因為我們對觀音菩薩、彌勒菩薩、文殊菩薩、普賢菩薩聽得相當多，有些人對地藏菩薩的因緣沒有那麼深厚，為了增加深厚，所以說供養這些大菩薩不如食頃之間供養地藏菩薩。為什麼？因為地藏菩薩修行的時間，比這些大菩薩都久，從《地藏經》上就可以知道了。而且他度的都是地獄眾生，地獄眾生最難度，不信的能使他慢慢轉成信。因為他要成就一切眾生，久遠劫來修行累積的功德，大悲大願，是觀世音菩薩、普賢菩薩、妙吉祥菩薩加起來都不如的，所以一定要生起最大的信心，不然我們修的時候，觀想力不強，利益就小了。

我們求占察輪引導我們得三業清淨。在經文後面有說，末法求戒，不論比丘戒、沙彌戒、菩薩戒，很多得不到戒體，菩薩戒除外。拜這個懺，三業清淨求戒都得戒，不需要再另受了，只要在地藏菩薩面前受就可以。蕅益大師就是這麼受的，他受了比丘戒再求成就。這些都是白天晝三時的修行，那夜間呢？

次至夜分時，若有燈燭光明事者；亦應三時恭敬供養，悔過發願。若不能辦光明事者，應當直在餘靜室中，一心誦念。

那就說睡覺的時候，晝三時、夜三時不停的悔過發願。可是我沒有這個力量，或是我經濟力不充足，燈燭辦不起，那麼就在靜室裡默念好了。辦不起光明事情不能念經，也不能拜懺，光念聖號。如果能辦到光明事情，那就跟白天一樣，該怎麼做就怎樣做，換句話說，就沒有時間睡眠了。但這才七天，要是打「般舟三昧」，也就是「一行三昧」，要一百天。

「般舟三昧」是不准坐著的，怎麼辦呢？就是闢一間靜室，繩子粗一點釘在牆上，隨個子高低，用手扶著繩子驚醒自己，時時的念。念地藏菩薩也好，觀世音菩薩也好，就如我們修地藏懺，下定決心修一百天，要是沒得成就，就死在靜室裡好了。但是走走自己也做不了主，業障會讓腿腫的很粗，沒辦法！

道宣律師行過三次！修行要想成道不是輕而易舉的事，對於身心得下點苦功夫。

像我們悠哉遊哉，自自在在的拿串念珠修行呢？拜懺念個佛名，頭還沒著地又起來了。必須五體投地，這不是給人家施主辦的，也不是得人家襯錢就完事了，而是自己修行。要給人家懺悔，替人家消災，沒給人家應得的利益，到地獄去要補的，因果不失，但對施主而言還是得到的，誰要給人家念經，如果念錯了，到地獄去補可苦死了！別忘記了，哪有這麼便宜？所以要懂得因果報應。

有人問，老法師您不是講「空」嗎？要是真空不怕地獄，本來就沒有。空不到就下去吧！大家以為這個地獄一定在地底下，十八層地獄好像都在地底下，不是的。閻浮提東方有山，這個地球東邊在那兒？我們有南極北極，東邊還有東極嗎？沒了，都是意念的。那地方有大鐵圍，周圍用鐵圍上，不是地下，有句對聯說：「下下下下到十八層地獄，給閻王老祖挖煤去。」這是挖煤工人。「上上上上到三十三天，給玉皇大帝蓋瓦去。」這工人比那挖煤工人好多了。但是既沒有天堂，也沒有地獄，都是我們的心造出來的，連上帝、十方三世佛都是我們心造的。這是究竟了義，我們一時證不到，所有的因果都有的。

這占察輪對我們是方便法門，很可惜以前一直沒有人做。弘一法師提倡占察輪，我雖然做過了沒做成，三業沒清淨。現在我希望你們諸位菩薩發菩提心，聞過法，學過《占察善惡善惡經》清淨了，那我們這個娑婆世界裡，好多人可以得他的福德了，都能得到清淨，都隨喜。以下就講到懺悔，需要好多時間呢？

要作這個佛事，像這種說法，現在要二十四小時。在印度是六時制度，晝三時、夜三時，中夜要不要休息呢？佛在世的時候，規定比丘在中夜誦經典或者坐著休息一下，但是並沒有規定夜不倒單。日中一食，那個時候是托缽乞食，如果一天盡去乞食怎麼修啊？只有出去乞一次食。根據這樣一個具體的事實，我們可以證明過去的比丘怎樣修道。但那個時候在印度沒有大乘經典，我們所知道的，一般都修不淨觀、無常觀、無我觀。這就是苦集滅道的四諦法了。

因此我們看各部的佛經，都是向我們啓示，晝三時、夜三時精勤不懈的作佛事。前面講夜三時如果不能辦光明事情，也就是沒有燈燭。這種情況都是已經有僧伽藍才產生的。可是，在印度佛教初成立的時候，都還沒有修廟呢？不過，這部經根據堅淨信菩薩所請示的是末法時代，這是大菩薩有預見性的。

日日如是行懺悔法，勿令懈廢。若人宿世遠有善基，暫時遇惡因緣而造惡法，罪障輕微，其心猛利，意力強者，經七日後，即得清淨，除諸障礙。如是眾生等，業有厚薄，諸根利鈍，差別無量，或經二七日後而得清淨，或經三七日乃至或經七七日後而得清淨。若過去現在，俱有增上種種重罪者，或經百日而得清淨，或經二百日，乃至或經千日而得清淨。

這一段講懺悔的時間是有期限的。最長一千日，最短七天，這就像我們念佛七，參禪七為什麼定個期限呢？這叫「剋期取證」。我自己限制自己在這個時期一定要證道，下這樣的決心，事實上會有變化的。一個七證不到，增加一個七，兩個七不行，三個七，十個七、三年一千天。地藏菩薩說的，拜了一千天沒有見相好，那剩下的也是微末的了。這個所謂的相好就是拿第二輪來證明第一輪是輕是重。

如果我現在做不到這些，可以每天早晚按時念念經，到寺廟裡作佛事。在我們僧伽界形成這麼一種怪現象，甚至於出家人批評出家人，說這間廟作佛事多了，好像沒有道風，如果參禪就很好。我對這種事持相反的看法。《地藏懺》念《地藏經》，修《藥師懺》念《藥師經》，迴向偈文那就是每天作佛事了。但切記不可要求四眾弟子都做得到！因為過去種種的因緣，業不由己，哪個信佛的不想成佛？

若極鈍根，罪障最重者，但當能發勇猛之心，不顧惜身命想。常勤稱念，晝夜旋遶，減省睡眠，禮懺發願，樂修供養，不懈不廢，乃至失命，要不休退。如是精進，於千日中，必獲清淨。

前面講過供養是隨力的，有燈供燈，有花供花，隨你的力量，因為過去的惡緣重，今生不備了，用意供或者用法供養。如果不懂意供，念一卷《金剛經》，念一卷《心經》，如果念經也沒有時間，就跪在佛前念幾聲阿彌陀佛，念地藏菩薩，念哪個聖號都可以，這就是法供，這都是意念可以做得到的。要是到一千天還不見相轉，那說明這個業是極重的，或者後天善根也很少，怎麼辦？那就拿生命換取過去的罪業，拼命去修，去拜懺，到臨命終時還不清淨嗎？那就看我們有沒有這種志向？

善男子！若欲得知清淨相者；始從修行，過七日後，當應日日於晨朝旦，以第二輪相，具安手中，頻三擲之。若身口意皆純善者，名得清淨。

第二輪相，純善者都是紅的，不論輕重，也有的人小紅，有的人深紅，這就是身、口、意都清淨了，純善業了。不論大善小善都是紅的，要擲三回沒有惡，就是一點點黑的沒有。那就是白玉無瑕了。在這個時候求生極樂世界，絕對能生。

在〈俱舍論〉、《阿含經》裡說，證阿羅漢就是持戒清淨這個業。在家沒受比丘戒，即使受戒還是有犯的，就靠這種懺悔把罪都懺了，就得戒了，但這是絕對不容易的，要持之以恒。

如是未來諸眾生等，能修行懺悔者，從先過去久遠以來，於佛法中，各曾習善，隨其所修何等功德，業有厚薄，種種別異。是故彼等得清淨時，相亦不同。或有眾生得三業純善時，即更得諸餘好相。或有眾生得三業善相時，於一日一夜中，復見光明遍滿其室。或聞殊特異好香氣，身意快然；或作善夢，夢見佛身，來爲作證。手摩其頭，歎言善哉！汝今清淨，我來證汝；或夢見菩薩身來爲作證。或夢見佛形像放光而爲作證。若人未得三業善相，但先見聞如此諸事者，則爲虛妄誑惑詐僞，非善相也。若人曾有出世善基，攝心猛利者。我於爾時，隨所應度而爲現身，放大慈光，令彼安隱，離諸疑怖。或示神通種種變化，或復令彼自憶宿命所經之事，所作善惡，或復隨其所樂，爲說

種種深要之法。彼人即時於所向乘得決定信，或漸證獲沙門道果。

要是未得三業善相，沒清淨，沒得到紅點，擲三次都沒有，你卻看見佛現身，乃至於佛給你摩頂，那都是誑惑詐偽不實的，這就是所謂的「魔」。是魔來誑惑，不是菩薩現身，有人沒聽過《占察善惡業報經》，但光明見了，算不算感應呢？這有兩種測驗，第一種外人不知道自己很清楚，修佛教的一些法門，也做些夢，見些相，不執著還算是善境，沒什麼「魔」。不貪名利，沒有關係。如果以此招搖撞騙，說我得道了，那就是邪業。

我們要求解決思想上的問題，求決疑，既沒有得到清淨相，見到這些光明，絕對是魔。《楞嚴經》上講了五十種陰魔，能夠以肉身看四大部洲，現種種奇特相，西藏這種境界很多；但是我們修占察法、修地藏法門的人，若沒得清淨相，對這一切都不要貪戀。我不認為這是清淨相，趕緊懺悔，不要惹火燒身。

以前我們在拉薩學法的時候，有一位大勇法師，也是太虛法師的學生，是民國初年第一批到日本去學「東密」的比丘，回來又到西藏去學「藏密」。一般而言，赴西藏求法的時候，都請個護法神。他一請把廣濟寺裡的千年老狐狸給請來了。但他要往西藏走，這狐狸不讓他走了，做種種障礙，乃至於病魔纏身，不能動彈，因此惹了很多麻煩。我們很多的道友給他求懺悔，才把這個護法神趕走。但是影響一直很大，後來進藏求法的時候，在西康地方住了很長的一段時間，結果病死在甘孜。後來這些道友們按著西藏的規矩，也請個轉世靈童。在康定找了個小孩，也是依著藏式的打卦求請，帶他一塊住了。護持他的有大剛、廣蘊法師，還有現在在北京圓寂的觀空法師，結果這位活佛沒過十八歲又死了。

在西藏那裡頭境界相很多的，江讓滾卻（是地名，中文意義為「一切法」。）那個地方就像我們禪宗的禪堂似的。妖魔鬼怪多得很，不好去，到那個地方要是能出來，這格西（學者）是當定了。二十年顯教學法畢了業（即叫格西），再學五年密宗的前方便，才能受灌頂，才能受密法。在漢地，喇嘛一摸腦殼，就灌頂了，這是不行的。要依著地藏菩薩所教導的層次，三業清淨也算是密了。什麼都不學，清淨之後自己就能知道了。

下文就說明利益了，先說占察懺那麼難，拜完懺有什麼好處？以下就說利益。如果這個人因為過去有出世的善業，並不是指世間善！我們一般說的善都是世間善，出世間善超出這十善十惡的範圍。根據什麼來講出世善？以「攝心」。作善事心很猛利。在三業清淨的時候，隨所應度而為現身，地藏菩薩放大慈光令使安穩。「得度」就是得度脫，什麼事物，出世、世間法都不起疑惑了。從不懷疑或者是有神通，或者是讓你得種種的變化，或者是菩薩加被你，跟你說深重法要，「法」是什麼呢？就是我們下面要講的「一實境界」真如。證得「真如」或者說「證得法性」吧！就是深要之法。

但這個人還沒馬上證道，三業清淨不代表「證道」，或者向「大乘」，或者向「二乘道果」，或者向「菩薩決定信」。「決定信」就是從不懷疑。還要繼續禮拜，或者是漸次的證得道果。「沙門道果」專指初果、二果、三果、四果，指二乘道說的。為什麼地藏菩薩現比丘身呢？示現沙門道，他所教導的這個沙門道，不是我們以前講小乘所能局限的，地獄未空，誓不成佛。我們佛是大沙門，佛所示的也是比丘身。只有釋迦牟尼和地藏菩薩是比丘相，觀音、勢至、普賢、文殊都是示現的「帶髮相」，大家看菩薩相，一律示現在家相。

復次！彼諸眾生，若雖未能見我化身轉變說法，但當學至心，

大家注意，這個「至心」和那個「一心不亂」有所區別。

使身口意得清淨相已，我亦護念，

懺完了，我亦護念他。得了清淨相，我就要護持他，雖然沒看見我的化身，也沒有聽到我轉變說法，但是我要護念他，因為他已經得到我的三業清淨輪相了。

令彼眾生，速得消滅種種障礙。

在修道的歷程上，有種種的障礙，我都可以護念他，使他的業障消失。障礙有外魔、有內魔。

天魔波旬，不來破壞。乃至九十五種外道邪師，一切鬼神，亦不來亂。所有五蓋，展轉輕微，堪能修習諸禪智慧。

我們修道建立信心之後，學佛有種種困擾，使你喪失信心。有些初信佛的人好像很不順。天天求地藏菩薩、求觀音菩薩，乃至於大菩薩都求到了，還是不順當，一定要建立信心。

我有個小弟子，皈依之後，很不順利。沒信之前還沒聽說發生什麼事，信了之後，左一次車禍，右一次車禍，我說這是考驗！一信佛都要還債了，不要退失善心。我說這樣才好，過去的罪就這樣波波折折把重罪都消失了。而且一次比一次輕，第二次就輕多了，第三次多少有一點，我們的事情也是如此，很多出家師父也如是。並不是我們信佛，菩薩就加被了！一共兩條道，一條往善道，一條往惡道，都想拉你，但善道的力量總沒有惡道重，為什麼呢？過去的佛法為什麼那麼盛？你看看信佛法的是些什麼人？玄奘法師那時候是皇帝信佛，所以沒事。

凡事都是自己的業感應的，不來護法是我們個人的不對。眾業所感這個時代要跟正法一樣的，佛不會分正、像、末了。那麼「末法」是不是一直就「末」下去了，我們生在這個時代就沒有希望了呢？不是的。這個智慧一定要有，沒有智慧力你會迷惑的。我們現在這個時間、這個地方就是「正法」。「末法」之時，也有「正法」，也有「像法」。

佛在世的時候，也有比丘搗亂，乃至於提婆達多就跟佛做對。假使我在菩提心基金會這個地方，菩薩們發大心支持護法這個道場，經常有講經說法的，那麼這個地方就能維持一個「正法」，其他地方就未必，所以這就看你怎麼理解了。但是這能求地藏菩薩，經常這樣求。如果我沒得到清淨輪相，那地藏菩薩加持不加持呢？還是加持的。

有人說我們在三藩市《地藏經》誦的不少，怎麼還有那麼大的災害呢？佛菩薩只是比量而言，比量就是比較。誦經重罪減輕，保護不了眾生，但能保護受持經典的人。我有一個弟子就問我：「老法師！你不是天天誦持《地藏經》，你得到保護了嗎？」我說：「保護我了，地震，我不知道。」他問：「三藩市大地震你會不知道？」我說：「就是不知道。」我在路上坐車，感覺到晃了一下，車一回到住的地方打開門，所有的罐頭全震下來了，一個碗都沒摔破，摔破了還得損失，而我們左鄰右舍的房子都震壞了，我們什麼事也沒有。我說這是地藏菩薩加持了，不要再抱怨，怎麼不靈？我們得這樣的來判斷是非。

前面講三業不清淨，誦的經是有加持的，但能保身已經容易了，如果我們一個人誦，不如八九十個人共同誦，消災難就不同了，環境就會變，菩薩的加持有顯的也有冥的，有個人的，有共業的，因果是不會錯的。

復次！若未來世諸眾生等，

也可以說是指我們。

雖不為求禪定智慧出要之道。但遭種種眾厄，貧窮困苦，憂惱逼迫者。

我求佛菩薩加持讓我現生沒有什麼厄難。

亦應恭敬禮拜供養，悔所作惡，恒常發願，於一切時一切處，勤心稱誦我之名號，令其至誠。

這個「我」是大我，像我們就不能這樣說了，但地藏菩薩就可以這樣說，恭敬勤誦我的名號，但是得至誠一點。最初念的時候，不見得相應，不見得至誠，一千聲、一萬聲中間總有幾聲至誠的，念念的就清淨了，心裡靜不下來，耐心一點，氣息調勻了，沈靜了，總有這麼一念，一點點的至心。

亦當速脫種種衰惱，捨此命已，生於善處。

這都是指三業沒有清淨的。拜完懺，擲了占察輪，始終沒有清淨。這時候求地藏菩薩的目的，也不想求成佛，也不求禪定智慧，也不想別的，現生的貧困痛苦給我消除了就行了。那也不要念經拜懺了，只要勤念我的名號，不論坐車上，走路上，或是打工的時候。我經常用收音機或電視機的線路來比喻我們的腦筋，我們這個腦筋左一根弦，右一根弦，如果是解剖醫生來看，所有的花紋路就是我們的電路。你在這邊念經，另一個腦子已經想到市區裡去了，但是念經的腦筋還在這兒念，有沒有啊？有時候你手裡這樣做著，心裡頭可是念著另一件事呢！我在監獄裡深深體會到不可思議。

拜地藏菩薩或者念觀世音菩薩是一樣的。有些人對於地藏菩薩想到的是塑像，其實你自己就是地藏菩薩。地是「心地」，藏是「性藏」，人人都具足心地性藏。觀音亦如是。我跟大家講了好多次了。一天到晚這樣念，捨了報身，不是天就是人，或生淨佛國土。

復次！未來之時，若在家若出家諸眾生等。欲求受清淨妙戒，而先已作增上重罪不得受者。亦當如上修懺悔法，令其至心得身口意善相已，即應可受。

我們受了五戒，這是終生的。五戒和菩薩戒都是終生的，比丘戒則是現世的。這五戒中四重戒屬於「性罪」。例如我們受八關齋戒是一日一日受戒，如果一天都持不了，就破了。破菩薩戒的四重二十八輕，這是在家人。出家人呢？破沙彌戒或沙彌尼戒，這裡頭有重難，有破了根本戒，或者是破四波羅提提舍尼輕戒，突吉羅是最輕的。波羅提提舍尼就叫「向彼悔」，對著道友一說，罪就清淨了。假使這些戒都犯了，甚至犯了五逆罪根本不能受戒，但依照地藏菩薩占察懺法修懺，還是可以受的。要能夠發勇猛心懺罪，身口意得了善相可受。在佛制裡，授戒、得戒的和尚、教授，要是不清淨，受戒的人也是不得戒的，蕅益大師就說過，從南宋以來，在南閻浮提已經找不到五位持清淨戒的比丘了。多數受戒的人都不得戒。

我的親教師—弘一老法師和慈舟老法師都是持這一種論調。蕅益大師退戒了，弘一老法師則根本不承認自己是比丘。我是愛唱反調的。如果這樣，比丘就斷種了，那又怎麼辦？地藏菩薩就說了個法要拜懺。要是懷疑師父，拜懺到地藏菩薩面前受淨戒，希望菩薩加持三業清淨得戒了，不要再受了。釋迦牟尼佛規定的，就是佛前受，拜地藏懺即名得戒。

若彼眾生，欲習摩訶行道，求受菩薩根本重戒，及願總受在家出家一切禁戒，所謂攝律儀戒、攝善法戒、攝化眾生戒。而不能得善好戒師，廣解菩薩法藏，先修行者。應當至心於道場內恭敬供養，仰告十方諸佛菩薩請爲師證。

那就請地藏菩薩來當老師，作為證明。

一心立願，稱辯戒相，先說十根本重戒，次當總舉三種戒聚。自誓而受，此亦得戒。

自己發願，大乘就要發菩提心，必須得受菩薩戒，犯了就懺吧！比丘戒四眾是不同的懺法，大眾都懺悔菩薩戒，而且是戒一受了，直至成佛，沒有退戒這一說，也沒有失戒體這一說，永遠是菩薩，念念行菩提行。這裡頭的戒行，我們就不詳細講了。攝律儀戒就是受五戒的殺盜淫。犯明顯的自己知道，還有作了不犯的叫開緣。有的戒認為不作就不犯，有的戒叫你作，不作就犯了，這叫「止持」和「作持」兩種。攝善法戒就是菩薩不遺一善，即使很小的善事都要作，很小的惡事也不作。修善法就一切善法都應該作，不止我們佛教是這樣。

「三國演義」大家都很熟的，劉備教他兒子劉禪也是「勿以善小而不為，勿以惡小而為之」。常常不注意，小惡就成了大惡。有人說：「我踩死螞蟻犯戒不犯戒？」「你為什麼要踩死螞蟻呢？它惹了你嗎？」他說：「我不知道踩死了！」「不知道怎麼會知道把它踩死了？我教你個方法，也算咒吧！」《華嚴經》〈淨行品〉中就有這麼個偈子，一起床下地的時候，就念一下，一天都不犯罪，「從朝寅旦直至暮，一切眾生自迴護，若於足下傷其形，願汝即時生淨土。」說明了我沒有天眼通，我看不見，匆匆忙忙的把你給踩死了，雖然把你踩死了，願你生到極樂世界去。如果你能念〈淨行品〉幾個偈子，無量劫受用不盡，要睡覺的時候，念個《華嚴經》的偈子：「以時寢息，當願眾生，身得安隱，心無亂動。」就是說身體不要翻過來動過去的睡不著覺，害失眠病似的，心裡安安穩穩的。念這個偈子，觀想看看菩薩，就能身得安穩，心無動亂，夢也不會做了。

《華嚴經》的偈子大多數是兩種，一個上求佛道，一個下化眾生。這種境界是不可思議的，天天這樣念就是行菩薩道，而且是大菩薩道。《華嚴經》還有小菩薩嗎？大菩薩的法門太多了。如果我的罪惡太多了，這些懺悔法要拜很多懺，有沒有別的？普賢菩薩有一個偈頌就告訴我們了，「往昔所造諸惡業，皆由無始貪瞋癡，從身語意之所生，一切我今皆懺悔。」特別是癡，什麼罪犯都認為自己是對的。殺豬宰羊犯什麼罪？豬羊一道菜不殺它做什麼？很有道理的。他不承認是錯的。「誦此普賢大願王，一念速疾皆消滅。」也不要拜懺，也不要磕頭了，就這一念間一切罪都消失，不要再計較了。如果你念完了，還認為罪是在身上，那是因為跟普賢境界沒有合。

在這兒我附帶說一說，戒要會學，不要過於執著。我們有些初入佛門的弟子，一舉一動就說：「師父我又犯了！」不得了，動不得了，我說：「自己拿個繩子綁到床上算了。」不動就不犯了，道又怎麼能成呢？要作就要犯，就有錯誤，難道菩薩沒有錯誤？沒錯不叫菩薩，都叫佛好了。但錯誤有大小，有意、無意，所以必須得學戒。開遮持犯，怎樣是對的，怎樣是不對的。

三聚戒最重要的是化度眾生，在戒律裡叫饒益有情戒，度眾生，使一切眾生得好處；饒益有情的時候，可別想到自己。作一件事是利益眾生，但是犯戒，作不作？好比我們這些法師們，膽子小不敢講，或者人在高座，你在下座不得為說法，如果身著眾生皮毛也不能為他說法，要是這樣也不能說，那樣也不能說，那我不說了，但還有最重要的一條，如果菩薩不說法斷佛種！你願意犯戒下地獄，還是使佛法斷種？

我是膽大妄為的，我就考慮到佛種別斷了，下地獄就下去吧！但我也沒有把握，所以天天念《地藏經》，就是請地藏菩薩救我，可別讓我下地獄，因為我這個心還是好的。有時候一上來看到這些聞法的弟子們，心就虛了，犯了好多戒啊？每一個人都纏脖子戴帽子，因為天冷，一天又吃這麼一點，沒有精神，還有穿皮靴的。這要是集中起來，我一條下地獄九百萬年加起來，我的天啊！神仙數字！下地獄永遠出不來怎麼辦？請地藏菩薩救我。另外我還有功德哩！說法利益眾生，裡頭要有幾位法師，說不定哪位是菩薩的化身，我要是死了，你記得我，這個老法師圓寂了，給他迴向迴向。

我從大陸到美國來，現在要是圓寂了，給我迴向的弟子，在家出家的，下地獄也把我救出來了。我也勸你們大家隨時隨地要說法，要饒益眾生，別為了顧及一點而失掉大的。滿地揀芝麻，把西瓜打爛了。我們要衡量，自己處在什麼時代？做什麼事？

以前慈舟老法師和弘一老法師都勸我弘揚戒律，我自己考慮，我不去捆人家。弘揚《華嚴經》不是很好嗎？弘揚地藏不是很好嗎？這也做不得，那也做不得，我說那是釋迦牟佛兩千五百年前在印度說的，我仔細看那個戒，持戒的信心簡直都沒了。以前學戒的時候，必須帶淨水瓶，我問我幾位老法師帶這個做什麼？他們說有一定的意義，我說：「您得說出來什麼意義？我不懂！」哈！我到印度一看，才知道。早上起來我想透透氣趴窗上，看人人拿個瓶子往外跑，我就問這是幹什麼？他們說上廁所，印度沒有衛生紙，解完大便用水洗嘛！

居士守五戒有很多開緣，在什麼情況下？怎樣開緣？必須得學。好比說酒不是重戒，有病可以喝，為治病，但受菩薩戒就不能開酒舖飯館，餐廳賣酒比自己喝還重，為什麼？要給眾生智慧，怎能賣酒去迷惑眾生，根據現實不能不先理解。持不了就別受，能持一條就受一條。這五戒裡面最難持的是盜戒，從前弘一老法師專門做一本盜戒的戒相。例如跟媽媽要一樣東西，媽媽不給出去了，如果值五毛錢以上，你一舉離本處，一想犯戒再擱下也就犯了。甚至自己的東西也可能犯戒。例如這個東西我已經發心供養給某某法師，後來我跟他鬧彆扭，不給他了，這就犯戒了，從心上犯盜戒。這個不學戒根本不知道。這是指菩薩戒說的，菩薩戒講至心。除了菩薩戒之外，則以事相為準，非得舉離本處不算。菩薩戒則是生心就算了。

但是五戒、沙彌、比丘、沙彌尼或者八關齋戒都是指著事。但是說的這麼難，盜戒裡還是有開遮，或者戒相還不明白，這時候還不犯，必須得學。乃至於殺生，是指殺人說的，得斷了咽喉為止。當時殺死算犯戒，如果沒死，而是進醫院以後才死的，還不算。為什麼有這麼多？因為當初佛制戒的時候，都是別人犯了以後，又有別的因緣制完了再開，開完了又制，在三藏裡屬於《律藏》的有好多。

自誓受戒是因為懷疑師父們都不清淨，但不懷疑佛、不懷疑地藏菩薩，那就在佛前或地藏菩薩前受吧！依《占察經》拜懺，三業清淨了可以得戒，但三業清淨拜懺很難，還是人受的方便，從人受的多些，從佛菩薩拜懺是少數，占察懺上說能夠拜懺得戒，其他經上沒有，地藏菩薩加持，有這麼一個方便法門。關於受戒的部份說的多一點，因為很多不如法，不如法就是不正確的意思。怎麼辦呢？頂好自己受，另外就靠多拜懺。因為在這個時候，信得過的事很少！

好比我們心裡認定不會出問題的事，去做就出問題了，總是事與願違。那麼多戒也懷疑。例如受三皈，得沒得呀？戒有戒體，三皈有三皈體。那麼照著占察善惡輪相去做，可以減輕懷疑。地藏菩薩在《地藏經》上說了，念了皈依就能減少地獄的病苦，少四十劫的重難，以後再不墮地獄、餓鬼、畜牲三塗了。

至於皈依的這一念，有些人說，我們只念南無地藏菩薩，好像沒有說到皈依似的。「南無」就是皈依，是梵語。反白為皈的意思，就是反你清淨。皈依地藏菩薩，你還得表白一下，怎樣表白呢？最近有些道友問我，小孩病了，醫生沒辦法治療，求佛菩薩加持，效果如何？可以得到加持。但求的時候是不是至心？跪在菩薩面前，千萬不要想這是偶像，如果是偶像能加持什麼？要想到菩薩的法身遍一切處，他都會應的。也許應在泥塑木雕上，都是我們至心的迴光返照，這樣想能得到加持。但求的時候，還要具足大悲心，就是菩提心。雖然是自己的子女，但也是眾生。

我們很多道友擲數字，擲了好多次不相應，為什麼？地藏菩薩說你不至心，自己卻感覺很至心。剛開始不見得能至心，因為心裡浮躁不安，還不知道至心到什麼程度？我們說念地藏菩薩也好，念觀世音菩薩也好，念阿彌陀佛聖號也好，要達到一心不亂。這個一心不亂就有多種解釋。沒有散亂心，但不是定心。粗的散亂沒有了，細的散亂不停，還體察不到。細的散亂心還包括耐心。一個不相應，兩個不相應，就煩了，生起厭煩心怎麼能達到至心呢？先要有耐煩心，坐下來心裡剛定或剛拜過佛，這種法門從來沒有做過，一做就很著急，馬上想得到不行的。或者禮或者拜或者念，持誦完了，應當靜一下，把六個數字輪拿到手中的時候，供養一下，祈禱一下，要求什麼還得表白！你看我們等廟裡打齋供眾，維那師都給你表白一下，起頭就說你是什麼地方人，或南贍部洲，美利堅合眾國或中國，你得念地點。

今天為什麼作這個佛事？得說一下，要先這樣的祈禱一下，我現在至心至誠的，以大悲心為眾生，要是為自己則以慚愧心表白了之後，寂寂靜靜的傍擲。拿一塊乾淨布，別擲到外頭去了，勿須使勁。不相應，就把這輪再供一下，不超過十次，絕對相應；心越來越沉靜，越表白越誠懇。菩薩沒加持就著急了，一著急就誠懇了。不要浮躁，我們眾生心特別浮躁，什麼事想馬上就得到，是不可能的。必須有耐心，一次不成，再來一次，反正就在那儘管求不起來，絕對給你，一次不成，兩次不成，還要有勇猛心和持久心。

我們學佛也如是。今天沒學明白，明天再聽，明天沒學明白，再聽，一年不成，兩年、十年、二十年，這個心不退；不論經過什麼磨難不退心，死了還沒完，繼續以耐力，堅持心不會斷的，再來的時候能夠很快遇到佛法，大乘能夠得成就，這就是心力。

復次！未來世諸眾生等，欲求出家及已出家，若不能得善好戒師，及清淨僧眾，其心疑惑不得如法受於禁戒者，

這有幾種疑惑，例如我以前跟弘一老法師學戒，學《占察善惡業報經》，我知道我以前沒得戒。為什麼？年未滿二十歲受戒不得戒，這是佛規定的。但是我們這個受戒，十八歲，嚴淨師或者那個和尚變通辦法，給比丘受戒，大家吃飯的時候，罰他在齋堂跪著，跪完了也算得戒，這是中國的方便法門，但是沒有得到佛菩薩的允許。學了戒，疑惑更大，因為蕅益、蓮池大師說從南宋以來，在南閻浮提找五個清淨比丘不可得，包括南傳、北傳都沒有了。「未來世」就是「末法」，這個時候不容易如法得清淨戒，怎麼辦呢？

但能學發無上道心，亦令身口意得清淨已，其未出家者，應當剃髮，被服法衣，如上立願；自誓而受菩薩律儀三種戒聚，則名具獲波羅提木叉出家之戒，

出家眾沒得戒，自己跪在佛前拜占察懺，清淨了可得戒。專門為了求戒拜，其他事都不占。

未出家者想出家，沒有認師父，那就對著佛前拜，三業清淨了，就可以剃度出家，就是比丘。例如六祖惠能大師在廣州看到廟前旗杆風一吹，來回擺動，兩位出家人在那兒爭，一位說是風動，旛不會動，一位說是旛動，不是風動，爭的下不了台。惠能大師走過來說，非風動也非旛動，是仁者心動。兩位和尚覺很奇異就報告方丈，說他是再來人，以前修成的，請他講法，請他陞座，以法為重。他一說法，和尚當時就給他剃頭，就是比丘了，也沒聽說惠能大師在那兒受戒的。剃了之後請些比丘給他做的。佛在世時候，一出家佛說：「善來！比丘鬚髮自落。」以後逐漸的才形成有三師，又增加十師，必須得學戒律。佛的二十部戒律，有可以開的，例如佛許可比丘吃肉，不聞殺，不為我殺，若鳥獸吃剩下的這些肉可以吃，今天的比丘，這類肉也不能吃，淨肉也不能吃，就跟佛唱反調了。但佛也不能說他不對，後來佛在涅槃的時候，也剩下不吃了。

類似這種問題很多，一切的佛律、僧伽、沙彌律都不一樣，但是我們受的都是依著南山宗的《四分律》。戒律一藏要下功夫學的，自誓受的時候，最難的是受發菩提心，受菩薩戒。三聚淨戒是攝律儀戒、攝善法戒、饒益有情戒。攝眾生戒就是饒益眾生。得了三業清淨的輪相，就具足了受比丘戒，沙彌尼、沙彌戒。

名爲比丘、比丘尼，即應推求聲聞律藏，及菩薩所習摩德勒伽藏，受持讀誦，觀察修行。

受了戒以後，出家五年專精戒律，這是佛制定的。如果是五臘就更嚴了，並不是出了家過一年就算有僧臘，必須得結夏安居，安一個居有一年的戒臘。沒安居就沒有。還有人不知道，有些地方舉行安居都不是如法的，也沒有結界。什麼叫結界？好比我們租這間講堂講法，如果受了菩薩戒，當天能趕到而沒趕到去請法，就犯了菩薩重戒。如果結了界，就限制在界內，在界外就不算。如果沒結界，那都得來，有神足通的，不能結界的道場都得去，所以結界的關係有這麼大！這個道場東至那兒，西至那兒，南至那兒，北至那兒，還得走一圈，全寺的人還得唱界，說東邊到什麼地方，西邊到什麼地方，大家都知道了就不能隨便到界外，結下界在裡面坐就算清淨了。所以必須得學，不學怎麼知道？學完戒之後僧人每天都要作佛事，不是每天上早晚殿，那不算佛事。佛在世的時候，就是「僧羯摩法」，「羯摩」就是「辦事」，處理僧務，開會。佛教裡開會特別多，這個羯摩法，那個羯摩法，必須得這麼做，因為制戒的時候，道場裡不許有一個比丘不清淨，如果犯了，立即懺悔，輕的三位和尚給他做懺悔，重一些五位，再重的再加，最多廿位比丘，這樣來懺悔。

「摩德勒伽」就是「智母」，藏者含藏意，母能生意，含藏一切智慧，所以叫「智母」，學智慧首先要學空義，學完了學有義。一切的經律論都建立在空和有上。有因持戒而達到空的，就說明了無障無礙一切煩惱都消失了。這個很深，必須懂得緣起性空法，這要配合龍樹菩薩和無著菩薩的作品才能理解。

無著菩薩的唯識法相，龍樹菩薩的空宗，三論宗的〈大智度論〉、〈般若燈論〉就是「摩德勒伽」。這必須三業清淨才許可受持讀誦，必須受了戒才可以受讀誦，這些法門三業沒有清淨，修定修慧最容易著魔。我們看見屋子裡放光，天女散花，其實是魔女散花來了。講經講的好，對魔形成障礙，魔女給你散花，讓你自以為了不起，這位法師就著魔了，乃至於聽眾都著魔了。三業清淨，魔就不得擾。這三業清淨和不清淨，關係可大了。信佛的不少，為什麼感應的那麼少？因為三業不清淨！

大家打卦的時候，占察的時候，念經修法的時候，屋子裡灑淨了沒有？衣服換了沒有？一件事沒做就來擲，當然地藏菩薩說的是念一千聲地藏菩薩就擲，但前面的前方便做了沒有？《占察經》上講必須得建立一間靜室，我說這間靜室不論大小，一米見方能夠供一尊地藏像，紙像也好，小圈子裡必須得清淨。至於身體，如果說發了菩提心只要心淨就行，但這是「理」，理跟事得結合起來，念一聲阿彌陀佛就能生極樂世界，但要一心不亂，怎麼樣才能一心不亂？怎麼念？不就是南無阿彌陀佛這麼念嗎？不對。前方便必須得作，念佛的時候也要使身心清淨，念佛場地也要清淨，念的時候要眼觀鼻、鼻觀心，念念分明，念念從心起，念念不離心，生極樂世界沒有問題。

請法的是堅淨信菩薩，堅固信心就是絕對不懷疑。無論哪一法，絕對照著作。有人修行沒幾天或者沒有效果，或者遇著世俗的事情，心裡就想信佛對不對？懷疑了，不信了。自然會有一種聲音告訴你，這個發心就被魔業干擾了。我們看《楞嚴經》現的那種境界，能在三千大千世界，變化種種神通，這是魔業，不是聖業。如果我們的三業感動那種天龍，龍有好多種類，我們平常所説的，多在海裡。佛經説的龍跟我們人類一樣，各有職務。大力神龍，不懂我們一個小世界，就算大世界都可以翻過來。但也得業感到才行，沒這個業，再大的神力也不行，有十位比丘或五位比丘清淨，這一切魔業都翻不動了，為什麼？因為持清淨戒的比丘有堅固的信心，敢説我在這不許它地震，這是十方三世諸佛菩薩的力量。

若雖出家，而其年未滿二十者，應當先誓願受十根本戒。

「十根本戒」就是沙彌十戒。

及受沙彌沙彌尼所有別戒。既受戒已，亦名沙彌沙彌尼。即應親近供養給侍先舊出家學大乘心具受戒者，求為依止之師。請問教戒，修行威儀，如沙彌沙彌尼法。

再一種解釋，「十根本戒」就是菩薩戒的十重戒。那是得了清淨輪相，照著這個再受沙彌沙彌尼戒。「別」就是解脫，就叫波羅提木叉。「叉」就翻成「別解脫」。就可以親近供養出家久的，或者比自己先出家就跟著他來學大乘，具受戒者要發大乘心，這個具就是具足戒。求這位出家人給你作依止師。初出家五年必須得有依止師，受沙彌沙彌尼戒，出了家必須專依一師，沒依止師是不許可的。但現在別說五年了，一年都不依止，今天才出家，明天離開師父就跑了；一穿上衣服，別的廟上能吃飯了，他就走了。年未滿二十都不能得戒，與這裡講的有出入，但這是指得了清淨輪相的。人也出家了，就發願受十根本戒。這一段大意都是指多戒說的。

若不能值如是之人，唯當親近菩薩所修摩德勒伽藏，讀誦思惟，觀察修行。應勤供養佛法僧寶。

想找一位依止師找不到，怎麼辦？依菩薩所說的依止法，依法為師，自己讀誦「智母」，誦一部經也可以。讀誦《金剛經》、〈瑜伽師地論〉也可以，自己多念，念完了觀察，照著經上所說的修行，多作供養，供養三寶。我說這個供養可以多作法供養。到山裡頭去修行，像住在終南山，一個月、兩個月、三個月、五個月想洗個澡也不可能，到河裡頭去洗，還凍著呢！一年只有兩個多月沒雪，到哪裡？這個條件不可能，就得特殊的觀行了。

想供養香花，哪兒買去？沒有，就以經典學法作為自己的供養，供養三寶以讀誦的功德，以法供養為最了。世間的供養多少倍也不及法供養。自己去進修，但這也是地藏菩薩大慈大悲方便，他知道到了末世，前面說的那些要求條件做不到。

若沙彌尼年已十八者，亦當自誓受毘尼藏中式叉摩那六戒之法，及遍學比丘尼一切戒聚。其年若滿二十時，乃可如上總受菩薩三種戒聚。

十戒當中只受六戒，「式叉摩那」就叫學法女，學戒法的女人。在十八歲到二十歲中間，有兩年的時間，就學習比丘尼的三百四十八戒。如果沒受式叉摩那女這六條的戒，不能看《比丘尼律藏》。

現在我們很多的大德，在家人自己看藏，依藏學習，這是不能看的，尤其是密藏，沒受灌頂之前，不能看，看了會生起毀謗。或者是你翻了就胡說八道，絕對不要動。像〈瑜珈師地論〉中牽涉到有部論就截止了。沒有斷煩惱，沒有得三業清淨，把《律藏》曉得了，看這個比丘犯戒，那個比丘也犯戒，僧寶沒有了，這是不行的。或者退失道心，認為戒律這麼嚴啊！那還能出家嗎？

或者再出去給人家講，破佛、破法、破僧，因此不准學，有這個資格受了戒才可以學。

然後得名比丘、比丘尼。

不論男女，得了清淨輪相才能夠稱沙彌，或「式叉摩那」。專學戒這種道理，戒學在南宋以後，很多出家人都沒有這樣做。蕅益大師很哀嘆，這種律制後來弘揚學律的人蕩然不知，說明法滅了。

若彼眾生雖學懺悔，不能至心，不獲善相者。設作受想，不名得戒。」

如果也修學懺悔法了，也一天到晚拜懺，但「不能至心」，這個至心下面會單獨解釋。自己說我受戒，就像我們現在大家受戒，幾百幾千個，其實只能三個一受。在西藏只准一個人。現在為了時間的關係，都不如法。

爾時堅淨信菩薩摩訶薩問地藏菩薩摩訶薩言：「所說至心者，差別有幾種？何等至心，能獲善相？」

堅淨信菩薩代表我們大家，就問地藏菩薩，您所說的至心，怎樣才算？要說差別，有幾種差別？什麼情況才有善相？這個至心只是因，並不是果。我們占察輪相，拜懺，先提條件得有至心，以後再作一切佛事，才能產生效果，所以這個至心很重要。如果沒有至心這個因，果都不成。

地藏菩薩摩訶薩言：「善男子！我所說至心者，略有二種。何等爲二？一者，初始學習求願至心。

地藏菩薩對堅淨信菩薩說有兩種，一個是求願，也就是發願，向地藏菩薩說說我今天求地藏菩薩給我輪相。為什麼？在求的時候要誠懇，如果仰告的痛哭流涕，好像要奉上生命似的，就求的相當至心了。回想自己無始劫來罪惡不斷，就至心了。

我在福建鼓山的時候，我的親教師慈舟老法師就能達到至心的境界。給我們講戒的時候，他就痛哭流涕，憐憫一切眾生現在犯戒的現象，他沒有辦法，感覺很悲傷。虛雲老和尚呢？從來沒有這種現象。我那時候當小和尚，懷疑心特別重，做什麼事總要問為什麼？如何產生？效果如何？我在出家以後，乃至於學經，有很多事經常這樣問，我看到很多不同意的現象就要琢磨了。我也不敢問老和尚，也不敢問老法師。

我們禪堂裡有一位大家都說開了悟的老修行是首座和尚，在廟裡除老和尚，就屬這位首座和尚最大了，我就問首座和尚。這位和尚在禪堂裡參學六十年了。我問：「老和尚，慈舟老法師總是痛哭流涕，悲心特別重。菩薩心特別好，我們應當學嗎？但是虛雲老和尚從來沒有過，總是海闊天空的，我們應當學嗎？」他說：「哭者是阿難，不哭者是迦葉。」我就頂禮下來了，都不錯！迦葉是第一祖，阿難是第二祖，善知識都是可以學的了。

有人經常抱怨信了佛多少年來沒有得到感應，你是怎麼發願的？自己檢查一下，佛讓你布施，什麼都捨不得，怎能有感應呢？讓你持戒，從第一條犯起，一直到第五條，全都犯光了。怎樣求感應呢？三皈是捨不掉的，一受了無量劫直至成佛，即使投外道，終究要回來的。這個業做下去就永遠繫著你，我們講到下卷就講這個問題。心得學習，求願至心發不出來要學習，怎樣能懇切？就是我剛才講大悲心的流露，不是虛妄心，求願求的非常懇切叫「至心」。

二者，攝意專精成就勇猛相應至心。得此第二至心者，能獲善相。此第二至心，復有下中上三種差別。

攝念，念地藏菩薩就把自己念成地藏菩薩。我們開始就講了，地是「心地」，藏是「性藏」，也就是我們自己的性海。地藏菩薩是我們自心化現出來的，十方諸佛一切法界都是我們自心化現出來的。自心求自心，反聞聞自性，是一樣的意思，都是這樣結合起來的，把心攝至寂靜妄念都沒有了，專精一事成就勇猛心，什麼叫勇猛心？有多大的困難障礙，能克服，更精進。拜得睏了，乃至於拜累了，倒下去了，還是拜，或者到浴室裡拿冷毛巾擦擦再拜。寧捨生命非要求到不可，勇猛至心。要是有這麼一念至心，求什麼一定得到。可惜勇猛心多半不長，要是能夠長久堅信了，會成就的。

以我個人為例，我到鼓山的時候，我是小學沒有畢業，以後進軍事學校，跟文學、宗教都不相干的。後來出家考試，一篇文章也寫不出來。老和尚看了就笑說：「學佛，連中學程度都沒有，怎麼能進佛教大學呢？」我一再要求，他才答應我旁聽。我們那時候講課，把每個人的名字都放在籤筒裡，但裡面沒有我的名字。他講的我完全不懂！他是湖北口音，我才從東北出來，第一個語言不懂，第二個《華嚴經》要我自己念，真是天書！每一句話都好長好長。在〈世主妙嚴品〉裡儘是些鬼神，沒辦法入！

後來求老法師有沒有什麼方便法門？消業障拜哪位菩薩？他說：「〈普賢行願品〉好了。」我問：「還有其他的方法嗎？」他說：「供佛。」我就問：「拿什麼東西供呢？」我那時候一出家就持銀錢戒，到了福建身無分文，就拿身體供。我們北方受戒不燒腦殼，我就從頭頂上供，燒十二個疤，第二個從兩臂上供，一盞香燃湮燈，用幾根燈草綁上，等燈草燒盡了才起來，這些我都做過了。

我們在這兒講攝意堅精成就勇猛的心，有時候道友弟子們問我：「為什麼一直還能講經？」我是求來的，經過苦功夫的。第二年就變了，拜了不到半年，我就要求在籤筒裡擱上我的名字。老法師笑說：「怎麼？還不服氣？還想精進精進？」我說：「是的，我想測驗一下。」他說：「好，今天你就講吧！」講完了，我那些同學都很詫異！後來老法師到福州去講課，他開了頭，就叫我去講。我第一部講的是《阿彌陀經》。是不是開慧了呢？沒有！世智辯聰是開了。反正老法師講的我能講，他沒講的我也能講，這個時候我已經二十歲了，從此開始講經，以後生出那麼種辯慧吧！我請弘一老法師，他不去，我就跟他辯，後來也請慈舟老法師到北方去，圓瑛法師不答應，我就請圓瑛法師到上海去，大家看〈影塵回憶錄〉就知道了。佛菩薩加被，下一番功夫就得一番收穫。

但是報應也跟著來了！什麼報應呢？年輕的時候出頭過早了，好為人師者戒！想當人家老師得小心點！後來就住了三十三年監獄，這些都是自找的。如果那時候我再多學十年，誰也不知道我，鑽到深山裡再修行，那成就比現在要大得多了。所以這是好事，也不是好事。但是從另一方面來說幫助人家，我不後悔，我做任何事，做錯了也不後悔，怪自己沒有智慧。要求智慧要懺悔，後悔絕對不行的，因此攝意專精，勇猛相應的「至心」得下點苦功。

我們還有很多弟子還沒有忌葷呢！好吃。吃慣了不吃不行，凡事推給客觀條件，任何人都有理由，或者人家請客，我不吃一點，嫌我太固執了。你如果是修道的人，一端起酒杯，魔就入體了，摸一摸都一樣。

鼓山一個老和尚早晨起來散步，走到天王殿裡頭，看到伽藍殿的臘燭讓耗子吃了，老和尚就跟菩薩說：「你還護法啊！連自己的蠟燭都護不了，還護法呢！」說說就回去了。第二天早上香燈師就給他送來兩隻耗子（老鼠）說：「伽藍菩薩顯靈了。」老和尚一看就冒火了，跑到伽藍殿說：「才說你幾句，你就受不了！殺生了！你走吧！」伽藍菩薩就被遷單了。伽藍菩薩也不服氣，就托夢給太守，說：「我被鼓山老和尚給遷單了，你得幫幫我。」太守說：「我怎麼做得到呢？你是伽藍神都做不到，我怎能做到？」他說：「我告訴你一個方法，你就做到了。你到廟裡去，因為你是地方長官，出家人隨順世法招待你吃飯，你說沒酒吃不下飯，他會讓你吃的。你就要求『主不斟，客不飲』。他一舉酒杯，我就進去了。」太守一醒，原來是一個夢，覺得很奇怪，就試驗一下，去了鼓山。擺了桌，擺了酒，他就要求老和尚說：「主不斟，客不飲。」老和尚說：「我要是一斟酒，伽藍神就進了伽藍殿了。要喝自己喝吧！」這位太守趕緊給老和尚磕頭。

第二種至心，大家擲占察輪，要有耐心，不然就不要擲，也得不到，得到又如何呢？例如問病能否好？怎麼好並沒有說明，根據我的理解，就念地藏菩薩聖號，能讓你好。真正至誠求了，他會治的，但是必須得具足勇猛心。第二個至心裡頭分三品，下、中、上三種差別。

何等爲三？一者一心。所謂係想不亂，心住了了。

「心住了了」就是念南無地藏菩薩一聲跟著一聲，心裡了了分明，這叫心繫念一心不亂。

二者勇猛心。所謂專求不懈，不顧身命。

絕不懈怠，一個鐘頭、兩個鐘頭不現，三個鐘頭，反正今天不現相絕不起來。這是跟地藏菩薩較量功夫呢！看至心不至心，較量地藏菩薩應不應？誠懇不誠懇，你不賜，我就緊著求，直到賜了為止。學佛的人想成道，要是沒有這種精神，求不到！我就這樣想過，我在監獄裡被折磨的受不了，就想我活著幹嘛？可以離開人間了，我就準備走了，但並不是世界上那種自殺行為。

這個心發了，晚上就做夢，人家請我講經，人很多，座很高，上了一半，怎麼也上不去了！這個時候大家都盯著我，我就差這一步上不去座，怎麼也上不去。那時候在夢中急的一身汗。一位老和尚過來，搊我一把，我就上去了。我想不能死啦！把我搊上去還讓我講經說法。平反之後到法源寺，第一次講經，國務院宗教局向副局長問我能講不能講？我說試試看，叫我講戒律。五十年前我在法源寺講戒律是在大殿上講，也是講《四分律》。這回原該正果法師講，不曉得怎麼他的腿摔斷了，就請我去講。那時候一上座，我很感慨，這還算是我的感應吧！

從一九五〇到一九八二年，因為那個夢使我信心堅定，沒有走半途而廢的道路，勇猛心容易，能做到持久心就難了。不死不活天天磨鍊，就這麼一天一天，一月一月，一年一年的三十多年，佛菩薩加被，否則早沒有了。而且四肢體內沒有什麼損傷，七十七歲的老頭到現在還能講，我自己感覺是佛菩薩加被，這就是我的神通了，六根運用都是神通。我是這樣看，不曉得諸位大菩薩怎樣看？

第二種的至心，就要不顧身命，無所畏懼，所要求的一定達到，這就是不顧生命。例如神光斷臂，寧捨生命求法忘軀。唐時玄奘法師到西天求經，求經還不止他一人，還有比他晚一點的義淨三藏法師，那也是不得了，九部律，好多的論，都是義淨三藏法師翻的。他有一首詩，「晉宋齊梁唐代間」，這是時間，「高僧求法離長安，去人成百歸無十」，去一百個人，十個人也回不來，「後者安知前者難」，後來的人怎麼知道前人的困難？「路遠碧天惟冷結」，上頭那個天，碧天就是看到高處很小的那個天，冷結是因為經過沙漠，一落日寒風刮得穿皮襖都難得禦寒，這個時候只有「冷」結合到一起了。「沙河遮日力疲殫」，走的路都是在沙磧河灘裡，很困難，筋疲力盡，「後賢如未諳斯旨」，後來學法的這些賢人、菩薩不懂得這個道理。「往往將經容易看」，拿起法寶來，認為很容易，一印就出來了，那時候可不是這麼容易了！假使沒有那些大德到印度取經，現在再到印度，一本經都沒有了。

那個時候傳到中國，又遭到三武之禍，斷斷續續的，禪宗是怎麼興起來的？經書沒有了，也不能讀誦大乘了，「頓超直入，立證菩提」吧！觀心參禪，禪宗不立文字。後來經書又有了！從日本再翻回來的很多，有位楊仁山老居士，功德不可思議，南京金陵刻經處，好多經書都是他印刻的。我們的〈南山三大部〉，有好多本沒有了，弘一法師也是在日本請回來的，他自己圈點，自己弘揚。到了宋朝時候，道宣律師的著作也都沒有了，但在日本有。現在好多經書都燒光了，再從海外往回請。

我們只要有至心，第一個至心學習求願，發願佛法永久住世，有一份力量，出一份力量。你們諸位菩薩要把自己看成是菩薩，使佛法住世，就從你開始，會一句佛法，念一句阿彌陀佛也好。佛法都滅了，《阿彌陀經》還要住世一百年，《阿彌陀經》是最後才滅的。

三者深心。

深心就不容易了。

所謂與法相應，究竟不退。

這是觀相應了，「一實境界、二種觀行」，這個我們後面會講。

若人修習此懺悔法，乃至不得下至心者，終不能獲清淨善相，是名說占第二輪法。

占第二輪法，必須得至心，如果連最下的至心都沒有，得不到清淨輪相。就是心裡不乾淨，不能清淨，三業也不能清淨，第二輪也不相應，就是善相不容易得的意思。

善男子！若欲占察三世中受報差別者，當復刻木為六輪。

六輪數字可以配成一百八十九種。

於此六輪，以一二三、四五六、七八九、十十一十二、十三十四十五、十六十七十八等數，書字記之。一數主一面，各三面，令數次第不錯不亂。

一個輪為三面，有一面不現。但是數的次序不得混亂，必須得六個輪，一、二、三，一面空的；一輪四、五、六，空一個；七、八、九，一個面空。這六個輪有兩個數字最難得，一個是一百八十九，一個是一。擲三次兩次都是空白的，一個數不現，只現一個一，這是修大乘法得成就。一百八十九也是修大乘得成就，能速入大乘法。其他像二、三這些數字，如果不是地藏菩薩化身現場，是得不出來的。是不是小數字就是好呢？不一定。小數字也有壞的，大數字裡也有好的。

所以為什麼要念地藏菩薩？就是請地藏菩薩來主持。這可不是打卦，要是當成打卦就不行了。首先念一千聲地藏菩薩，如果是第一、二輪，還得拜懺。因為有業，拜懺後保證不墮三塗。《地藏經》上如是說，《占察善惡業報經》

也如是說。要是不堅淨信呢？還是得不到，照樣下地獄，因為不信，他的功德跟你結不上緣。

當知如此諸數，皆從一數而起，以一爲本。如是數相者，顯示一切眾生六根之聚，皆從如來藏自性清淨心一實境界而起。依一實境界，以之爲本。所謂依一實境界故，有彼無明。

為什麼要十八個積聚？成了十八界，眼、耳、鼻、舌、身、意之根，色、聲、香、味、觸、法六塵，眼識、耳識、鼻識、舌識、身識、意識六識。三個六加起來十八個。所以這個數字是十八。因為這十八個聚在一起，善業也是這十八個，惡業也是這十八個，不離開這十八種。雖然怎麼變化也不離開這十八種。為什麼從一起呢？以一為根本，從一加到一千，一萬萬，乃至多少數字，離不開一，離不開「一實境界」。

不了一法界，謬念思惟，現妄境界。分別取著，集業因緣，生眼耳鼻舌身意等六根。以依內六根故，對外色聲香味觸法等六塵，起眼耳鼻舌身意等六識。以依六識故，於色聲香味觸法中，起違想，順想，非違非順等想，生十八種受。若未來世佛諸弟子，於三世中所受果報，欲決疑意者，應當三擲此第三輪相，占計合數。依數觀之，以定善惡。如是所觀三世果報善惡之相，有一百八十九種。何等爲一百八十九種。

每一個法，在理上思惟都能夠取著於這些希望的境界，一個一個分別取著，例如酒不能喝，喝了犯戒！肉吃不得，這是對我們凡夫說的，就是分別取著，這時候就造業了。集就是因為心裡有惡念，成了造惡的因，集一切意就造一切業，也就集了一切苦。無明妄念現境界，因為妄境界就生妄念取著，愛的我就取，不愛的我就要捨，捨的捨不掉，愛的取不到，這樣子越轉越粗，取不到就要強制去取。誰都知道錢能備辦五慾，得不到用手段去取，沒取到命也賠上了，這種事很多，冒險取到錢，也享受了一下，不曉得取到之後可就慘了，就這樣子輪轉。一切諸法示現在眼、耳、鼻、舌、身、意，分別色、聲、香、味、觸、法，造業了。

這是依著「一實境界」所起的虛妄現象，順心裡的妄境界取捨，創種種因緣，因此就造成了生生世世的輪轉。眼、耳、鼻、舌、身、意屬於六根，外頭對的色、聲、香、味、觸、法是六塵，在這個根塵之中，生起六種識。眼根對色塵的時候，眼識就分別了。這個是白色的，那是什麼色？這是俱生的。眼根一對色，當時就分別出來，但這是指識神俱在，沒有毛病的人。得了精神分裂症，或者識失掉了，瞪著大眼睛看不見，有時候我們眼睛看到，也不能分別，這也是人人都有的境界，這是什麼呢？我們現在的說法叫「入定」。想什麼想的深入了，自性溢出來，想專了，就這麼眼睛瞪的很大，你在他跟前走，他看不見你，就是親人也不知道。這種就是根對塵的時候，作意沒起作用了；因為沒起作用，就沒有分別相。

另一種是有障礙，例如眼對塵中間隔上一張紙，這一張紙就看不見外頭的塵了。有時候眼睛瞎了，瞎是根壞，見沒壞，識沒壞，外頭塵也沒壞。什麼都看不見了，只還看見黑暗。

壞了「見」，破了「見」，是什麼結果呢？是非邪正一概不分，不看見了，大家都說：「這件事這麼做不對，辦不得！」他說：「我就要這麼做！」認為是對的。做了就倒楣！這種見包括了自己對自己的問題，看了幾部經，認為自己很了不起了，經上說的話跟我相合了，不得了了。這叫「未得謂得」，「未證謂證」，就叫「破見」，就叫「邪知邪見」。他認為對的，人家看都不對，這是錯誤的，破了見就沒有了。根境見沒壞，見壞根沒壞的這種人得神經分裂症，比壞了根還痛苦，有時候眼睛看不見，耳朵能聽見。因為眼根不用，耳朵能聽，思想高度集中在耳根上，聽習慣了，一來聽到腳步聲，就知道某某人來了。眼睛沒看見，但是能辨別聲音。眾生各有一根特別靈敏，這本來是講名相的時候才詳細講的，這裡就不把時間耽誤了。以後講〈八識規矩頌〉、〈大乘廣五蘊論〉的時候再詳細講。

根塵接觸，起了六識，依著這六識在色、聲、香、味、觸法中起分別，跟心合叫「順相」，跟心意不合叫「違相」，無所謂就是非違非順，就生了十八種受，因為外頭有十八界，眼接一種、耳接觸一種。眼接觸色看見花，花的顏色喜歡，受起來舒服，看起來刺眼不舒服。這就看各各人的根塵不一樣了。

我（指地藏菩薩）的弟子為了過去、未來、現在三世的果報決疑，應當三擲第三輪，這個輪都是數字的。這要擲三次，三次加起來定善惡，問這個事可以做否？如是所觀三世果報善惡之相有好多呢！有一百八十九種。我們來看看，大家可能都懂得。

一者求上乘得不退。

二者所求果現當證。

或者我求信心，或者我求十位地的初發心住，一定能證。

三者求中乘得不退。

這是聲聞乘和緣覺乘。

四者求下乘得不退。

這是求下乘果，不要墮落生死了。

五者求神通得成就。

如果不求上述那些，就求個神通，自己能知道自己過去是什麼樣子，只要修行得法，就能得。

六者修四梵得成就。

四梵行就是清淨行，慈悲喜捨，能得正道。

七者修世禪得成就。

根本四禪還是屬於世間的。

八者所欲受得妙戒。

想求戒，拜懺之後得了第八輪相，就知道得了戒體了。

九者所曾受得戒具。

要是出來這個輪相，證明過去所受的戒得到了。

十者求上乘未住信。

你求上乘，還沒得到住信。

十一者求中乘未住信。

住信沒到，沒具足信心。

十二者求下乘未住信。

信心還沒有成就。

十三者所觀人爲善友。

十四者隨所聞是正法。

聽夢參法師講這部《占察經》是不是正法？見到十四這個數，就是正法。

十五者所觀人爲惡友。

這個人你別跟他親近，是惡人。

十六者隨所聞非正教。

所聽聞的法是邪法。

十七者所觀人有實德。

觀察這個人有實德。

十八者所觀人無實德。

相反了。

十九者所觀義不錯謬。

看到一段經義，很懷疑，問問地藏菩薩，他告訴你沒有錯。

二十者所觀義是錯謬。

觀察的義理是錯誤的。

二十一者有所誦不錯謬。

讀誦大乘，有些經這麼翻，有些經那麼翻，問問地藏菩薩，會告訴你不錯謬。

二十二者有所誦是錯謬。

二十三者所修行不錯謬。

修行是不是錯的？錯就不要修了，不錯就繼續修。

二十四者所見聞是善相。

聞法了，想證實一下是善相？是惡相？以前我們講修藥師法，頭頂藍光灌入頂門，頂門排出一些黑氣，完了變紅色，變白色，變藍色。要問一問這所得的是不是好相？這是正確的觀想程序。如果錯謬了，剛一修就現藍相，那是邪魔入體，別認為一下子藥師佛加持了。那是要有次第的。這些自己沒辦法辦證，就打個掛，他會告訴你所證的是不是正法。

二十五者有所證爲眞實。

二十六者有所學是錯謬。

二十七者所見聞非善相。

二十八者有所證非正法。

二十九者有所獲邪神持。

三十者所能說邪智辯。

三十一者所玄知非人力。

三十二者應先習觀智道。

三十三者應先習禪定道。

三十四者觀所學無障礙。

我到底是先學禪定好？還是先學智慧好？不知道前生怎麼修的？問地藏菩薩，現在學的這個法門有無障礙！

三十五者觀所學是所宜。

我所學的和我相宜否？和我過去學的合不合？

三十六者觀所學非所宜。

三十七者觀所學是宿習。

過去就學過的。

三十八者觀所學非宿習。

過去沒學過。

三十九者觀所學善增長。

四十者觀所學方便少。

現在所學的少有方便。

四十一者觀所學無進趣。

學好久沒進步。

四十二者所求果現未得。

現在得不到。

四十三者求出家當得去。

問出家成功不成功？可以出家。

四十四者求聞法得教示。

想求的法門，有人會教導。

四十五者求經卷得讀誦。

想求的經典能夠得到讀誦。

四十六者觀所作是魔事。

問作的事對不對？不是正事，是魔事。

四十七者觀所作事成就。

四十八者觀所作事不成。

占卦的時候，問我現在作這事成就不成就。

四十九者求大富財盈滿。

能得到大財富，那就去買樂透獎吧！買了之後能夠中這種卦相，很相應的。

五十者求官位當得獲。

立法委員選得上否？要是能獲得，就努力吧！

五十一者求壽命得延年。

五十二者求世仙當得獲。

不求出世的，求世仙，或者是練氣功或者是念仙能成就。但是這個成就還得遇著一位仙師才行，得有因緣，卦相要是能打到就能得。

五十三者觀學問多所達。

求學問能夠通達。

五十四者觀學問少所達。

少數的能達到。

五十五者求師友得如意。

明師善友能滿願。

五十六者求弟子得如意。

想收個滿意的徒弟能得到。

五十七者求父母得如意。

這是說過去的事，或者未來求個好爸爸、好媽媽。好比我們受生的時候，能夠自己發願求允許修道出家，這是修道得好父母的意思。過去有這麼個笑話，在〈感應錄〉裡有一個人念觀世音菩薩，念的很靈感，到了閻王爺那兒，閻王爺說：「因為你是善人，可以讓你滿願。」他說：「我想找個什麼事都不幹，家財萬貫，這一家要家有千頃靠山河，父做高官子登科。但什麼也不幹，要一妻二妾三房小。」閻王爺說：「好！你來當閻王爺，有這麼好地方，我自己去吧！」最後他還要求壽命活得一百多，因此求如意是很不容易的。

五十八者求男女得如意。

要有好兒子，好女兒。

五十九者求妻妾得如意。

這是根據印度古制，現在法律沒有妾，除非到非洲。

六十者求同伴得如意。

六十一者觀所慮得和合。

六十二者所觀人心懷恚。

所觀的人恚惱心大，少接近他。

六十三者求無恨得歡喜。

六十四者求和合得如意。

六十五者所觀人心歡喜。

六十六者所思人得會見。

想見某個人能得見。

六十七者所思人不復會。

六十八者所請喚得來集。

請客、請人來幫助你，能請得來。

六十九者所憎惡得離之。

七十者所愛敬得近之。

七十一者觀欲聚得和集。

七十二者觀欲聚不和集。

七十三者所請喚不得來。

這些都沒什麼講的，根據卦相就知道了。

七十四者所期人必當至。

七十五者所期人住不來。

那個人住在那個地方，不得來這個地方。

七十六者所觀人得安吉。

七十七者所觀人不安吉。

七十八者所觀人已無身。

身體都沒有了，或者是死了，或者成了道，又生了。

七十九者所望見得覩之。

八十者所求覓得見之。

八十一者求所聞得吉語。

八十二者所求見不如意。

八十三者觀所疑即爲實。

所觀的境界別懷疑，是實在的。

八十四者觀所疑爲不實。

八十五者所觀人不和合。

八十六者求佛事當得獲。

八十七者求供具當得獲。

八十八者求資生得如意。

八十九者求資生少得獲。

九十者有所求皆當得。

九十一者有所求皆不得。

九十二者有所求少得獲。

九十三者有所求得如意。

九十四者有所求速當得。

九十五者有所求久當得。

要經過很久的時間。

九十六者有所求而損失。

不但求不得，還把已經有的損失掉。

九十七者有所求得吉利。

九十八者有所求而受苦。

九十九者觀所失求當得。

東西丟了去找，能找到。

一〇〇者觀所失求不得。

找不到了。

一〇一者觀所失自還得。

不要找它，自己就會回來。

一〇二者求離厄得脫離。

一〇三者求離病得除愈。

一〇四者觀所去無障難。

一〇五者觀所去有障難。

一〇六者觀所住得安止。

一〇七者觀所住不得安。

一〇八者所向處得安快。

一〇九者所向處有厄難。

一一〇者所向處爲魔網。

一一一者所向處難開化。

一一二者所向處可開化。

一一三者所向處自獲利。

一一四者所遊路無惱害。

一一五者所遊路有惱害。

像這個說有惱害，但非去不可怎麼辦？明知堵塞或者要撞車，但是非去不可怎麼辦呢？就念地藏菩薩，念一萬聲，中間的障礙會消失。

卦雖然告訴你不可去，或者是君命難違，或者國家的命令，明知道是打死人或被打死，不去怕死當逃兵，就把你槍斃了，怎麼辦？求地藏菩薩加持。

一一六者君民惡饑饉起。

這個國家的領導人，待人民不好，沒飯吃。

一一七者君民惡多疾疫。

瘟疫、霍亂、斑疹、傷寒等傳染病很迅速的傳遍。

一一八者君民好國豐樂。

一一九者君無道國災亂。

一二〇者君修德災亂滅。

一二一者君行惡國將破。

一二二者君修善國還立。

一二三者觀所避得度難。

躲避的地方可以逃過厄難。

一二四者觀所避不脫難。

到那個地方脫不掉難。

一二五者所住處眾安隱。

一二六者所住處有障難。

一二七者所依聚眾不安。

一二八者閑靜處無諸難。

一二九者觀怪異無損害。

看見怪異象無損害。

一三〇者觀怪異有損害。

一三一者觀怪異精進安。

要精進修行。

一三二者觀所夢無損害。

一三三者觀所夢有損害。

一三四者觀所夢精進安。

一三五者觀所夢爲吉利。

一三六者觀障亂速得離。
一三七者觀障亂漸得離。
一三八者觀障亂不得離。
一三九者觀障亂一心除。

要除滅它，不要胡思亂想。

一四〇者觀所難速得脫。
一四一者觀所難久得脫。
一四二者觀所難受衰惱。
一四三者觀所難精進脫。
一四四者觀所難命當盡。
一四五者觀所患大不調。

「所患」就是所患的病，「不調」是地水火風四大不調，依照《楞嚴經》的地、水、火、風、空、根、識，就是七大不調。

一四六者觀所患非人惱。

「非人」就不是人，所害的病是精靈、鬼神惱害的。

一四七者觀所患合非人。

一四八者觀所患可療治。

一四九者觀所患難療治。

一五〇者觀所患精進差。

一五一者觀所患久長苦。

要經過很久的時間受苦，死也不死，活也不活，治也治不好。

一五二者觀所患自當差。

一五三者觀所患向醫堪能治。

找醫生治，可以治的好。

一五四者觀所療是對治。

所醫療的是對治法，能夠治療好的方法。

一五五者所服藥當得力。

這個藥吃了是對的。

一五六者觀所患得除愈。

一五七者所向醫不能治。

找這個醫生不對，另外找一個。

一五八者觀所療非對治。

一五九者所服藥不得力。

一六〇者觀所患命當盡。

以上一百六十種是現世的，以下十個是問過去的果報。

一六一者從地獄道中來。

一六二者從畜生道中來。

一六三者從餓鬼道中來。
一六四者從阿修羅道中來。
一六五者從人道中來。
一六六者從天道中來。
一六七者從在家中而來。
一六八者從出家中而來。
一六九者曾值佛供養來。
一七〇者曾親供養賢聖來。
一七一者曾得聞深法來。

這個就是大菩薩了，聞佛能得甚深法要。

這是過去的有十個，從哪一道來？過去曾做過什麼事情？未來的果報是不定的，過去是肯定的，為什麼不定呢？還沒死嘛？天天還在修道，隨時轉變。

一七二者捨身已入地獄。

身體沒了之後，到地獄去了。

一七三者捨身已作畜生。

一七四者捨身已作餓鬼。

一七五者捨身已作阿修羅。

一七六者捨身已生人道。

還來作人。

一七七者捨身已爲人王。

做國王去了。

一七八者捨身已生天道。

一七九者捨身已爲天王。

大家可不要認為我們這個世界現在沒國王了，地球多的很，不一定死了還到這個地球來，就是釋迦牟尼佛化身佛，像我們這樣的地球有一百億，有一億個太陽，一百億個月亮，一百億個須彌山，四大部洲裡的南瞻部洲就有一百億個，每尊釋迦牟尼佛都是化身佛。念藥師佛到藥師佛的琉璃光世界去，念阿彌陀佛到西方極樂世界去，所以這還不能定。

一八〇者捨身已聞深法。

聞深法就不一定了。也許就在這個地球上，到迦葉跟前去，到雞足山裡頭，或者到五台山裡頭去，可不是到外頭去，文殊菩薩在那兒說法，生到那兒就可以聞法了。還有一個不為大家所知的，福建福州有一座支提山，支提山上有間華嚴寺。《華嚴經》〈諸菩薩住處品〉裡說支提山有一千位天冠菩薩，這些菩薩都帶著鐵冠，不是帶著七珍八寶，康熙皇帝把這些天冠菩薩請到北京去了。後來天冠菩薩托夢給康熙皇帝說要回來，皇帝就用船把他們載回來。半途上龍王爺想留一尊，把船弄翻了，天冠菩薩就沈到海裡去了，但是，上山後，這尊菩薩卻先到了，這是個典故。

大家朝山的時候，很少朝這座山，它殊勝得很，但也苦得很。人家供養的時候，供養大廟，有名的大地點，這個地方就只能靠種地，生活相當刻苦。到那邊去供養才是真正修福德！捨身聞深法是不一定的，也許生天人，也許生聖地，也許到兜率天，彌勒佛在那兒說法；也許到極樂世界，阿彌陀佛在那兒說法；或者生到東方藥師佛世界去，藥師琉璃光如來在那兒說法。

一八一者捨身已得出家。

一八二者捨身已值聖僧。

捨身之後，能遇到證了果的聖人。

一八三者捨身已生兜率天。

一八四者捨身已生淨佛國。

淨佛國土就是剛才說的極樂世界。

一八五者捨身已尋見佛。

能夠見到佛，不一定是指哪尊佛了。

一八六者捨身已住下乘。

一八七者捨身已住中乘。

一八八者捨身已獲果證。

一八九者捨身已入上乘。

這一共有十八個未來的果報，過去的有十一個，加十八個就是二九個，二九加一六〇個，總共一百八十九個。

善男子，是名一百八十九種善惡果報差別之相。

就有這一百八十九種善惡差別。

如此占法，

這個占察的方法。

隨心所觀主念之事。

「主念」什麼，這裡頭出來的現象都相應，問疾病現的都是病的情況，這個就很好懂了。答覆的不相應就是沒有答覆。

若數合與意相當者，無有乖錯。若其所擲所合之數，數與心所觀主念之事不相當者，謂不至心，名爲虛謬。

心還是不誠懇，或者念一千聲地藏菩薩心裡打妄想，或者求的時候，思想不明確，一邊打一邊想這可靠嗎？這絕對不相應的。

其有三擲而皆無所見者，此人則名已得無所有也。

擲三次全都是空白的，幾乎不可能。假使要有的話，已入「空」的境界，了無所有。

復次，善男子。若自發意，觀於他人所受果報，事亦同爾。

如果不是問自己，問他人，也得替他誠懇的代求，也會現的。

若有他人不能自占，而來求請欲使占者。應當籌量觀察自心，不貪世間，內意清淨。

他人不懂得占法，求你來占，但是你可不能像算命先生似的打卦去了，或者收人紅包，收人禮品，這絕對不靈的。就是靈了，要受果報的。不要貪名聞利養，不貪世間，心裡得清淨，不清淨，給人家占還能靈嗎？檢查檢查。也得先拜地藏菩薩，也得念一千聲地藏菩薩聖號。

然後乃可如上歸敬，修行供養，至心發願，而爲占察，

必須至心發願，我們修持這個法門，主要是為了念地藏菩薩，自然就得好處了，不占也得好處。要是不占，可能也不想拜了。不是為了占卦，才肯念一千聲地藏菩薩嗎？除非自己發願早晚課修行，多增加念佛聖號的信心。

不應貪求世間名利，如行師道，以自妨亂。

這個師道就是算命的。世間的卜筮、相面的卜師，那些人要用占察輪來占察，成不成？不成。邪人行正法，正法也成邪。像我們抽籤打卦的，請有德的和尚至誠的幫你抽，也會靈。正人行邪法，邪法也是正的。因為內心正，大家打卦的時候，內心一定要正。

若內心不清淨者，設令占察而不相當，但為虛謬耳。

貪求名利或者想歪門邪道，亂想都不行，所以假設我是個男的，想找女朋友，求個愛人，這靈不靈？也相當靈。這不能算是邪念。正心找個伴侶是可以的。觀世音菩薩會告訴你找個伴侶，地藏菩薩也會告訴你，那個人對不對？文殊菩薩也會告訴你，這個人對不對？

這類故事很多！就講兩夫妻求伴侶吧！也有男的求女的，也有女的求男的。以前有一個人找和尚，和尚就跟他說念觀世音菩薩能達到，不能想歪門邪道的。他就念了，連飯都不吃的念。哈！過兩個月，女孩子主動找他，願意跟他交朋友，也達到結婚的目的了。我說這個心理清淨不清淨，主要是不超出人類所應當具有的正知正見，想邪門歪道搞不正常的那不行。求子女這卦相上也有，或者將來要再受生，得個好父母，帶我行正道。

復次，若未來世諸眾生等，一切所占不獲吉善，

無論占什麼總是惡的，因為自己業太重了。

所求不得，

輪相都不相應。

種種憂慮逼惱怖懼時，

像這類人，業障很重的，放不下，又憂愁又恐懼都是罣礙，所以怎麼能沒有恐怖呢？睡不著！白天吃不飽飯，心裡害怕。

應當晝夜常勤誦念我之名字。若能至心者，

怎麼辦呢？至心念我的名字。

所占則吉，所求皆獲，現離衰惱。」

就在這個時候，一切惱害都不到你頭上來。

卷上竟

占察善惡業報經　卷下

下卷講「一實境界、二種觀行」。一心二門，「一實境界」就是一心，二門就是「真如門」和「生滅門」。真如門講「體性」，生滅門講「妙用」。上卷所講的這些境界，都是依著一實真心而起的，由此而緣起的再回歸到真心。這個境界就是無境界的境界，妙有非有，即是性空，其義理很難懂。

上卷是對鈍根說的，業障很重，善根淺薄，疑心又重，淨信生不起來，因此堅淨信菩薩就請求地藏菩薩設此輪相之法。輪相法是一種方便，我們須知這是為了把疑惑除掉，障礙消失進入佛道的方便法門。

這個佛道是什麼呢？就是自己的心道，心即佛故。大家說信佛，有人真的信佛，可是沒明白信佛是信自己。佛叫「佛陀耶」，翻成「覺」或是「明白」，就是真明瞭，真覺悟；也就是自覺覺他、覺行圓滿，這就是佛。我們雖然對自體相用不能施為，但體還是和佛一樣的。所以堅淨信菩薩在上卷求開示，教我們要去除疑障，這還只是初步。

爾時堅淨信菩薩摩訶薩問地藏菩薩摩訶薩言：「云何開示求向大乘者進趣方便。」

大乘這個「方便道」怎樣進趣呢？假使將來有善根深厚的人也想發心成佛，該怎麼辦呢？

地藏菩薩摩訶薩言：「善男子！若有眾生欲向大乘者，應當先知最初所行根本之業，其最初所行根本業者，所謂依止一實境界以修信解，因修信解力增長故，速疾得入菩薩種性。

地藏菩薩摩訶薩說：在末法時期還有這一類眾生，想求大乘，不得少為足，那就應當先知道所行的根本之業。什麼是根本業呢？就是依止「一實境界」，以修信解，這信是修來的。修了信，因為信了，就想明白，明白就是解；解就是知道如何修法，如何做。因為解增長了，就入了菩薩種性。我們如果受了菩薩戒，就是入了菩薩種性；但入菩薩種性很不容易，這得有個方便。凡發心利益一切眾生的這類眾生，應當知道根本是「一實境界」，是我們眾生本具的。

不僅《占察經》如是說，《華嚴經》也如是說，百部大乘經典都如是說。《楞嚴經》和《法華經》講的是進趣方便，怎樣的進趣方便呢？就是把心分別開來，真如門一時入不進去，就先在生滅門入。這生滅門有九相：業相、轉相、現相、智相、相續相、執取相、計名字相、起業相相、業繫苦相。我們被業所繫，所作業繫住我們，或是障礙我們，想要斷業、斷果，就要明白這業一定被束縛，不造業不起惑，就繫不住了。起業得業果，要如何不起業呢？不要在名相上執著，不要著名字相，一有名字就有執取相。執取相如何來呢？就是分別心相續不斷，因此必須斷執取。我們所有的名字都是假名，想想看一生下來，父母給我們取個名字，就是我了。人家叫這個名字，就答應了；叫別的名字，與我無關。這名字是假名，能不能改？當然能改。人長大了就自己改了。

入學校有學名，自己再取個別號，像弘一老法師有一百多個名字，「妙音」、「演音」，名字多了！「弘一」僅僅是當中的一個。想起什麼事情，就取個名字，究竟哪一個是他？都不是！

可是人對貧富、老少，好和不好怎會不執著呢？好的去求，不好的要捨，因此就造業了，就沒有依著根本了。把這些都消失了，根本自然顯現。

這段經文所說的根本就是「一實境界」。「一實境界」沒有名字，就是我們的「清淨妙心」；在性宗裡叫「如來藏性」，在相宗裡叫「阿賴耶識」。唯識相無他物就是「一實境界」，不過地藏菩薩另有解釋。

所言一實境界者，謂眾生心體，從本以來不生不滅自性清淨，無障無礙，猶如虛空，離分別故。

在《心經》，在《大乘心地經》、《大乘莊嚴寶王經》，乃至《華嚴經》、《法華經》、《楞嚴經》，這幾部經裡所言的究竟義，都在這一段經文裡了。因為體同了。這個理解清楚了，一切大乘教義都清楚了。四教講一心三境，《華嚴經》講四法界都是一樣的意思。《楞嚴經》講的「妙明真心」也是一樣的。什麼呢？地藏菩薩說，眾生心體就是現在的一念心，離開這個什麼都沒有了。眾生包括法界在內，十法界都是這一心，十界眾生，佛、菩薩、聲聞、緣覺、天、人、阿修羅、餓鬼、地獄、畜牲，同是這一體。迷了就叫「眾生」，悟了就「成佛」，都是這個體；這個體是沒有增減的，乃至於變成螞蟻，變成極微小的生物也是一樣。這個意思大家天天都在念，但是真正明白了沒有呢？不懂！

「觀自在菩薩行深般若波羅蜜多時，照見五蘊皆空，度一切苦厄。舍利子，色不異空，空不異色，色即是空，空即是色，受想行識亦復如是。舍利子是諸法空相，不生不滅，不垢不淨，不增不減，是故空中無色、無受想行識，無眼耳鼻舌身意，無色聲香味觸法，無眼界乃至無意識界，無無明亦無無明盡，乃至無老死亦無老死盡。」

「離分別故」就是這段話。那麼多眾生心體從本以來，從什麼時候呢？從無始，說不出個起頭來。佛也是這麼說的，無始無終。但終究還是有的，怎樣終呢？惑斷盡了，心體顯現就終了。本來我們的心體就是不生不滅，清淨無為的；現在為什麼不同？因為有障礙了，原來是無障礙無分別的，離一切分別，但是後來一念不覺生三相，業就生起了；到了生滅門就有障有礙，就不自在了。

我們假使明白了，信就是信自己，佛就是要我們這樣信的。那麼「像」有何用呢？沒有「像」引發不起我們內心的信仰。假的可詮釋真實之理，名字是假的，可以改，但是改之前叫「夢參」，就代表我；心裡一定要明白，這是詮實體的。「一實境界」就是無二無別，十法界就是一個「一實境界」。而那段經文是對著大菩薩說的，所以把這「一實境界」擴充的更為淋漓盡致，隨拈一法沒有不是「一實境界」，這就是華嚴境界。但是觀呢？空、假、中三觀。這些名詞雖然很多，都還沒有解釋，只是標名而已。我們要先知道這心體是什麼樣子的？是清淨的，無障無礙的；這就是眾生心，人人皆如此。先要這樣信。現在也不要求別的，只要求信，信而後求解。

不僅《地藏經》上這樣說，《華嚴經》第四會覺林菩薩讚嘆諸佛功德那一段話，就說我們心能造一切，能幻化一切，這個心和佛是一樣的。說心佛與眾生無差無別，要想成佛究竟，認識「心」就好了。說的很容易，但這「心」可不容易證得。我們現在這個思惟分別心當體即「真」，沒有這個「假」，顯不出這個「真」來，這也是真的作用。《圓覺經》講一切眾生皆能證圓覺，釋迦牟尼佛成佛時一看，他說：「眾生皆有佛性，都和我一樣。」那才叫「真正明白」。這個意思我們慢慢學。

所以現在擲十輪時，要自心了自心，知道這一切輪相都是一心所現的。我最初和大家講地藏菩薩，「地」就是我們的心地，「藏」就是我們的性海，心地誰都有，性海誰都具足，也是釋迦牟尼佛，也是文殊師利，也是觀自在菩薩。心就是眾生心量，廣闊無邊無法形容。下一段經文就是講這心的量。

平等普遍，無所不至。圓滿十方。究竟一相，無二無別。不變不異，無增無減。

就是我們現前一念心，豎窮三界，橫遍十方。我們且不說真心，就用妄心想一想，大家如果閉上眼睛想一想，不論從什麼地方來的，一回憶北京就在跟前，台灣也就在一念中，整個地球也都是如此。如果觀想熟了，一念之間西方極樂世界，東方藥師佛世界，北方不空成就世界，全在一念之間。

再說我們的閻浮提、娑婆世界、三千世界也都可以曉得了。我們以一個佛國土為一粒沙看，印度恆河沙有多少？三千世界有好大？有一百億個太陽、一百億個月亮，這才像是在太空中或大海裡拈出一顆沙子粒那麼大。這樣的境界說起來好像很玄，打個比方，那時候我從上海坐飛機到洛杉磯，橫渡大西洋，如果沒來過，過去在想像中，坐輪船要坐好幾個月，飛機算是超時代了，一夜之間十四個小時就到了，可是比心裡所想的，那就慢多了。

人家說無線電一打開，電波能繞地球七圈半，我說我們心靈一打開，不只七圈半了，想到哪裡一念就去了，別說佛菩薩，就是舍利弗、目犍連也一樣。但是阿羅漢得入定，不入定不行。菩薩就可以不假思惟、不假作意就去了，所以說圓滿十方。假使我們用心量想，凡是我們到過的鄉村，走過的角落，坐下來一想，一念之間就圓遍了。不管七十歲、八十歲，想想從記事那天起，一切都顯現了，不是像演電影似的一幕一幕嗎？幾十年事情就這樣一下子展現在跟前，這還只是妄心，不是真心；要是真心那就限即無限，進入空義了。所以要用智慧、用甚深般若一照，就可形容現前一念心。

「一相」是形容無相的意思，沒有相對的，所以叫做「一相」。同時還不變不異，這就不容易理解了。像人是從小孩變大了，怎能說不變呢？小時候的相片拿出來和現在的我比，絕不會是同一個人，每個人都如此，會變的，會異的。怎麼會不變呢？在《楞嚴經》上，佛問波斯匿王：「你今年好大歲數？和以前一樣嗎？」波斯匿王說：「不一樣，老了！」佛就說：「你小時候看恆河水和現在看還是一樣，這個見變了嗎？」「沒有。」

所以說不變不異是說「心」和「見」，不是說外面的境界相；儘管境界相怎麼變，心不變，這是顯心體的。眾生的心體是平等的，普遍的，無所不至的，「究竟一相，無二無別」；永遠不變，永遠不異，不增不減的。在佛不增，在凡不減。我們的心是不會變，也沒有增減的。前人曾用一幅對聯來形容「心」和「境界相」如下：

「山色、水色、煙霞色，色色皆空。

風聲、雨聲、鐘磬聲，聲聲自在。」

這就是形容心的。什麼事情都無染，無罣無礙就像《心經》上說的。比方說我們信了佛之後，在夜間念《地藏經》，裡頭儘是鬼，心裡就害怕了。其實一個也沒有，都是心裡變的，都是眾生心。要能這樣理解，就能逐步理解信佛是信自己的心，心外無法；但話又說回來，法外亦無心。離開一念妄心去找真心也沒有。沒明白時，真心也不是真心，明白了之後，一切都是真心境界，這就是華嚴境界。但這不是一天、兩天跟大家講一講就可以明白的，要明白還真是不容易。就是能夠解得，心裡確實相信對的，就是這麼回事，已經不容易了；否則糊裡糊塗的，就像人家說我們佛教徒都是迷信，那不叫信，那叫「真迷」。

既然這樣平等無差別，為什麼佛菩薩的心、舍利弗的心和我們不一樣呢？其實不一樣的是我們的看法，他們的生活環境和我們不一樣，沒有這些煩惱、痛苦，但也是現前一念心，所以下一段就說了。

以一切眾生心，一切聲聞辟支佛心，一切菩薩心，一切諸佛心，皆同不生不滅，無染無淨，眞如相故。

這就是說「一實境界」就是真如相，真如相就是不生不滅。要想得到真如相，就得從生滅達到不生滅，那我們這現前一念心就無染寂靜了。比方說懺罪，追究一下把罪拿出來看一看是沒有的。罪是由妄心所造的，妄心都不可得，哪裡有罪呢？什麼地獄、佛菩薩都是妄心所造的。這都叫境界相，都是「一實境界」，都是不生不滅，無垢無淨的。但這是理。真理只有一個，我們佛教講的真理，就是真心，就是現前一念心。唐代的韓愈，因為天子每年到佛門來迎佛骨供養，勞民傷財，就做了個「佛骨表」（奏章），這一寫結果可糟了，早上寫的，晚上就把他貶到廣東潮州去了。於是他寫了首詩給他侄子韓湘。

「一封朝奏九重天，夕貶潮州路八千。
欲為聖明除弊事，肯將哀朽惜殘年。
雲橫秦嶺家何在？雪擁藍關馬不前，
知汝遠來應有意，好收余骨瘴江邊。」

這裡就發生了一段奇蹟。他寫字時韓湘並不知道，但韓湘給他送來兩盆花。一個花盆花開了，裡面正是這兩首詩，韓愈就感覺很奇怪。

後來他到潮州四處逛寺廟，倒也不是信仰和尚，而是聽說大顛和尚文學很好，就跟老和尚請法。但這和尚並沒有理他，倒是身旁的侍者三平義忠拿了錫杖敲了幾下，韓愈就明白了說：「和尚門風高峻，弟子於侍者邊得箇入處。」

他是怎麼入的呢？大家去參一參。現在法門寺在地下宮殿裡，把佛骨都挖出來了。政府還把它供了起來。這些都不離我們現在一念心，無染無垢。我說這些證明什麼呢？就是說明像韓愈過去那麼謗佛，但到晚年他也明白了，這是什麼意思呢？這就叫先以定動，後以智拔。

所以者何？

為什麼這樣說呢？

一切有心起分別者，猶如幻化，無有眞實。

「一切有心」就是指著一切有情眾生，凡是起分別的，比方說這是佛像、這是麥克風；年紀大的、年紀小的；聽者、講者；這些都是分別。凡有分別者，皆不是真實的。就像空中雲彩，一會兒這樣，一會兒那樣變化，變出種種樣子來。或者像幻師變魔術，一下就變出個鴿子，這是變魔術，但是你就變不出來。還有吞寶劍、吞大刀的，拿手往嘴裡掏一掏，火就往外噴，你知道是假的，但是怎麼做？你也不知道。他不告訴你，你就變不出來。一切都是這樣變化顯現的。

像我們這些人，生生死死，有些人迷信想不死。人生下來注定就要壞的，乃至於死亡。即使氣功練的再好，氣都化了，不行！還是要死的。為什麼呢？因為這是幻化的，沒有真實的，要想在這裡面找真實是找不到的。

像丹霞禪師劈佛像的故事，人人都知道。那時候天很冷，他找到廟裡去，沒有暖氣，冷得不得了，就把佛像給燒了。廟裡的和尚、出家人就跑來和他吵架，問他：「你怎麼把佛像給燒了呢？」他說：「我沒有啊！我在找舍利呢！」大家問：「木頭哪有舍利？」這是什麼意思呢？說明是幻化的，是假的。

再舉個例子，我們每個家庭都會供祖先牌位，誰有那麼大膽敢把別人的祖先牌位拿下來劈了，說這是假的？你說是真？是假？雖然是幻化的，但人的心注意到它了。買股票賠了，一封電報打來報告消息，人命就沒了！我以前有位親戚就是這樣，本來好好的坐在那兒想心事，電報打來一看，放下就死了，當然是心臟病發了。為什麼呢？因為那個事業就是他的心，事業完了，心也銷亡了。心無所不至，就是這樣。

所謂識受想行，憶念緣慮覺知等法，種種心數，非青非黃，非赤非白，亦非雜色，無有長短方圓大小。乃至盡於十方虛空，一切世界，求心形狀，無一區分而可得者。但以眾生無明癡暗熏習因緣，現妄境界，令生念著。所謂此心，不能自知，妄自謂有，起覺知想，計我我所，而實無有覺知之相。

眾生心不染不淨，一切心都是幻化，分別妄念不實，這是說理。但在平常生活中，人人都有個受，有接觸就有受，受冷暖含攝，或高興或不舒服。不舒服的就要排斥，想排斥的排斥不了，想樂意受的受不到，這就有苦了。行是運動。色受想行識就是《心經》上說的，「觀自在菩薩行深般若波羅蜜多時，照見五蘊皆空。」這就叫做五蘊。蘊藏著很多東西，明白的說就是覺知。我們要找真心，可以這麼試驗一下。或者火燒了，或者刀割了，或者頭痛了，覺知的覺是一個能覺的覺，但是沒有一個痛能痛到你的覺，這就是《楞嚴經》講的：

「有覺覺痛，無痛痛覺。」有一個覺悟能知道痛點，但這是能覺察的痛，這痛卻痛不到你的覺。

這個義理大家要多思惟，這也可以說是密吧！沒明白就說是密，但是你要想明白這個密的話，顯教裡也不用建壇城，只要用心去觀照，照完了去覺察，經常的思惟修，「定」就翻成「思惟修」。定到頂點了，到了時間突然一下就開悟了。這個悟不是成佛。

我們每個人都有悟，像做一件事情的時候，思慮線索突然間找到答案明白了。這個悟要經過多次，人的一生要經過無數次的悟，不要把悟想的很深，不是這樣的。隨時思惟，隨時明白。看這段經文看不懂，再看；看不懂，再看。看個十遍八遍的，不用請問誰，再拜一拜，用點功夫，就會開悟。這個悟、這個懂是真懂。找個人給你講的話，講完了忘了，聽完了離開他，自己還是沒有明白，必須得開悟。

這種種的法，心裡數數的行為，一下想這，一下想那，一天到晚不能休息，無論是誰，能從早一睜開眼睛起，把一天當中心裡的念頭變化都記住？沒辦法。今天打了好多妄想，想了好多心事，記得到嗎？但是起念頭的心到底是什麼顏色？是青、是白、是黃？還是長短大小？盡虛空十方世界之內，求它一個形狀，也求不出。沒東西，既非肉團心，也非腦筋，這個心是遍一切處的，但因眾生癡迷，妄緣熏習顯一切境界，一切境界皆由心起，心要是亡了，境界就沒有了。

所以懺罪是「心亡罪滅兩俱空，是則名為真懺悔」。這個懺悔是你起心造念的心滅了，誰也拿不出心和罪來，都拿不出來，就「心亡罪滅兩俱空」了。這才是真懺悔。我連自己都沒有了，誰來受呢？無我、無人、無眾生、無壽者，誰來受？一切都是幻化的。但〈大乘起信論〉說這是熏習的，用真熏妄，雖然是假的，用真熏妄，就漸漸的妄也成真了。以妄薰真就越熏越妄了。

我們在這個社會裡，財、色、名、食、睡，地獄五條根，經常的在造罪，如果一天到晚念佛，念地藏菩薩，念觀音菩薩，這叫以淨熏染，逐漸的能返回真心；這是兩種熏修，不明白，慢慢就會明白了。就好像到魚市去，天天在那兒走，也不感覺到腥臭，如果剛剛進去，不得了，薰得腦殼都疼了。那些賣魚的，過秤時根本不感覺到臭。再比方說我們在屋裡燒檀香，經常念經常燒，也不感覺香，但是一個沒聞過的人，一進門就聞到了，於是覺得奇特，覺得老和尚靈驗了，想的就多了，這就是薰習。和你在一起的一批人，如果都是正人君子，你怎樣的好也不覺得，但是和外邊人一比就不同了。

所以別在生念頭時生錯了，不知道是妄，認為一切法都是有的；不知道一切法如夢幻泡影，都是假法。真正覺知，就不會貪染，不會執著。

我們有些弟子怕我說無常，怕我說死，我的習慣就是人家問我想什麼？我就說：「想死」。人家問：「你為什麼想這個呢？」我說：「因為死天天跟著我呢？說不定哪一天死。雖然我絕不會上吊自殺，但得念無常。」我們天天念佛、念聖號，就是給死做準備。換句話說，就是死得好點兒；但這都是妄的，都是假的；如果真正明白了，就不管明天了，統統是假的，死也假的，生也假的，乃至於一切動作，活動，一切法沒有一樣是真的。但是這個假當中，含著真。我們的心要是能不造業，不起念，漸漸的就回復真心了。你說明白了，能把「明白」拿出來看看嗎？覺知是沒有相的，誰也拿不出來，佛菩薩也拿不出來。在這個世界裡，要是諸佛菩薩有形相的話，我們照著做一個也就能明白了。但諸佛菩薩並沒有拿給我們，拿給我們的都是妄的。以妄止妄。因為心裡糊裡糊塗的，不知如何是好，就占一占吧！告訴你照這樣做一做，你也明白了，這還是可以的。但光知道這是假的，還不能成道。成道要到修成普賢菩薩或地藏菩薩的時候才行。

有人替地藏菩薩擔心，說地獄不空，不能成佛，難道就永遠不成佛了！其實哪有地獄？地藏菩薩早成佛了。你擔心他成不了佛，成了佛又是個什麼樣子呢？要成個什麼樣子，那是對眾生機說的；沒有眾生機，佛也沒了，沒有九法界，佛法又說給誰聽呢？沒有我，為什麼要說個你呢？失掉一方，對方就不承認了！

以此妄心畢竟無體，不可見故。

這要是用法相宗的八識、用三論宗的空義、用四教的四法界來講，都可以通，千經萬論涉及太廣了。

若無覺知能分別者，則無十方三世一切境界差別之相。

一切法空，一切境界相都是空的。前面說薰習因緣，因緣也是薰習妄境界；因為法由心中生，心裡起了分別心，所以種種法都有了。如果沒有分別心，一切也就沒有了，這就是般若智慧。但可不是把這些都消失了，也不是把這些都燒毀就沒有了。法在生的時候就知道它一定滅，現在它就是空的。

這成個什麼境界相呢？把門鎖上也進得去，牆也出得去，這個境界還是不容易通的。要是通了，要是沒有覺知，那十方三世一切分別境相都沒有了。什麼西方極樂世界，東方藥師佛琉璃光世界都沒有了。這些都是對機的。有這些眾生，有這些根基，就有這些法門。這個道理大家要反反覆覆的想。

以一切法皆不能自有，但依妄心分別故有。所謂一切境界，各各不自念為有，知此為自，知彼為他。是故一切法不能自有，則無別異。唯依妄心不知不了內自無故，謂有前外所知境界，妄生種種法想。謂有謂無，謂彼謂此，謂是謂非，謂好謂惡，乃至妄生無量無邊法想。當如是知，一切諸法皆從妄想生，依妄心為本。然此妄心無自相故，亦依

境界而有。所謂緣念覺知前境界故，說名為心。

「一切法皆不能自有」，必須得假外緣，這就是佛教說的「緣起性空」。一切的佛法離不開「緣起性空」。緣起則生，緣散則滅，故一切法不能自有，必須得假藉他有。他是個緣，沒有他的因不行，這叫「自他和合」。有些因緣是不能合的，例如人和木頭，木頭是無情，人和木頭能合嗎？體不同故，不能合。講緣生的義理，分析起來太多了。

什麼是一切法的根本呢？一切法是因緣生，因為有妄心，內有妄心所以外成一切法。如果沒有妄心，知道都是假的，外頭也無一切法了。「心生則種種法生，心滅則種種法滅。」這裡頭還有個問題，依文字這樣講不行，說我心裡沒有了，就真的沒有了嗎？說無自無他，「啪！啪！」給你兩耳光就冒火了，還有沒有呢？

《楞嚴經》講地水火風空根識七大，成就了我們一個人，這其中的識，認為把地水火風和合成的整件就是我了。到了分離的時候，四大有一處消失了，另三大也就跟著死亡了，就像我們人這個身體沒有空氣能活著嗎？為什麼《華嚴經》要講空是建立在妙有上呢？其實人的五臟六腑各各都是空的，不能連在一塊，解剖醫生就能理解，如果全沾在一塊就完了，必須有空隙。像我們的心臟、肝和胃，脾和腎都是有空間的。地水火風空根，根就是眼、耳、鼻、舌、身、意，識就是眼識、耳識、鼻識、舌識、意識，人必須得有根，沒根，識行嗎？沒識也不行，人沒有意識就成了傻子、瘋子，所以《華嚴經》講空和識，這些東西少了一樣，我們人就不存在了，死亡了。

必須懂得這些義理，因為妄心有這些差別，不能夠明白自己無實體故，所以認知為有。依前境界就是以前知道的事，比方說我在大陸上的事，或者我到印度所知道的一些事；以前所知道的境界，種種回憶，說有說無，說是說非，這樣就生出無量無邊的法，就像我們做夢一樣，醒了之後想想覺得夢很好，就把自己給摻進去了，把它當成真的了。

什麼是「妄心」呢？因心生境，因境生心，心生種種法，法才生種種心，這兩個是相互的；這「妄心」自己是沒有相的。什麼是妄心的相呢？是讓境界有的。就是「緣念覺知前境界故」。回想以前的境界和現在的境界相，像現在面前的麥克風、錄音機、地藏菩薩的聖像，根據這些境界而有的。「心本無生因境有，不說應機說佛說。」就像《金剛經》上講的，佛根本沒說過法，佛說法是對種種機而生的，種種心而說種種法，所以佛沒有說法。跟須菩提說完了又說沒說。有些人問我說：「釋迦牟尼佛說過的話都不承認，一邊說法，一邊又跟須菩提說他沒說法。」我說：「最後還是沒說，為什麼呢？如夢幻泡影，如露亦如電，這個偈子不是等於說沒說嗎？法不存在了，所以說沒說？」

又此妄心與前境界，雖具相依，起無先後。而此妄心，能爲一切境界源主。所以者何？謂依妄心，不了法界一相，故說心有無明。依無明力因故，現妄境界，亦依無明滅故，一切境界滅。非依一切境界，自不了故，說境界有無明。亦非依境界故，生於無明。以一切諸佛，於一切境界，不生無明故。又復不依境界滅故，無明心滅。以一切境界，從本已來，體性自滅，未曾有故。因如此義，是故但說一切諸法，依心爲本。

前一段是地藏菩薩對堅淨信菩薩說，諸法皆由妄想生，妄心自生，本來就沒有自相；因為境界而有的妄心，自己沒有自相，所以也不生什麼相。但妄心裡有緣想，有緣念有一切境界，所以就叫做心。給人家做根本的，他自己沒有自相，就給一切境界相做根本。下面這段的意思是重顯一切法為心之念，前境界依心，心依境界，是相依的，這叫「具相依」，雖然是此依彼，彼依此，若問哪個在前？哪個在後？起無先後，即兩者並時而起的。這個妄心又怎能為一切根本呢？這道理不容易明白。所以者何？地藏菩薩自己爭取問為什麼？底下就解釋了。

我們可以說就是業相繫的相，業相不知，真如法門不知，一心的心相就是妄心。不了解法界一切相故，因此說心有無明，這個「心」有無明是它想明，不是不明，心裡想明，因為想明，不但沒明反而變成無明了。因為無明的緣故，也就是一念不覺，不覺意現妄境界，就轉了自心，就要緣境界，一念不覺生三細的業轉相，要到八地以上的菩薩，至十地才斷業相，這是很不容易的。不了法界一相，所以要起無明，因起無明故，現妄境界相，這都是互相薰習的。業越要轉相，就越要分別妄境界，以無明故。

一切境界所成就是業轉相之相，越演越粗，滅了也是無明的心滅了，轉成現相。這些現的妄境界就是「智相」，相繫相知越分別越粗，因無明滅一切境界滅，一切境界自己不了自己，因此境界自無明，以非依境界故，生於無明，而現在「無明」消失了，追的這個「明」也追不到了。

一切諸佛不生無明故，這麼說成佛之後還會墮落為眾生嗎？不再追求明，也就無滅了。無明生就有無明滅。不依無明生，也不讓境界滅。所以無明生境界，從本以來一切境界相就沒有生，也沒有滅，叫體性自滅未曾有故。「因如此義，是故但說一切諸法，依心為本」，所以說一切諸法都是以心為本的。

我們再重新回復這一段話，這裡面一個是相分，一個是見分。解釋見分、相分，兩個是同時生起的。見分生境界讓妄心就有，但這是心裡自證，自己覺得的，這樣產生的見相是增上因緣；所以認為相有，而相是無生無滅的。依境界而生起了分別，這種相所緣，依心裡的見分緣所緣的相分。

我們看一切事物，心裡就緣念這事物，分別這事物，這些都是必須的；然後就要追求，就有我見了。好像我也應該有這麼個東西，因為有我就想得到，究竟是誰的？有主的話就買了，這是就很粗淺的現象來解釋，並不合意；不然這意思很深，就是我們生死的根本！弄明白也就開悟了。

怎樣是生死的根本呢？就是這樣。因此物質是不自生的，它沒有想要人家來了解，沒有希求、沒有願望，都是妄心分別。所以說妄心給它做為本了。為了需要這個物品，生起這個妄心，這個道理最好用自己的現狀來分析。

我們現在是純粹唯心的，說萬法唯心，三界唯識，就是識和心，唯心主義。這牽涉到很多方面。有人講，物質是第一性，心是第二性；先有物後生心，先有境界後生心。這跟我們講的不一樣。因為先有這個事物，就產生很多影響，而成為別的事物，這是唯物主義。我們說心的，是研究心的第一性，其實就這麼一個淺顯的輪相盒，也得先用心設計，心裡有個輪廓再做。你說這是心生的，還是物質生的？

心和物質哪個在前？哪個在後？我們這裡講是同時的，一切法因妄心而有，我們的心因一切法而有。兩俱依，兩俱不依。菩薩、聲聞、佛都是根據他的心識證得無為法來分他的地位，或者十信、十住、十行、十迴向等，就以他空性證得的深淺來定他的位置，到最後就一切無礙了，到了華嚴的最後境界就是事事無礙，這一法整個法界都具足了。非心非物，也沒有心，也沒有物。

如果這個有問題，研究經文很不容易明瞭，先講講〈大乘起信論〉，這個就很容易明白了，一看也就明白了。「一心、二門、三大。」心的真如門和心的生滅門。生滅門好講，真如門不好講，因為不可說，言語道斷，把不可說的說明白，那還得假生滅門講可說的部份。像釋迦牟尼佛有一回陞堂說法，陞了座，文殊師利菩薩當維那師，把大磬一敲，喝言：「法筵龍象眾，當觀第一義，諦觀法王法，法王法如是。」佛，當下就走了，大家還在等著聽呢！沒有啦！什麼意思呢？在會的大德們應觀第一義，什麼是第一義呢？無事無相都不可言說，不可思議的法王法就是這樣子。佛的法就是如此。

又有一次佛上堂說法，他拈一枝花，迦葉微笑了，佛就傳完法了。什麼意思呢？就是我們講的「唯心主義」，隨拈一法無非法界，這叫「真傳」。教外別傳，離開言語，離開心，既不可說，也不可思。這一拈就明白了。這叫什麼呢？「傳心法」。一切方法都是空的，都是因緣生的，法在教裡就是空諦，在《楞嚴經》裡講就是法界大總相法門體，都是這個心所攝的。就是我們講的自體相用大方廣，用之大體相同而名為心。

輪相很簡單，一擲就判斷事理，可以判斷出怎麼處理問題。在我們日常生活裡遇到很多問題，自己沒辦法解決。舉個例子，最近我們有位聞法的弟子，他的小孩得了精神分裂症，很苦惱，這是宿業。這個我們知道了，但是我們不知道我們自己，我們自己是什麼呢？除了佛認識究竟的自己之外，剩下來的人都不認識自己，不曉得法從心起，法從心滅，認為一切法和自己沒有關係，心外求法而不知一切法都從心起，從心滅。我們要懂得這個道理，就知道地藏菩薩不必等到地獄空了才成佛，他已經成佛了，不懂得這個道理，那地獄是永遠也空不掉的。這種道理越變越深，以下的部份大家要注意，我對這類問題動了很多腦筋，動了什麼腦筋呢？怎樣說才能讓大家明白，說了能入那就好了。

例如：上次有位弟子問，要是證得空義，人和植物人有什麼差別？有這個問題就表示他不理解了。證得空義一切法都不執著了，就解脫了，要是一切諸佛證得空義，都變成植物人，那誰來度眾生呢？像《金剛經》上，佛和須菩提說空，須菩提就明白了，這是自己證得空義，度眾生才不執著，要是證不了空義，那也度不了人家。自己首先是障礙，不會證得空義之後，就變成植物人的，那就糟糕透了。這樣累劫的修持不就沒有意義了嗎？

當知一切諸法，悉名爲心。以義體不異，爲心所攝故。

我們應當知道一切法，凡是有形有相，有言語能表達出來的都叫法。但是佛法有句定義，就是：「軌生物解，任持自性」。軌道能夠使人明白覺悟自性，依著法就像走軌道似的，要到達的地點一定能到達，什麼境地呢？認識自性，一切法上要認得你自己的體性，一切法都是你，你也是一切法。但是當你沒有到達那個境地的時候，你是你，法是法，法把你迷惑了，遇到什麼境界就迷惑什麼境界。換句話說，不能解脫，要知道一切法都是假的，悉名為心。

以下就解釋這個心，以義講，以體講，義體是兩種，但義體不異，因為一切法同是因緣生的，法不會自己生起，法不孤起，遇著外面的境界相就生起法來。法就是心，因為外面境界而生心，把一切法轉了。如果心被一切法轉，就是眾生，《楞嚴經》上最要緊的意思就是「心能轉物，即同如來」，「心被物轉，即是眾生」。心被轉了，就墮落了，糊塗不明白了。例如《金剛經》上說一切諸佛菩薩行了利益眾生的事業，像布施或念佛，你問這功德大小？佛說沒有功德。須菩提是斷了見思惑，證了羅漢果位的人，他聽了還是很疑惑，就問為何無功德？其實就是菩薩的一切功德不貪著而已。不會想我做了這一切事，我利益人了。

像我們道友們作了功德，心裡執著這些功德，這樣功德就小了。如果不執著，就不可思議了。這叫心轉法，不被法轉，不執著的意思。這是屬於義的，諸佛菩薩我說即是空，這義理就是空的。證到這義理，再來看一切就無罣無礙了。比如說把門都關上了，但思想上沒有這些境界就沒有障礙。為什麼我們出不去呢？因為六根六識都執著了。這是實體的，我怎麼出去呢？就出不去了。

過去有位大德修水觀，這是月光童子講他過去的宿業。修水觀的時候，什麼都沒有了，就只有一屋子的水。有位弟子來敲門，弟子是個小孩，一看怎麼一屋子水呀？就揀個小石子扔進去。一會兒他師父出定了，身體內部痛的不得了，叫他徒弟來問：「你剛才看見什麼？」徒弟說：「一屋子全是水，師父不知去哪裡了？」師父又問他：「那你做了什麼？」他說：「我丟了個小石頭進去。」師父就說：「等會兒你再看到一屋子水，你就把小石頭拿出來。」之後他師父又入定，他就進去把石子拿出來，結果就不痛了。

這就叫「心能轉物」。一切法都轉我們的心，我們是看什麼就貪愛什麼，一切法都能轉我們的心，而不能使我們的心轉物，這就是義理上不能知道因緣生是假的。不知道因緣所生的法如夢幻泡影，應作如是觀，觀成功了都是空義。這個義是空的，但不是頑空，也不是空了就把人變成機械人了。依這個空就生起了妙用，這一空即假即中，即體即相。這法身得般若、得解脫、得密藏，體大方廣，體相用，這就是一切眾生的體，一切佛法的體，在佛不增，在眾生不減。因為萬法唯心，唯心所攝，「一心、二門、三大」就是這個意思。

現在我們沒有達到，我們對一切事物，一切義理不能明白，對於一件突然發生的事物，自己不知道怎麼辦？生起疑惑，該如何呢？前半卷說應當用《占察善惡業報經》的輪來占察，如果還是達不到，在後文最後也說，稱我名號，就能解決問題。如果能以諸法唯心的觀點來念佛的話，「地」就是我自己的心地，「藏」是我的性藏，自性的體，那樣念的時候，句句是念自己，句句是念地藏菩薩，這種所得的感應和一般念地藏菩薩所得的感應不一樣了。心外無法，法外無心，這是不在內，不在外的。

要是學過《楞嚴經》就更容易懂了，這叫妄歸真。真實就是空，而又能夠從真隨緣示現，這可不是大梵天變的，而是自己心變的。是一個認識過程，自己必須經過這些薰修學習，要能信得這種道理，確實信了，不懷疑，清淨信了。做三寶弟子要經過一萬大劫的時間，才能達到堅淨信菩薩的這種境界相。

這個五品位是發揮光大四教、為《法華經》作註解、講法華玄義的智者大師所證到的。他證到什麼境界呢？他看到了佛在印度說《法華經》，他說靈山一會儼然未散；到了這種境界，證到五品位可不容易了。這可不是像我們常說的頓悟成佛；五品位是個什麼位呢？分內凡、外凡。像我們是外凡，有信心但不堅定；內凡、外凡都還是凡夫。

像我們都在讀誦《地藏經》或者誦〈普門品〉、〈普賢行願品〉，雖然是一品，但包括了全經的要義，這叫隨喜。讀誦的時候要邊讀誦邊思索，這樣就可以深入義理了。還有要解說，解說不但是自己能讀誦，還要跟別人說，這叫法師位。講解說法的時候，還要有因緣，必須有法師德，具備十德才能做一個法師，其次兼行六度，布施就是布施度，持戒像受五戒，不論多少，其實這還不能真正的行使六度，就算它相似的吧！布施、持戒、忍辱，像我們這些佛弟子，如果人家對我們非禮相加，我們不和他計較，不還報給他，不起瞋恨心，不起怨心，這裡面包括的內容很多，要兼行六度，這就漸漸入了內凡位了。

什麼叫內凡位呢？那就是雖在三界，但已經和菩薩一樣具足對佛教的堅固信心了；都具足了，叫五品位，這是什麼地位的人呢？這是有淨信了。到了這個地位，再進一步，才能見到離體無法；證一切諸法唯心，萬法從心起。所以我們現在提念佛法門，應當知道念念都是從心起，念念都不要離開心，就能成就了。從心起，心外無法，心又遍一切處，法外也無心。就憑這個信心而已。

又一切諸法，從心所起，與心作相，和合而有。

什麼是緣起呢？就是無明緣行、行緣名色、色緣六入、十二因緣。這十二因緣可以做大乘講，也可以做中乘緣覺講，在甚深緣起義就不是這樣講了。一切法都是從心裡緣起的。因為心裏要分別、要瞭解，就想追求一個「明」，這一找，心就糟糕了；從找心而變成「不明」了，這就是業相。業相完了之後就轉了，本來相分和見分在心裡是沒有的，但現在想要見了，這就像有的時候。你想一個東西，這東西實在沒有，但因為有分別了，能想的就叫「見」，所想的就叫「相」。

其實心裡能想所想的都沒有，都是虛妄的，這就是業相、轉相、現相。因為與心作相，一切諸法從心起的，所以翻過來要給心作相，這個相分和見分合在一起，就緣起了；無前後之分，沒有剎那一念的前後，同時生起的業轉相都不離心，以後再起智，智就是分別，要明瞭這個「明」，就相續不斷越演越粗。

共生共滅，同無有住。以一切境界，但隨心所緣念念相續故，而得住持，暫時爲有。

「同無」就是沒有，相也不住，見也不住。因為一切萬法境界隨心所緣，心為能緣非所緣緣。但是這時候都沒有離開過自己的心，在心裡一念相續。一念相續，不停的攀緣心裡所緣念的，這樣的人持一切法叫暫時為有，這就是所說的有法。返本還源的時候，就是我們自心的自證分。諸佛菩薩就是證得這個自證分了，能把一切妄歸真，業轉相就變成智慧了，證起來很不容易。業轉相都要八地、九地、十地菩薩才能辨得到。完了就接近佛了，所以佛教講要成佛得經過五十二個位置，前面提的五品位還沒有入位呢！要到四十位以上的大菩薩才發大菩提心。

我們現在也發心，但我們發的心不能隨真，要到什麼時候才是真正發心呢？要證到初住，這個時候才成菩薩，一身就能在百萬個世界示現利生，也能夠示現八相成道成佛。發菩提心不像我們這個發心，一發心就不同了。剛才我們講的十信、十住、十行、十迴向、十地、等、妙覺，一共有五十二位，一位一位的證，證到什麼境界，就是什麼位。這是佛經所教導的，和各位祖師所闡揚的，一位一位的境界，就由他所斷的惑不同而定，每進一位，境界就擴大不少。

如是所說心義者，有二種相。何等爲二，一者心內相，二者心外相。心內相者，復有二種。云何爲二，一者眞，二者妄。

前面講妄念歸眞，要明瞭一切萬法怎麼起的—因緣起的。「相分」分兩種，一個是心，一個是心的「義」，即「心內相」、「心外相」。什麼叫「心內相」呢？一個是「真」，一個是「妄」。這又解釋前面那句一切諸法悉名為心。真心、妄心都是不可得的。因心體是無量的，無法形容的，就好像風似的，抓不到。風有什麼相呢？它能吹動別的物質，你感覺到風，沒有相，抓不住、捏不著。誰能夠量量海水究竟有好多？那是量不盡的。就算地表的海水可量，地下的水源也不可能量，沒法量，這都是比喻，心是不能量的。但是一個真，一個妄。妄就是我們現在分別，真還不知道哪個是真，等統統都返妄歸真了，又得到什麼呢？一無所得。那不就空了嗎？不空！還有無漏性功德在。有人說佛法好像說圓、說空說有，空不礙有的存在，有也不礙空義，如果我們修觀想觀空了一切就沒有障礙了。

以前在終南山有兩位和尚，在山裡修道。修道的時候，有一位老修行感覺在山裡好多年了，一點也沒得到什麼，他說：「我還是親近參訪善知識吧！」所謂參訪就是到各地找有名望的大德，請他們開示講一講，他就下山了。他的道友勸他說：「你去恐怕要遭難，不要去吧！」這位道友不聽他的，從那兒走到陝西的潼關，一間鄉下旅店裡，一進去坐下，因為走的疲勞了，就用功打坐修行。第二天那個店老闆看這和尚沒有動靜，又等了一天到他房裡看看，好像鼻息也沒了，心想這和尚死了，佔著我這個房子怎麼辦？就把他燒了，埋了。

這下店裡就鬧鬼了，和尚每天都回來要他的身子，「我到那兒去了？我到那兒去了？」這個地方鬧鬼，誰還敢住？山裡的道友已經感覺到他遇到劫難了，就按著謠傳來找他，也找到這個店裡。那道友就問店主：「以前有位和尚住在你這，他是怎麼死的？」店主說：「坐著就死了。」如實說了。那位道友就說：「我幫你收這個鬼好不好？」他說：「好啊！」道友又說：「但你得搬來一大缸水，再砍些木柴堆起來。」這都辦了。到時候就把火點著。果然過兩個鐘頭，這位過世的老和尚又來鬧了，「我到那兒去了？把我擱到那裡去了？」他這個道友就說：「在水裡頭呢！」他到水裡去找說：「沒有啊！」那道友又說：「在火裡頭呢！」又到火裡去找還是沒有。道友就說：「你入水不淹，入火不焚，還要『我』做什麼？」

這死後的和尚經道友一指引，他也明白了。這就是心不被一切法轉的時候，肉體是假相，帶著這個肉體也能達到這種境界。如果開悟了，就能達到。有肉體時不明白，沒肉體也還是執著。

所言眞者，謂心體本相，如如不異，清淨圓滿，無障無礙，微密難見。以遍一切處常恒不壞，建立生長一切法故。

「如如」就是不來不去、不生不滅、不增不減、清淨圓滿、無障無礙，這都是說佛境界清淨了，垢全沒了。有障礙是因為心裡不明白，心裡所緣念的，觀想的盡是貪、瞋、癡、愛，看問題的看法總是不夠正確，總是有偏差，這樣子就永遠有障有礙，這種是微密難見，很不容易看到的。這個見是指知說的，不要作為眼睛看得見的見，見是指心說的，就是對問題的認識，不論在什麼地點時空都沒有差異。空間就是處所，時間就是過去、現在、未來，什麼處所都如如是。

這個心體的變化，一切諸法不增不減、不垢不淨、不生不滅就是《心經》上所說的六法，就是真如。一切法遍及一切地方，一法一切法，這叫事事無礙，遍於人、遍於有情，這叫性體。立一切法就叫法性，一切都如是。這究竟真如相是什麼樣呢？就是生滅，就是現在。一切諸法一切相，他的本體為清淨圓滿，微密難見，常恒不壞，建立生長一切法故，一切法都是真如法，法法皆真，人也真。隨便拈一法，沒有妄的，皆是真的，遍一切處。既然妄妄皆真，這一切物相在轉換之時，體不動，以佛眼觀之即是真如。經常如是，就是常樂我淨四德。這種意思很不容易懂，圓滿真如的密意說個樣你去觀。生長一切法，一切法都是性的量。真就如是，妄呢？

所言妄者，謂起念分別覺知緣慮憶想等事。雖復相續，能生一切種種境界。而內虛僞，無有眞實，不可見故。

這個妄叫不覺意。妄者就是不覺一切，一切皆妄。起是從本覺而起，本覺有兩種義，有種覺意，有種不覺意。具足的，因為不覺了，背覺合塵。因為覺了，那就是最初開始叫「始覺」，最後成佛就叫「究竟覺」。信佛發心皈依三寶叫「始覺」。「始覺」是從「不覺」來的，不明白叫「不覺」，「不覺」從「本覺」來的。覺知的覺就是明白不明白。不明白就是「不覺」，明白了就是覺。明白的不多就是才開始覺悟。現在我們信佛、皈依三寶、皈依佛、皈依法、皈依僧，皈依究竟覺就開始覺了，漸漸覺了，覺好久呢？「隨分覺」，漸漸的覺到和佛一樣，就是「究竟覺」，達到什麼地方呢？

《金剛經》上講，佛實在沒有什麼阿耨多羅三藐三菩提可得，那不是斷滅不要修了嗎？這就是「妄」和「真」的界限很難區分，就像一隻手，手背是「妄」，手心是「真」，返妄歸真，從真起妄，一也；這就是「本覺」，一個「不覺」，一個「始覺」，起念分別，覺知憶念等，無論你是思惟憶念，分別的、明白的，就像前面我和大家說過，「有覺覺痛，無痛痛覺。」你覺到痛了，那個痛沒痛到你的覺。

大家都知道二祖立雪斷臂的故事，他把胳膊砍下來求法的時候，感覺到痛苦極了。去找達摩祖師給他安心，祖師說：「你把心拿來，我給你安。」他找啊找，找不到，沒有心了，覓心不可得，達摩祖師說：「我與汝安心竟。」他就開悟了，明白了，他就不痛了。無痛痛覺，當他覺的時候，痛就沒有了，這個是法，不是心體。證得心體一切諸法都是妄的，懂得這些妄境，他就不痛了。像我們有時候身心不愉快，起了障礙，靜坐一下，不論唸那一部經，把心靜下來，等念完一部經，受用就得到了。

所言心外相者，謂一切諸法種種境界等。隨有所念，境界現前。故知有內心及內心差別。

「心外相」是心裡緣念自己的自證分而起的，起什麼？起了相分。這裡所說的妄心和所作相，這兩個都是心內的。一個心內相，一個心外相，都不離心。先把這個掌握住，要不然一會兒就糊塗了。名詞反覆來說，看到下面就找不到頭緒了。找到什麼頭緒？一個真，一個妄，真妄在自己的心體上，這個心體也分真妄。這是內相具足的。由這個「心內相」而起的一些差別就叫做「心外相」。怎麼知道這些妄想所念的境界，以前面所分別的意念覺知所起的。這些差別見分緣所緣的外境界相分，形成見分和相分，都不離心。業相就是見分，現相就是現境界相，叫相分。中間有意念分別，三相同時顯現，沒有前後次第，這個相很細，叫無明繫相，不是我們攀緣得到的。

我們現在斷攀緣心，想達到這種境界，是絕對得不到的。我們這個妄還在枝節上呢！我們這是什麼？都是業繫苦著，現在我們受這個報，痛啊！不如意啊！都在業繫苦上，被這個業給繫住了。為什麼呢？什麼樣的業？因為起惑造業，業因就產生效力，使你受苦就受苦，受樂就多樂，樂也是苦因。這個地方所說的業繫苦，包括天、人、地獄、修羅、餓鬼、畜生六道都被業繫住了。就是因為在最初的時候起惑造業，都是心內妄想的部份而起的，內心的差別現出來就是心外相。

如是當知，內妄相者，爲因爲體。外妄相者，爲果爲用。依如此等義，是故我說，一切諸法悉名爲心。

因果體用而和合起來同為一心。地藏菩薩跟堅淨信菩薩說：「因為這樣，我說一切諸法為心，悉名為心。」地藏菩薩跟堅淨信菩薩說是因為堅淨信菩薩請的法，對我們還不會這樣說呢！對我們怎麼說呢？啊！你的業報太深了！占察占察輪相好了。他對堅淨信菩薩說：「你要發菩提心成佛，發大菩提心你就照這樣子多觀想觀想，順著線索引發根本。」

我們凡夫能做到的是前面講的五品位。我們的解說，解可與佛齊，凡夫說的道理能夠與佛齊等，但要說自證斷妄證真，那遠了。差的太遠了。要一步一步來，明白到什麼地步，斷什麼惑，能證什麼道理。惑業，我們自己清楚，有人不清楚，前面地藏菩薩告訴你了，用占察輪相。我今生怎麼會這麼苦？都是人，人跟人不一樣。有人活都活不成，一個受種種迫害，自己連飯都沒得吃，衣服也沒得穿，和那一擲萬金的大富豪相比，能比嗎？他有那個因緣，為什麼我有這個因緣？因果體用，我們就從這上面找原因，完了就查效果，不知道就請地藏菩薩幫我們查。知道了怎麼辦？就念地藏菩薩聖號能解決。

大家看《占察善惡業報經》，像這些境界一時也達不到，怎麼辦呢？就稱我名號，可以得到。這是在地藏菩薩《占察善惡業報經》最後說的，使大家有個目標，有個信仰，有個歸宿。假使我是想生極樂淨土的，修地藏菩薩行嗎？地藏菩薩說要生哪個佛淨土都可以。你得占察業報，念佛的名號即得生。如果你是念阿彌陀佛生西方極樂世界，念地藏菩薩幫助一下，念得有把握，決定往生西方淨土。

又復當知，心外相者，如夢所見種種境界，唯心想作，無

實外事。一切境界，悉亦如是。以皆依無明識夢所見，妄想作故。復次，應知內心念念不住故，所見所緣一切境界，亦隨心念念不住。所謂心生故種種法生，心滅故種種法滅，是生滅相，但有名字，實不可得。以心不往至於境界，境界亦不來至於心。如鏡中像，無來無去。是故一切法，求生滅定相，了不可得。所謂一切法畢竟無體，本來常空，實不生滅故。

這一段就是「心外相」。念念不住，剎那不停。我們可以用自身的經驗來證實一下。例如回顧我這七十七年當中，從生下來就不斷的這樣變化，我內心裡卻沒有感覺到。這個七十七比七十六是不是老了？沒有感覺。七十六比七十五老好多？是不是老了？沒有！好像都沒有。但七十七歲絕不是二十歲的樣子，自己已經不認識自己了。把自己和十年前一對照，這一對照不認識了。要把小孩時候的照片拿來對照，更不認識了。七十七歲的老頭子和三兩歲的小孩當然不一樣。是不是念念生滅呢？但是這個「心」變了沒有？自己並不知道變化這樣快。過去幾十年看的，好像道沒變，這個見改變，但這個見也是妄，不是真實的。心外的「相」像夢似的，夢裡見到很多境界。大家做夢有沒有做幾十年的夢呀？我說，幾十年，在夢中只有兩、三個鐘頭。

我們知道古典文學中的〈紅樓夢〉，我們不說〈紅樓夢〉，就說蒸饅頭、烤麵包那麼一點時間，夢就醒了。這個人也做過縣官，不得志，愛喝酒，後來遇到漢鍾離給他一個枕頭，在枕頭上一倒下就做夢了。夢到進京趕考，中了狀元又逐漸的當了宰相，活到八九十歲，孫子給他惹禍，滿門抄斬就醒悟了。正醒悟的時候，漢鍾離把他搖醒了，看那老闆還在蒸糕呢！這是他走到邯鄲路上，在邯鄲市裡住店的時候做的一個夢，一夢就夢了六、七十年，糕還沒蒸熟呢！我們每個人夜間睡覺，做夢時候兩三個小時，有時候夢特別長，一天做不完，第二天接著又做夢。

我們所看到的外相都是騙我們的，為什麼？做生意做的很不錯，很高興或者很倒楣都是騙你的，從根本說是空的、假的。其實整個天空儘遨遊，除妄之後，無處不自在。我經常的在佛恩寺、正覺寺路上兩邊走，在路中間休息處有些個凳子在轉角的地方，一些人坐在那兒樂呵呵的，他們的財物就是個大紙箱，走了也不怕被偷，回來往椅子上一倒又睡了。

我有一位弟子告訴我，她趕地下鐵上班的時候，看那些無家可歸的人一夜沒睡覺，到車上又溫暖，倒在椅子上就睡著了。沒有憂、沒有愁，好像是證道了，真的沒憂沒愁了嗎？憂也沒用，知道愁也是白搭，有點酒就喝點，喝的醉熏熏的，不省人事，明天沒有了。我在洛杉磯那兒遇到個黑人，他跟我說的話讓我笑得不得了。他說：「把錢領了該吃該玩的，我都把它花光，明天嘛再說吧！」這就是忘了憂，忘了愁，但是真悟道了嗎？沒有。他是忘到極點！

所以說忘了憂忘了愁，豈有美滿明月永當頭，人生來時去時不一定的。過去有一首詞講：「花開花謝，時去時來，」我們人的一生，一會兒倒楣，幾年又發起來了，運氣來了，運氣又失掉了。「福方慰眼，禍已成胎。」有時生意好了，子女也很孝順，高興得不得了。就在這時候倒下去了；所以不要羨慕，丟掉了也不要難過，毫無關係，這都是妄的境界，失掉了也不要放在心上，應該把它看成「如夢幻泡影」。《金剛經》的最後四句話，要我們如是看。因為心外沒有心，都是境界相。不著就沒有，皆因無無明，實夢所見。我們經常講無明煩惱，這得等到證得等覺菩薩要成佛的那一剎那才斷得了。釋迦牟尼佛夜睹明星豁然大悟，斷無明究竟證道，就斷這無明。

無明是八識生起的，八識與如來藏是和合的，真妄二門原是「心真如門」、「心生滅門」，因妄想故，而生境界相，也是你內心的念念不住，是心的妄想念念不停。我們這個妄心沒有家。不睡覺醒著，這個夢還是一天天的做下去。我們的思惟是無明發出來的系統。這裡面全是妄想，講到這個，想到那個，辦到那個又想到這個。念念不住所見所緣的一切境界。心內念念不住，所緣的也跟著念念不住，念念生滅，就是這種道理。說的好像很深，但用起來很簡單，想斷也斷不了，心裡明白了。喝醉酒的人老是說我沒醉，心裡還沒醉，但是直打酒嗝！

我們每個人都是明白的，知道都是假的。既然知道是假的，為什麼要做呢？這就是所謂的「放不下」、「看不破」，也得不到自在；要是放下看破了，就真正自在了。人家說天下本無事，庸人自擾之。內心本來清淨無為的，因種種的妄，生種種的法，都是單有名字實在不可得，心不至於境界，境界也不來至於心。就像一面鏡子，打那兒過，相就在那兒現，鏡子沒分別，過去就算了，相來則現，相去則無，我們的心能達到這樣就成功了。是故一切法無生滅相，了不可得，要求個定相不可得。就像我們人，老年跟著來，病也跟著來，一下就死了。

老年健康是靠不住的，這是一定的規律。我隨時念無常，隨時念死，大家高高興興的在這兒聚會學習，一個筋斗趴下去，人人都有的。沒有月亮總是圓滿的在我們當頭，永遠不壞的，所以生滅的境界相不可得，這一切畢竟無體，一切法都是緣生的，可毀滅的，只有虛空滅不掉。

從前有個老和尚叫高妙峰，他就證到這種「空」理了。鬼要拿他拿不到。兩個小鬼看不見就去向土地公請教，土地公說皇帝賜給他一個鉢，他很喜歡，你只要守著這個鉢就可以逮到他了。他什麼都放下了，因為還有對鉢的執著，就這一念放不下，這一念就走不了。小鬼就敲他的鉢，他果然出現了。小鬼就用鎖鍊把他鎖上。他問：「你們來幹什麼？」小鬼說：「我們來逮你的，你的壽命已經盡了。」他就問：「你們怎能逮到我？」小鬼說：「你是假修行，還沒能了生死呢！你對這個鉢還有貪愛。」這高妙峰就說：「啊！對呀！我就是對這個鉢有貪愛，我已經要跟你們走了，你們把這個鉢再給我看看好不好？已經貪愛它了嘛，就再看一看。」小鬼心想給他看一看有什麼關係？就拿給他，他一看就叭的摔了，這一摔之間，小鬼再抖抖鎖鍊，他沒有了，空的。聽見他說：「要拿老僧高妙峰，除非鐵鍊鎖虛空，要能鎖得虛空去，再拿老僧高妙峰。」

修空觀的境界並不是沒有大悲心，等他證到這種境界，成菩薩道發大悲心，這還不是成佛，距離還遠得很！只能重新發菩提心再來人間示現，如果沒有，那人間的大德哪來的？這樣來的。還有福報特別大的，山裡修行的那些人死了，如果再來，迷了也會照樣輪轉。為什麼成佛要經過三大阿僧祇劫？就是迷迷悟悟、悟悟迷迷，時而又墮落下去，時而又修行，沒有一帆風順的。你們諸位信佛是不是一帆風順呢？很難的。在我們都是種善根，培得大一點走快點，培得小一點走慢點。修行差勁了還得輪轉，所以淨土法門就是想求生淨土。

有人問：「法師你不是講空的嗎？怎麼講到有上了？」這個空是從有求得的。「空」在「有」中，有「中」才能有「空」，否則到底都是繫絆，到處都是繩索捆著你，怎麼能解脫呢？古人一下可頓悟空理，我們不是這個根基，不是這個材料；你得有那個根基，有那個修為才能言下大悟。煩惱化菩提，說起來容易，做時實在難了。開悟天天都有，像今天講這個固然很深，但夾雜著比喻，例子也不太深，你又能領會好多呢？

以前我問你什麼叫「內心相」？什麼叫「外心相」？現在悟了，明白就叫開悟，釋迦牟尼佛是究竟明白了。覺就是明白，覺的多，明白的多，覺的少，明白的少，不覺就完全沒明白。一切法畢竟無體，本來「空」。它是不生不滅的。我們讀《心經》上說：「觀自在菩薩行深般若波羅蜜多時」，用智慧觀察來照，照見五蘊都是空的，現在我們沒有到那種程度，就依經上教我們的來觀想，想這一切法到底是真是假？雖然地藏菩薩跟堅淨信菩薩這樣說，自己也想想看，能想出什麼是真的？以所見的能舉出真的，永遠不壞的。

有人說山不壞，山隨時在變化，喜馬拉雅山也是隨時在增高，喜馬拉雅山過去是海底，變化成現在的高山，而且是這個地球上最高的山，情況就是如此。要是明白了這個道理，一切法都如是。現在我們這兒是八點三刻，在大陸卻是早上，台灣也是早上，這就是物理的轉化。黑夜不儘是黑夜，白天也不儘是白天。一切法都如是。地球天天在壞，壞到什麼時候呢？按佛所說的五十億年，這個地球就壞了，到空中去了。空中又漸漸形成，不過不叫這個名字。

如是一切法實不生滅者，則無一切境界差別之相，寂靜一味，名爲眞如第一義諦，自性清淨心。彼自性清淨心，湛然圓滿，以無分別相故。

例如我們的眼、耳、鼻、舌、身、意六根，如果眼觀色不起分別，一相一色。什麼相呢？實相。這就是回歸「一實境界」，一切法實在是不生不滅的。這就是一切法的體不生不滅，就像「寂靜一味」，「一味」就是等同一法味，一法味就叫「真如第一義」，單一義就是自性清淨心，永遠清淨，永遠湛然，永遠不增一分，作眾生也不減一分。不生不滅，不垢不淨，沒有染淨差別。生滅都是名字，都無實體，真正的實體像什麼呢？像太陽、像月亮。

無分別相者，於一切處無所不在。無所不在者，以能依持建立一切法故。復次，彼心名如來藏，所謂具足無量無邊不可思議無漏清淨功德之業。

隨便舉什麼法，無處不在，無中有空，如果我們沒空的話，胃跟肝跟什麼器官都沾連到一起了。我們肉體裡有空，任何嚴密的東西總有空。說真空已經不是真空。這樣來建立一切法，一切法都是這一法，這一法就遍一切處，就像一切的水都流入大海。用的意思就是這樣，心體是遍於一切法的，無處不在，但可不是分別的在，不是虛妄相的在。因此依著這個心而能建立一切法境界。

我們不是講「一實境界」嗎？這兒就顯「一實境界」。這樣講起來，好像這心就空了似的，其實不空，下面就講妙用了。什麼不空呢？真如就變了名詞叫「如來藏」，藏者含藏意，含藏著如來無漏性功德，所以就修吧！修到那個地位，有無量性功德。修好多有好多的功德，從空中而生有。這個「有」有不可思議的妙用。佛菩薩「如來藏」真是無量無邊不可思議。

以諸佛法身，從無始本際來，無障無礙，自在不滅，一切現化種種功業，恒常熾然，未曾休息。所謂遍一切世界，皆示作業，種種化益故。以一佛身，即是一切諸佛身。一切諸佛身，即是一佛身。所有作業，亦皆共一。所謂無分

別相，不念彼此。平等無二。以依一法性而有作業，同自然化，體無別異故。

所謂神通作業，佛有十八不共化益眾生，種種的功德利益。釋迦牟尼佛就包括十方三世佛，一切諸佛。舉你舉我具足一切，就遍於法界了。前面講的心體，一切諸佛皆是一佛，重重無盡，「一微塵中轉大法輪」，這微塵就是一切法界，拈一毛孔中現寶王剎，三千大千世界就在汗毛尖上都現了。這種境界相是圓融妙用，所以一切所作業，一切十方三世諸佛都是什麼呢？無分別相，沒有彼此。

體性不二。上卷純就事來說，這卷純就理來說。理上很不容易入，這個淨信是很不容易建立起來的。上面這三段經文是明佛的妙用。佛的妙用也和我們一切人的現前一念心一樣。這種道理很不容易信了。不像上卷用占察輪相也講至心，那個心和這個心是一樣的，如果懂得這個道理，沒有不相應的。佛的無漏清淨功德之業不是空的，這個有和空也沒有差別。空是就諸佛法身來說，有是指報身相說妙用。諸佛法身沒有起始際。

「無障無礙」的意思就是沒有凡夫的一切障礙，這也是眾生的現前一念心。上一段的彼心就是指我們一切眾生的現前一念心。這一念心另有一個名詞叫「如來藏」。含藏著什麼呢？含藏著如來。這是指如來的妙用而說的。因為業是從如來法身而生起的，就是佛的法身所生起的相跟用所產生的這個功德，障礙經過了修持，破了法執、乃至塵沙無明，因此無障無礙，這也是自在的，自在是不受任何拘束來困擾。不滅，一切諸佛都如是不滅。一切現化就是佛所作的妙用，這種種功業就是利益眾生的這些功德，像持戒、忍辱、禪定、智慧這些功德像大火炬似的。恆者常意，常者恆意。

「恆常」兩字就是永遠不間斷，永遠是這樣子。什麼樣子呢？熾然是燒大火似的，光明貌。從來沒間斷，沒休息，也沒停止過，遍滿一切世界。這一切世界不祇是一個娑婆世界，十方法界全都說了，無量無邊不可思議。這種邊際是無二無一，沒有邊際。「世」是指著時間說的，時間的過去式、現在式、未來式；「界」指著處所說的，我們的世界就是時空。遍一切世界示現什麼呢？示現種種作業，化度眾生，利益眾生的事業，永遠如是。

一即是多，多即是一，這是《華嚴經》的境界。大小相容，「一微塵中轉大法輪，於一毫端現寶王剎」，一多無礙，所以釋迦牟尼佛在娑婆世界說法能現不動世界、極樂世界、琉璃世界，現的世界很多。就在方等會上，維摩詰居士如來藏識裡就現了很多世界，要知道這就是我們的現前一念心，亦名「如來藏」。我們所念的「如來藏」，乃至一切諸佛成佛之後得到的是什麼呢？是法性、是理體，所得到的是原來本具的。得無所得，得無得相，我們眾生也不滅掉，也不失掉，縱然修成了，返染還淨的時候都無所得，只是把這些染妄除掉。同在一法性之內，我們眾生也是佛，佛也是眾生共具的。

大家眾讀誦〈普賢行願品〉，如果沒有眾生，就沒有諸佛，「因於眾生而起大悲，因於大悲生菩提心故。」〈普賢行願品〉還舉個例子，「譬如曠野沙磧之中，有大樹王，若根得水，枝葉華果悉皆繁茂。」如果沒有眾生就沒有佛了。因此我們要理解同一體故。因為這個體在佛不增，在凡不滅，無別異故，沒有差別性。這種義理我們都是相似說的，這要使大家明白，怎樣顯示都明白不了，什麼原因呢？因為我們有知見上的煩惱而不能明白，就像舍利弗、目犍連，他們不但不明白，而且不信，因為和這種法完全不相干了。我們凡夫超過二乘的地方，就是如果能夠真正的具足信心，信這種道理，信而後能解，那就是佛知見，跟佛一樣了。若凡夫能夠解悟到和佛相等，一定要證，要從實用而起妙用，必須得修。因此這種境界，這種義理，所謂地藏菩薩給堅淨信菩薩說的，「如果不是三業清淨的話，這種法沒法修。」

如是諸佛法身遍一切處，圓滿不動故。

一切佛的法身都具足了地獄、餓鬼、畜生、人、天人、修羅、聲聞、緣覺、菩薩的意思，遍一切處，沒有遺漏一個人，一隻螞蟻也算在內，隨你拈一法都是圓滿的，這個是不動義，無來無去，不生不滅。

隨諸眾生，死此生彼，恒爲作依。

我們佛法中有三種弟子，一種聞法、一種護法、一種皈依。我常常對我們聞法的弟子說：「念經的時候我給你回向，你也得給我回向，這樣我們才能接通。」我先給你回，這是一方的，跟你連不到。我們做一點事都回向諸佛，回向遍法界十方眾生，彼此相通的意思。這有近有遠，但都是同一體性，這就是圓滿不動，隨眾生死此生彼，眾生的心體就是諸佛的法身，因此一切法身本身就是佛，一切眾生也都能成佛。釋迦牟尼佛在成道時不是說：「奇哉！奇哉！一切眾生皆有佛性。」跟他一樣的。在此之前還沒有這種境界，為什麼呢？因為他還有一分無明未破。彌勒菩薩現在就還有一分無明未破，必須得到那一念成等正覺，即阿耨多羅三藐三菩提。到最後的那一念破了，就返本還源，才知道一無所得。《金剛經》上佛跟須菩提辯論反覆説這個問題。

在這段經文中，地藏菩薩對堅淨信菩薩説，必須證得這種信心，信什麼？信自己。我經常跟大家説，這個信很不容易生起，因為有「卑劣慢」。慢有幾種，我們都説貢高我慢，抬高自己，打倒別人。還有一種「卑劣慢」，總感覺到自己資格不夠高攀不上的意思，就是自卑感特別嚴重，要是叫他生起和佛一樣的心，不但我們有見思惑的人經常懷疑不信，就是佛的二乘大弟子也不信。我們看《金剛經》，須菩提最初也是不信的，跟佛辯論，最後他信了，這就是不見得能轉化，要是信了這個，像華嚴境界，他又不信了，所以一層一層的很不容易。現在道理甚深了，加個比喻，以下的經文就是比喻。

譬如虛空，悉能容受一切色相種種形類。以一切色相種種形類，皆依虛空而有建立生長，住虛空中，爲虛空處所攝，以虛空爲體，

一切諸法建立在「虛空」之上，以「虛空」為他的實體，因為「虛空」才能建立，如果不空就不能建立，就有障礙了。這個地方不空，想再建房子就不行了。

無有能出虛空界分者。當知色相之中，虛空之界，不可毀滅。色相壞時，還歸虛空。而虛空本界，無增無減，不動不變。

這「虛空」是比方，藉著虛空來顯現諸佛法身。一切形相是建立在虛空當中，一切形相就比如眾生，一切眾生都建立在法身上。這種比喻不能當作事

實，只能當做顯現而已。「虛空」是無知的，有好多人把法身當「虛空」了，「虛空」不是法身，藉它來顯現道理，別聽說「空」就意識到「虛空」的空，那就不能領會空而不空的意思了。在這裡是形容眾生依止佛的法身，就像一切種種形色依止虛空的意思。

我們在前上卷講占察輪，善惡業報十善十惡，這些形相是依著法身而建立的。善依著法身，惡也依著法身。惡法不順法體故，所以我們要斷。實際上說斷都不可得。所以《金剛經》上說：「於法實無所得」。這種境界我們還沒證到，現在必須斷妄歸真，然後「真」也不存在了。如果再執著真，這個執著的念又會使真變妄了。這種道理要反覆的講。前面說一切眾生都是建立在佛的法身當中，一樣的。那麼虛空和佛的法身相合。

諸佛法身，亦復如是，悉能容受一切眾生種種果報。以一切眾生種種果報，皆依諸佛法身而有建立生長，住法身中，為法身處所攝，以法身為體，無有能出法身界分者。

眾生作種種業，產生種種的果，因不同故。但是不管如何差別，都是建立生長在諸佛的法身當中，為法身所攝，以法身為體，一切眾生的類別，也是以諸佛法身為體。我們的法身和諸佛的法身是一體的，不是兩個，但說一也是多餘的，這就有點像《楞伽經》講的一也不住的意思。任何的思想境界、種種類別、種種形相，言語都不能超出法界之外。

當知一切眾生身中，諸佛法身，亦不可毀滅。

眾生身就是諸佛法身，諸佛的一切煩惱都沒有了，還歸法身。法身是清淨無染的。怎會生出煩惱呢？這在「一心、二門、三大」裡面，於生滅門，不離開一心，也是讓此一心。

若煩惱斷壞時，還歸法身。而法身本界，無增無減，不動不變。

法身本體不動不壞，這是以諸佛法身結合上面虛空的體。種種形相，一切名色即是依著法身而建立的，所以一切法都假，沒有真實的。一切皆法身故，一切也皆真。因為遍一切處故，亦是真，真假結合而為中道義。這個一心具三種觀行，空假中三觀在佛為三身，化身就是假法，但是不能遍，法身就是中道，中道就遍一切處。眾生有一個不可毀滅的眾生體，就是自性，就是佛的法身，這是反反覆覆的來印證。但這裡有個問題，眾生有業報，生來死去的這種業變果報，法身是本體不動，不隨著果報而還轉，也不幻滅。死此生彼，生生滅滅，而法身是不壞不動，所以諸佛證得稱為如來或者正遍知或者明行足都是解釋這個意思。

這個意思很多，我現在簡略了，只講是沒有用的，得靠自己印證的功夫。自己經常的這樣回覆，但千萬不要把虛空當法身，那是比喻形容詞。在印度常使用比喻，說像白象一樣的雪山，那雪山要像白象，那兒找象牙呢？相對的在虛空中找一切智，虛空哪裡有？虛空是無知的，那是形相顯示一下我們的心體。

如果我們能明瞭了，看六祖大師和神秀大師做的那個偈子就知道了。神秀大師只是要我們去修而已，六祖大師所說的就用不著修，無假修證，怎麼形容呢？「心是菩提樹，身為明鏡臺，時時勤拂拭，何處惹塵埃。」就是讓我們隨時注意修心，這個就是有修為的。「時時勤拂拭」就是修為的意思。六祖大師說的是直指見性，就指這法身體「菩提本非樹，明鏡亦非臺，本來無一物，何處惹塵埃？」有什麼呢？還要證什麼呢？以此度眾生行不行呢？自證可以，度他不行。

悟到那裡了，事還通不通呢？通的。六祖大師不識字，字則不識，意者可解。你把經念念，他就給你解釋了。要他認字，他不認識，沒讀過書。這是有根本智，沒有後得智，沒有差別智，就不能像佛，像那些大菩薩得了法身，究竟證得法身就不同了，這是有區別的。由此可知，立證菩提那個證和究竟佛果是不一樣的。那密宗的即身成佛能不能呢？也是跟這個意思一樣，能夠悟得法身理，而不能即起相用，妙用起不出來的。因為在我們所求的三藏十二部裡頭，佛沒給誰授記過，也沒聽哪尊佛授記在釋迦牟尼和彌勒之間。這賢劫的千佛是一尊尊排滿的，說其他的世界成佛，那到其他的世界授記去，不是我們這兒。所以說自己成佛的，這只是狂妄。

再用淺顯的意思來說，比如我們打個妄想，起個很不正確的念頭，屬於貪瞋癡的，心裡感覺到念佛怎麼會生起這種念頭呢？又追悔了，菩薩也難免，沒斷塵沙惑呢！阿羅漢不入定的時候，也照樣的起這個妄，沒有關係能夠覺知，用智慧照，「觀自在菩薩行深般若波羅蜜多時，照見五蘊皆空」，要修的時候，好比正在念經的時候或念阿彌陀佛的時候，就感覺到有妄想，沒念經的時候，就覺察不到妄想，這是什麼原因呢？因為全變成妄想了。不知道大家有沒有這種經驗，誦經的時候，一靜下來，東想西想，感覺到許多妄想，不念經的時候，整個都在妄想當中，覺察到了嗎？還不就隨它想下去了，所以說讀誦大乘和念阿彌陀佛是最好的事修了，因假他力故。

經常有道友想找個修行法門，我問他現在修什麼？他說：「念佛。」我說：念佛不就是很好的修行法門嗎？讀誦大乘，上早晚課，乃至學著利益眾生，供養香花、燒香都好，別受局限了，都是在修行。別另外想找個修行法門了，或受個灌頂，學個密咒。我說念阿彌陀佛就很密了，那是「無上密」；念普賢菩薩也是「無上密」。不過我只持聖號，沒有灌頂的意思而已。地藏菩薩在後面說了，這麼玄、這麼妙，實在沒辦法就念我的聖號，什麼都能得到，很簡單的，到了最後才說。你學哪一樣或者只要種了善根，你要去西方，東方、北方淨土，地藏菩薩都會送你去。無論哪個淨佛國土都可以。我們從這裡就可以理解到地藏菩薩前面說的這段話，淨佛國土就是你自己的國土，十方法界都是你的，你要是生起分別心，東邊的好，西邊的不好，那是自己的分別心。人家都好，就是自己住的地方不好。這個是華藏世界，看看《華嚴經》裡面〈世界成就品〉，除了極樂世界，藥師琉璃光如來世界，在重重無盡的世界海，種種光明瑞香的二十重世界中，這是第十三重華藏世界。

但是我們沒有達到那個境界，看不見，要入阿彌陀佛極樂世界就好了。但是有一樣，要成佛，在這個世界、這個地點來的最快，但看我們的根。根有兩種，有利有鈍，那些發大乘心勇猛精進的，不選擇這些。有怯弱心的眾生想到往前走的路要三大阿僧祇劫才能成佛，當中又轉變了，又造業了，怕墮地獄，怕墮三塗。但只要學了〈占察善惡業報經〉或者念了地藏菩薩聖號就永遠免了，也就是免疫了。這是地藏菩薩說的，不是我說的。

我們滅煩惱，將一個妄想滅了，滅有滅相；又起了一個念，另一個念馬上又沒有了。前念滅了，後念又起來了。這個起來的念，生是怎麼生的？滅是怎麼滅的？生無生相，滅無滅相，也沒有煩惱可斷，也沒有菩提可證。最後這段話就是這個義理。但是這樣說恐怕落於斷滅，就不修，認為無為了。禪宗容易犯這個毛病，所以一學禪就不持戒，原因就在此；地藏菩薩還是要我們持戒的。想要達到這種境界，必須得三業清淨，三業不清淨，這種境界得不到，必須得用占察輪，多拜懺，稱地藏菩薩聖號，我們每個人都有各種業，這是業。要生存必須得打工，作一切事業，因此就不能盡心一意的去修行了。能天天的拜懺嗎？什麼都不管，儘修行可能做到嗎？稱聖號的方法是最好的。念阿彌陀佛也可以，念觀世音菩薩也可以，念地藏菩薩也可以，不必因緣殊勝，隨時都可以做，工作時不妨礙心裡念阿彌陀佛。

這是我配合著說的，這三段經文沒有那麼說，只講你跟諸佛的法身是一個，雖然裏面有那麼多分別，然而我們這個心就是如來藏，不清淨的部份讓它轉回我們的無漏性功德。我們現在學著建設我們的如來藏，供養三寶，聽經聞法，念佛都是培養我們如來藏性功德。

但從無始世來，與無明心俱。癡暗因緣熏習力故，現妄境界。以依妄境界熏習因緣故，起妄相應心，計我我所。造

集諸業，受生死苦，說彼法身名爲衆生。

前面說衆生是法身，現在不是了，說法身是衆生。怎麼說呢？與妄瑜伽故。瑜伽就是相應。〈瑜伽師地論〉就是講相應。這個「師」有時是指著心說的。「師心」就是以我作為我的老師，「師心」是認為自己的心比誰都對，就是以我為主，合我的意思就對，不合我的意思都不對。與自心瑜伽，就是師心相應。修任何法相應了就是瑜伽，平常我們修瑜伽法就是修相應法。如果學《占察善惡業報經》相應了，就是修這個瑜伽成功了。這裡與妄瑜伽，前面是與真相應，就是諸佛與衆生同一個法身。從無始以來，我們這個如來藏心跟無明心俱，跟無明心相應。癡暗因緣薰習力故。十二因緣就是無明緣行，行緣名色、六入、緣愛、緣受、緣有、有緣生老病死苦、有愛就有苦，與這無明心俱了。

〈大乘起信論〉就根據這個立論，惡緣薰習、無明癡暗薰習見妄境界相。這個境界相就是相分。我們講過由業轉相的妄現境界相，是心理自現境界相，不是外層的，依著這個妄境界相來薰習。這心與妄相應就是計著我我所。這是自心計著我我所。這是我的，那是我的，我和我所就攪辦不清了。因為有我我所就造業了，因為造業，業就緊著你了。這個法身的自覺分不自在，如來的自覺分就自在，你的失真了。計我我所積聚造業，所以要受生死苦。這個我們能夠根據現實的生活境界相自己印證，現在我們有相續性起心動念，念念相續，念念起惑，念念造業，那麼念佛的心是不是真了？也不是真的，返妄歸真是佛對眾生，對九法界說的。

若如是眾生中，法身熏習而有力者，煩惱漸薄。能厭世間，求涅槃道。信歸一實，修六波羅蜜等一切菩提分法，名爲菩薩。若如是菩薩中，修行一切善法滿足，究竟得離無明睡者，轉名爲佛。

善法薰習力量強了，生起「出離心」，求涅槃道，就是不生不滅道。厭生死苦，信真理。六波羅蜜就是六種觀行，布施、持戒、忍辱、精進、禪定、般若，任何一種都可到達彼岸。菩提分法是三十七菩提分，名詞我們不講了。菩薩就是「覺有情」，菩提薩埵。使一切有情眾生都能覺悟，利益他們。求不生不滅，求波羅蜜，從菩薩修行到佛，過二乘了，沒說聲聞緣覺，惡生死求涅槃，聲聞、緣覺亦如是。但這兒舉菩薩，沒舉他們，因為他們不行波羅蜜。知道是苦了，苦怎麼來的？什麼招感來的？業！這是十惡業了。

菩薩是超越的，所以厭離世間又不離世間，他知道一切眾生與我同一法身故。菩薩發大菩提心，要是菩薩修一切善法滿足了，那法身就清淨了。無明睡了，無明就像睡覺一樣，睡是形容詞，糊裡糊塗的，智慧現前是究竟了，專指最後那一念說的。無明都斷了，就轉為佛了，這是究竟的成了佛果，這個覺是「究竟覺」。大家都知道從「本覺」產生「不覺」，無明不覺而開始厭離世間求涅槃。從「不覺」而發出「始覺智」，從「始覺」、「本覺」、「究竟覺」。這個「究竟覺」也就是恢復原來的「本覺」。

當知如是眾生菩薩佛等，但依世間假名言說故，而有差別。而法身之體，畢竟平等，無有異相。

「畢竟平等」是我們的清淨究竟法身，也就是我們的現前一念心，那就是無漏性功德，也是平等無二無別。從上一段經文就可以知道了，明白什麼呢？明白佛和眾生平等，這是就離體說的。說有佛、有菩薩、有六道輪迴，那是假名，沒有真實的，因此才有差別。但是究竟平等，沒有異相，並不是因為眾生迷了，就失掉了，成佛就得到了，無失無得，要懂得這個意思。就像水一樣，天冷下雪就變成雪，又結成冰，化了又變成水了。這法性的本質是一樣的。本體亦不變，只是隨著它遇著的因緣不同，遇著冷因緣就變成固體，遇著熱因緣就變成液體，無明癡暗薰習就變了。因為淨法染著就生起厭離心，修六波羅蜜生起般若，這種意思很簡單，但要想證得，還要下功夫。

善男子！是名略說一實境界義。

講了這麼多，這就叫「一實境界」。但是說了染，也說了淨，在「始覺」的過程中，「一實境界」隨妄緣故，蓋住了；隨淨緣故，恢復了本來面目，無所得。

若欲依一實境界修信解者，應當學習二種觀道。何等爲二？一者唯心識觀。二者眞如實觀。

想證得「一實境界」要怎樣修呢？怎樣能使妄薰習力轉變成淨薰習力呢？得修兩種觀行。哪兩種觀行呢？一種是「唯心識觀」，一種是「真如實觀」。這個心是生滅門的心，那你就知道受業而不能自在，悟到這種道就要依道修行，道得走，達到不生不滅。但這種可大可小。大乘就是「苦集滅道」四諦，四諦做為小乘就是「生滅四諦」。這裡只是標題名字，以下地藏菩薩就教給我們了。

學唯心識觀者：所謂於一切時一切處，隨身口意有所作業。

「一切時」指初、中、後，日三時。在行住坐臥之間，臥倒的時候也可以觀。「一切處」就是不論在什麼地方，身、口、意都要作業。有時意念想，有時口誦，淨攝六根學法。我們修行當中有六種作業，一行、二住、三坐、四臥、言語和作業，作業就看你做什麼不定了，反正不是見色就是聞聲，還有鼻子聞香，舌要能知味，身上要有觸覺，義理要回想，緣念這些法塵，緣念過去的境界相。六種作業在一切時，一切處當中觀察，觀察意所起處，意是善、是惡。前面講，先有個能觀的作業，唯心識觀是識，以了別為意。心是指根說的。心識是指第六意識說的，阿賴耶識是第八識。

在《金剛經》裡，須菩提問佛：菩薩行菩薩道的時候，應云何降伏其心？怎樣住心？我們無論在什麼地方，眼觀色不見色，耳聞聲即不見聲，這種就是不住其心。也就是一切相無所依而生其心，生心即無住，無住能生心，即心即住的意思。也就是不為色、聲、香、味、觸、法所迷惑，不被境轉，能夠心轉一切境，這個法身就顯現了，境轉心逐妄就不能返真，心轉境返真而不隨妄轉，這完全是觀念問題。下面就解釋了。

悉當觀察，知唯是心。乃至一切境界，若心住念，皆當察知。勿令使心無記攀緣，不自覺知。於念念間，悉應觀察。

隨心有所緣念，還當使心隨逐彼念。令心自知，知己內心自生想念，非一切境界有念有分別也。所謂內心自生長短好惡、是非得失、衰利有無等見無量諸想。而一切境界，未曾有想，起於分別。當知一切境界，自無分別想故，即自非長非短、非好非惡，乃至非有非無、離一切相。如是觀察，一切法唯心想生。若使離心，則無一法一相而能自見有差別也。常應如是守記內心，知唯妄念，無實境界。勿令休廢，是名修學唯心識觀。若心無記，不知自心念者。即謂有前境界，不名唯心識觀。

這段經文就顯我們的能觀和所觀，能觀的念頭就是「一念心」，所觀的是外面客塵的境界相。「悉當觀察」就是你所遇到的一切境界相，都要觀察，觀察什麼呢？心識所變現的。「三界唯心，萬法唯識」，意思就是能觀和所觀都是心識所變現的，這一切境界相心能住念，住到什麼念頭呢？剛才我解釋了，無念。念即無念，無念而無所不念，因為你一心住一境的時候，其他的境界都看不見了，但是我們念佛的都講究專注一境，用這一境顯示一切境，專念阿彌陀佛，其他的都不管了，能夠以這一念止一切妄念，這是「心住念」，就是專一境界，離開這個境界，或一起其他的念頭，就不專注了，馬上覺察。

例如我們拿念珠的時候，就是表現不失念。但是上廁所別念，上廁所拿著念珠是不敬意，一上廁所就把它放到包包裡。我們拿了這個念珠，除了計數之外，還有一個作用，拿起來知道自己是做什麼的，知道自己是佛弟子了。心裡緣念，不失念就是念珠的意義。

念珠一般都是圓的，生起什麼作用呢？圓滿意。圓的找個頭找不到，念珠緣念法界性，要會緣念，這就是「心住念」。既然察知了心，既不使它攀緣，也不使它無記，無記就容易瞌睡了。不分善、不分惡就是打瞌睡去了。攀緣也不行，胡思亂想想東想西。無記的時候不覺察就失念了，該怎麼樣呢？應該念念的悉應觀察，心裡緣念就觀察什麼，觀察就分析就用照，像觀世音菩薩似的，用智慧來照五蘊，知道一切皆空，照見一切法皆空，就跟法身義能夠相合。照見阿彌陀佛的法身和我們的法身是一體的，自性彌陀是念念不離心，念念從心起。我們每個念頭都是從心起的。

使心明明了了的，明了什麼呢？一切境界相如夢幻泡影，不隨境界轉。但是我們心裡的念頭是有分別的，這個分別從什麼起的呢？從我們自心起的，因為心有前塵。一說這個人，馬上就知道，因為這個人你很熟，什麼東西都知道了。比方說杯子，大小、長短，方圓馬上現前了。對與不對，得到與失落，有與無。一切境界都是分別，因為知道一切境界本身有分別的，有分別的是能觀的觀，能知一切法長短、方圓、大小是這樣的。但是這心非長短、非善非惡，乃至非有非無。一切相不去攀緣，而且一觀察就照了，如夢幻泡影，如露亦如電，法身無有諸相故，而且無住不相，這是《華嚴經》上的究竟法門。我們最初修的時候，一定先觀察諸法無相義，心生種種法是你心生的。

有兩種人見相不見。哪兩種人？精神失常，什麼都不知道了，所以瘋子就是吃自己的糞也認為很香，觀念不同，思想不同，瘋了。第二種人是證得的人，觀一切無相。一切相，對他已無障礙了。瘋子有障礙，身體給他障礙，識失掉了。神識錯亂，精神分裂。這比妄還加妄，就是這樣的意思。一切法不生心，在佛法裡不執著相，這就與法身相合了。一切決不離開心，一切法相不存在了。就像觀空觀到相應了，就像上回我們講董老先生念佛念到房子外面去了。一切有形有色的東西都不能障礙了，也不感覺到什麼叫煩惱，什麼叫菩提。

在《心經》上說，人的智慧心是「無智亦無得」。到了一定的程度，沒有分別心，沒有能做，也沒有所做，也沒有得，這個時候才是菩薩。這時候心裡的境界相一切都無罣礙了，這時候顛倒夢想都離開了，再無一法一相能夠自見而有差別，這和第一義相合。不是究竟的時候，「一實境界」就有能觀所觀，到究竟義就沒有了。知道沒有這種觀照，就是我們的妄念無記，糊裡糊塗的瞌睡一樣。所以外面的境界跟情感的七情六慾相應，心住一境，沒用智慧去照了。

有前境界，不名「唯心識觀」。境界是什麼呢？就是「無記相」，非善非惡很麻木了，沒有觀照的能力，也沒有識別的能力，這不算「唯心識觀」。要「守記內心」，看著這個心，無記不對，善知心相。從無始以來，無始就是沒有頭，要找我們什麼時候迷的，這是佛所不答的，眾生無始但有終。現在我們已經種下了終的種子，就是淨業。從現在起，我們的無明就逐漸逐漸的終了。無明盡的時候，就是終了。因為我們從無始以來，內心現的境界是妄的，而且還要追求從妄上分別，這是九相的智相，不停相續不止，執著取捨，這就是記名字相，記名而後起業，起業而後被業所繫。

又守記內心者。則知貪想，瞋想、及愚癡邪見想。知善知不善、知無記、知心勞慮種種諸苦。若於坐時隨心所緣，念念觀知唯心生滅。譬如水流燈燄，無暫時住。從是當得色寂三昧，得此三昧已，次應學習信奢摩他觀心，及信毘婆舍那觀心。

這個是知道了能夠證，這個知是很不容易。「守記內心」，知道這個是貪心、這個是瞋心、這個是糊塗心、愚癡就是邪見、什麼是善？什麼是該作的？什麼是不該作的？我們不知道。不清楚就學吧！佛告訴我們應當怎樣做。以佛教導我們的方法去對照，去識別，哪些我們該作，哪些不該作。心向外求都不可以，「守記內心」。但「唯心識觀」這種觀在行住坐臥四威儀中，以「坐」為最好，坐能靜的下來，如果有這種功夫，那一切動作皆是一如。

在沒有翻過身的時候，以靜坐為好，隨心裡所緣念的，念念的觀，念念的去思惟，去照覺不要失念，想這失滅都是我的心在生滅，因為離開心無法。要能經常這樣的觀照，漸漸能開悟，再修善法，很快就能得到，得到什麼呢？「色寂三昧」。「色寂三昧」是什麼位置？那天我們講五品位，五品位就證得了「色寂三昧」，就能到達「色寂三昧」。我們讀誦大乘經典，能讀的人也「忘」了，所謂的經典也「忘」了，這就不是「妄」了。沒有能所，雖然是這樣讀，但沒有能所。好比讀〈普賢行願品〉，像須菩提那樣心無所住了，但明明了了在讀，這就是不住境界相，念念觀，但心的生滅，外面的境界相像水流燈焰，流水沒有住的時候，燈的火焰不會停的，這種觀照假若能夠成熟，就能得到「色寂三昧」，就能得到緣五品住境界。得不到，就讀誦大乘，多讀誦，漸漸的就能得到。自己不能證得的時候，也能得到，在下卷最後說業障怎麼清不淨，心裡各種觀都修不成，就念我名號好了。天天念地藏菩薩，念念的就會得到。這個既然叫三昧，三昧就要「思慮修」，又叫「定」，又叫靜、又叫止都可以，又叫「奢摩他」。「妙奢摩他」就是「止」。

至於色寂，那天我說了一幅對聯就形容這個色寂，「山色、水色、煙霞色、色色皆空。」空即是寂的意思。觀色唯心，山色也好，水色也好，煙霞色都不存在了。色色皆空，唯心所反映的。我那天舉兩個，這個只說色，聲也如是。所以觀世音菩薩證得耳根圓通，他是反聞聞自性，不被境所轉，眼睛就反觀觀自性，六根都是如此。反觀觀自性，寂然不動，所以叫「色寂三昧」，就是入了色寂定了。這叫「觀行即佛」，緣五品觀，「觀行即佛」，可入外凡位，超出三界之外的品位了。

我們讀誦大乘做什麼？還沒有得到這個，只有內凡，是三界之內的凡夫，還在這兒流轉生死，不得解脫。外凡和內凡相距沒好多，很容易從內凡就轉到外凡去了。能不能在讀經的時候證到「色寂三昧」，心無所住，這個情況我們不是完全能夠證得，偶而與境界相應了，沒有緣念的人，也沒有所念的經了，也許一剎那，也許三、五分鐘，時間是越久越好。我們得不到，短暫的較容易相應。還有一種是在我們最煩惱的時候，有傷心事，有特別刺激神經的影響，如果能夠點一炷香，靜坐下來，或者讀《地藏經》，如果太長了，讀〈普門品〉，〈普賢行願品〉，或者是《金剛經》，《心經》。《心經》很短，如果背的很熟，一分鐘都不要。

同時觀想的很強烈，經過這一讀，寂靜煩惱都沒有了，也容易得「色寂三昧」。但也不是很長的，一下子就過去了，讀完煩惱也隨著消失，我是屢試不爽的。大家試驗一下就感覺到了。

這段經文就是教我們要起觀的時候，隨心裡所緣念的，緣念地藏菩薩。這個時候，地是我的「心」，地藏者是我的「心性」。我的心性性體假藉著地藏菩薩和我的自心心性相合。這樣念念的觀，觀者的心地和地藏菩薩相應，觀的境界消失了，或者妄念又來了、消失又提起來。生滅就像流水燈焰是不住的，念念不住。我們自己不覺得老，是因為念念不住。前頭一念過去了，後頭一念又來了。後頭念不是前頭那一念，比前頭老了一念，一念間沒關係，相續多了就老了。念念不住就是這樣老的。不會是突變的。什麼是突變呢？不但老了而且死了。這種變有九種，就是《藥師經》上說的九種橫死。念《藥師經》，念阿彌陀佛，隨便修哪一法，相信了，不讓這種突變發生，能控制住。我們有這個所有權，但是必須得去做。

這就像用占察輪相，有些道友們占察好多次還是不相應；地藏菩薩說的很清楚，不相應是沒有至心。怎麼辦？不相應就再求，念一千聲、一萬聲總有相應的，不會永不相應的。這是和前面擲輪相結合起來。「色寂三昧」得到了，不要歡喜，歡喜沒用，會失掉的，因為念念不住，好的念念不住，壞的也念念不住，會消失的，好壞都會消失。那就念念長留，消失了我又來，散念也念念相應，這時候法身顯現了。我待在監獄裡幾十年當中，支持我的就是這個念頭。今天不好，希望明天，明天不好，希望後天，後天不好，希望明年，就這麼希望了幾十年，還是成功了。念能支持你，念念不住，前念過去，後念又來了，這念不斷。不但支持現生，還支持未來。這佛這個念，這個種子種下去，永遠不會斷。

從凡夫一直到成佛，中間除了經過一位一位，修習觀的方法也很清楚，有幾種觀行。比如我們最初剛一坐下來，心定不下來。氣很粗，怎能得到定呢？沒靜下來沒事，一靜下來那想法可太多了，就像放電影似的，不用想外頭的，就自己所經歷的，一幕一幕的不知不覺就現了。一覺照又沒有了。也不知道跑到哪國去了？一會兒功夫，它又現了。這樣好多次，必須有對治它的方法，或者是修數息觀，或者是修不淨觀。最了義的是直指明心，就問問念佛是誰？問這能修觀的是誰？我們因為障礙深厚，這種功力不容易達到。先調息、調身，再調心。調完心了，再用功夫修觀。

這上面說的是大概。雖然是修觀，這種觀不容易得到。把前方便的觀修好，這種觀才可以得到的。前方便怎麼做呢？要打坐的時候，或者行動的時候，照這上面說是以坐相為好。現在我們因為工作的關係，客觀的現實環境，坐是不行的，因為還要做事呢！那麼就隨著所做的事來修觀，一切事、一切處都可以修觀。觀照就是覺察的意思，就像我剛才說的，拿一串念珠就提醒自己在幹什麼，現在兩手都在做事，怎能拿念珠呢？可以把心提起一念覺照，不管念佛或者觀想都可以這樣做。

成就這個三昧之後，應當學習信奢摩他觀。這個「觀」是「觀心」，不是觀色了。前面是說觀色得了「色寂三昧」，那是事。現在從事入理了。理就是「奢摩他」，就是「止」。這個「止」是即「止」即「觀」雙運的。「修止奢摩他」，這個「止」也含著「觀毗婆舍那」。修這個「觀」也含著「止」。這部經的意思是很深的。要是能把這個意思學會了，學《法華經》、學《楞嚴經》、學《纓絡經》，學一切大乘經典都可以；因為這包括了很多的經論，經義是通的。能把止觀的方式學好，就能夠入一切三昧。從事入理的時候叫「奢摩他」，從體起用的時候，就叫「毗婆舍那」。這個義理，一個體用、一個事理，在〈摩訶止觀〉裡就分開講了，不像地藏菩薩和堅淨信菩薩說的。所有佛菩薩說的一切法都是對當機眾而淺而深的，以各人能夠領受，能夠得入為主。現在地藏菩薩說止觀是在什麼基礎上呢？是在三業清淨了之後來修，先觀一切諸相諸事而入「色寂三昧」，在這裡修習就要入「心寂三昧」。色即是心，心即是色，這是不分的，到究竟的時候是不分的。過程當中，應用當中，就要清楚分析的很細，但這都還沒入信位呢！

我這麼一說，大家更感覺模糊了，這麼一種境界還不算信成就，還不入信位？「心寂三昧」成就了始入信，這個信心才能堅定，能發心皈依三寶，這名字叫佛，入修觀，觀行相應了才漸漸入信位，入了五品位。能入緣五品位就不是很容易的事了。「觀」如何修呢？講「三止」、「三觀」，空假中三止，空假中三觀，這叫「微妙止觀」，或者是「不二止觀」，或者「止即是觀」，「觀即是止」。這是什麼地位呢？才是十信位。僅僅能說具足信心。我們有時說我信佛了，那是沒有「根」的。

習信奢摩他觀心者，思惟內心不可見相。圓滿不動，無來

無去。本性不生不滅，離分別故。習信毘婆舍那觀心者，想見內外色，隨心生，隨心滅，乃至習想見佛色身，亦復如是。

我們前面修兩種觀行，「唯心識觀」、「真如實觀」。現在講的都是「唯心識觀」，因為還沒有達到一心之外，沒有一切法。還是在外境界相思惟觀察，能夠有這種信心，還得要靠修行「奢摩他觀」，修行久了，有了功力，才能夠達到這種認識，才能夠信。現在如果跟大家說，這以前已經講過很多次了，說「地」即是心地，「藏」即是性藏，地藏菩薩就是我自己，我自己就是地藏菩薩，這個信恐怕很不容易達到。心裡總是地藏菩薩是地藏菩薩，我是我，總有個界限。十方三世諸佛，釋迦牟尼佛不是阿彌陀佛，不是東方藥師琉璃光如來佛。各是各的，這跟我們好像還是距離很遠，更不是我了。這種心大家都是很清楚的，這就是沒具足信心，不能說有信心。為什麼呢？因為不信自己的自心是佛。信心沒具足怎麼辦？修一心的「妙止定信」，心外沒有一切相，凡是眼、耳、鼻、舌、身、意，色、聲、香、味、觸、法，眼識、耳識、鼻識、舌識、身識、意識全都不存在的，一切法皆假，皆空，如夢幻泡影，信心就建立起來了，一心境界之外，無有一法存在。這種信建立不起來，就要靠習了，習就是薰習。

我們為什麼要經常的讀誦大乘經典呢？這可不是說大話，說我是如來，我是佛。那是本具的，就說我是釋迦牟尼佛也可以，能到這種境界就是，沒到這種境界就不是。不是的時候還是逐妄念而流轉，必須得要修習。怎樣修呢？我們現在請《地藏經》或者念地藏菩薩的聖號，請《法華經》都是薰習。能夠不執著了，初果就成功了。要能達到心外無法，就漸漸入門了。

用淺顯的話說，要相信自己。我們不相信自己怎麼辦？不敢相信，因為受了戒這樣說是大妄語，這就是沒入到「理」了。一切戒都是說「相」。犯人造罪下地獄，地獄在那兒？沒有。心外無一法，也沒有貪瞋癡、也沒有戒定慧，這種境界不容易「信」，所以必須得「修行」。修行之後知道一切法不生不滅、不垢不淨，一切皆不存在，能夠知道這樣子無來無去，不生不滅，沒一切分別，這要修習好多年呢？十萬年、百萬年生死流轉才能夠信呢！不是這麼一說就信了。說相似信都入名字位了。我們有緣五品位很簡單，其實很不簡單，要能夠修到「心寂三昧」，心寂而能夠不生不滅，不來不去，這是什麼呢？這才真正達到圓五品位。真正的圓五品位信心滿了，圓初住位，六根清淨位，真正的六根清淨。

《占察善惡業報經》上所說的占察三業清淨，這是惡的另一方：不殺、不盜、不淫、不貪、不瞋、不癡、不妄語、不兩舌、不惡口、不綺語，還有塵沙，還有無明，我們這兒說的見思惑，四諦說的「苦集滅道」都沒夢見，邊還沒沾呢？還不認識，還不知道呢！這到大乘經典才知道。比如諸位善人都信了佛、吃了素了，就沒有殺生了嗎？還有殺呢！意念殺，自己的身上就是一切的微細菌所組成，現在這個也被科學家所承認了，那麼營養不良，或者做激烈運動起個氣泡，損失好多細菌，在理上講很不好降伏了。這見惑、思惑還在煩惱當中，塵沙無明惑讓你犯微細的罪，這個罪是性罪，會產生什麼效果呢？不能見理、這個「奢摩他」、「毗婆舍那」也不能得入，不能得道。

「毗婆舍那」就是內、外色都沒有了。內色是無顏色的，比如說我們打個妄想，什麼顏色，什麼形相都沒有。觀心內色、外色、想就生，不想就沒有。如果我現在想北京，或者我想到法源寺佛學院，法源寺的佛學院宛然俱在。學生、老師、講堂都很熟悉，因為我心裡想到，這是內色。我再照張相片就成了外色。這都是隨心所生的。從我自己心裡生起的，因為所在之地哪有呢？

例如我們現在所在的立人學苑，這是外相、外色，內色則沒有，心裡生起想到緣念有，不緣念就沒有了，一切都如是。隨心所生，想念的時候有，不想的時候沒有了。隨心生，隨心滅。如果我們做夢做的好，夢到自己求什麼得什麼，醒了沒有了，又去緣念，回顧它，實際沒有了，不去緣念也就滅了。所見的一切事物隨我們心裡生起的，「心生種種法生，心滅則種種法滅」，不止是惡法，善法亦如是，甚至佛身，觀世音菩薩都沒有了，心裡的這個像是做的，匠人做的，從他心裡生出來的，實際上沒有這個像。佛在世的時候，地藏菩薩也不是這個像。這是後來我們的心所生的。如果是信佛的人，心裡生出地藏菩薩相，不信佛的人根本沒這個影子。但是我們的心跟他的心是一樣的。

「止」就是「修定」、修內表色，「觀」是觀外表色。有些無表色就是「心意識」之中表現不出來什麼樣子，非青黃、亦非赤白，也非長短方圓。這個心可不是肉團心。大家可以這樣證實，肉團心不是心，或者腦筋也不是心，為什麼？人在死的時候，沒有氣了，腦筋心臟完全在的，可是不起作用了，所以說它不是的。

有位道友問我離四句，就是「非來非不來，非去非不去，非生非不生，非作非不作」，這叫四句。這四句加上別的也可以，「非生不生」，「非滅不滅」都可以，換什麼意思都可以，這叫四句。要建立這個，第一先要知道一切境界是由心生的，要這樣觀想，「心生則種種法生，心滅則種種法滅。」一時之間腦筋翻不過來，這種薰習太少，疑了？修習的時間要很長，所以在〈大乘起信論〉專門講究薰習修。像我們念阿彌陀佛，念佛聞法聽經，乃至於作早晚課都是薰習，熏習什麼？能夠認識我們自己的心，能夠了解離開心是沒有法的，一切法不生不滅。但是這種真理在我們三業沒清淨之前就修，還不能入。

我們要懂得這種道理，無論哪一教，華嚴、賢首、唯識，法相、顯密各宗派，這是一個基本原理。再用兩句話來形容，一切法是「緣起性空」，一切經論都是或者講「性空」，或者講「緣起」，說「心」也好，說「識」也好，說「一真法界」也好，說「一實境界」也好，名詞，按這部經這樣說，那部經那樣說，這部經對這些機的眾生，乃至於翻譯的語言也是一樣，可以這樣翻，也可以那樣翻。

你看譯經，鳩摩羅什法師和玄奘法師翻佛，一個翻「世尊」，一個就翻「薄伽梵」。「薄伽梵」就是「世尊」的意思，乃至於說如來、說佛都是一個意思。因為佛所成就的功德義理太多了，所以這個名詞也可以，那個名詞也可以，這個大德喜歡用這個，用印度的原音，像鳩摩羅什法師翻的，他是照義理，好多句子直接是四字，讀起來很順口，經過好多年了，大家念起來都很順口。《能斷金剛經》，玄奘法師是照音翻的，我在閩南南普陀佛學院講的就是玄奘法師翻的《能斷金剛經》，他的解釋是照唯識家的解釋，鳩摩羅什法師翻的《金剛經》用性宗觀點解釋，就是我們現在講的這個意思。

心的造作是起心動念的意思，我們要明白這個「心」要說「有」是假法，要說「空」是「真法」。但說「空」你又要執著「虛空」的「空」了，所以不說「空」說「非空」，「非空」就是「有」，「有」也不說「有」，說「非有」就是「即空即有」。他的意思是因為一確定了，眾生就隨著它去執著，一執著就不能悟了。永遠的錯下去，他就不讓你著。所以人家說佛教是圓的，即頭即尾，亦有頭亦有尾就糟了。圓的在那兒找頭尾去呢？但這只是到了圓教義如是說，如果是初發心的人，學《四阿含經》，學〈俱舍論〉，那麼造業就要下地獄，因果不錯的，地藏菩薩前半部都是講占察善惡業報因果，後半部就不講善惡，也不講因果了。

經文就是要你去印證，引你入到深處去。善惡業報根本不存在，一切唯心所造，不生不滅。要這樣才明白，才能真正理解地藏菩薩這部《占察善惡業報經》。這樣就知道我們說的地獄是沒有的。菩薩所發的願，地獄不空誓不成佛都沒得的。還有什麼「空」？什麼「不空」呢？

非空非不空。這是「理」，理不存在了。但事要靠理來成就，理不存在，那事也不存在，這就理事無礙了。說理也可以，說事也可以，成就了怎麼說都對。認識了說有也可以，說空也可以，不認識說有、空都不對。

總而言之，不讓你著，想撈個固定的，沒有！永遠沒有固定的。佛的一切法都是在運動變化當中。釋迦牟尼佛是化身佛，是化現的。那麼就完全沒真實的？不！你的心還是真實的，就是我們上回講的「一心」，「一實境界」，就是「眾生心」，一切諸法皆依「心識」而成立。

隨心生，隨心滅。如幻如化，如水中月，如鏡中像。非心

不離心，非來非不來，非去非不去，非生非不生，非作非不作。

「如鏡中像」，誰都知道過去了就沒有了。鏡子沒有能像，也沒有所像。打那兒過，它就現。水裡的月亮，在晴天晚上，十五有水的地方現月，沒水的地方就沒有月。那個月是假的。猴子到水裡撈月亮去，哪兒有呢？沒有的。這個道理話，說這麼多，一遍兩遍都不行，《華嚴經》〈菩薩問明品〉，就想把這個道理問明白。普慧菩薩問了兩百問，普賢菩薩答了兩千，問一答十都是圓融的。如果不用覺照，始終明白不了。這最初堅信不疑的十法界都是唯心所造，唯心所現，但是又沒有個能造的，也沒有個所造的，就是離對待、絕百非的意思。這種道理要慢慢薰習，學這個「止」、學這個「觀」有什麼好處呢？

善男子！若能習信此二觀心者，速得趣會一乘之道。

必須薰習，才能夠趣向大乘之道，也就是趣向一乘境界。

當知如是唯心識觀，名爲最上智慧之門。

這種法門是修習智慧最上乘的，這也就是「觀自在菩薩行深般若波羅蜜多時，照見五蘊皆空。」這是講空義的，先空掉煩惱，再建立殊勝功德，才不貪著，要是一貪著，功德就沒有了。必須先空而後建立一切法。

所謂能令其心猛利，長信解力，

要是不這樣長不成。

疾入空義，得發無上大菩提心故。

上面講的「奢摩他」、「毗婆舍那」，這都是一心具足的「止觀」。空了之後才能建立「圓頓止觀」。這是到什麼位置了呢？六根清淨，這才是真正六根清淨，一般說的六根清淨不是真的。我們要知道三業清淨，粗惡降伏了，細惑還是不斷呢！如果沒有上半部的占察善惡業報，下半部入不進去的。所以地藏菩薩用最方便的法門，占察之後才能夠導引你。這是「唯心識觀」。在《華嚴經》五十二位，最後入佛位就是五十三位，因此善財童子就五十三參。最初見文殊菩薩，十信位圓成了再發菩提心。他到每個善知識那兒，都說我發了菩提心，我要行菩薩道，但是我不知道要怎樣來行菩薩道？這個時候才圓初住，才叫發心住。這個就經過多生累劫了，不是很容易就證到圓初住位的。所以我們要知道善財童子即身成佛，龍女即身成佛，那是多劫累生修行的。不然當生見到這麼多菩薩，聞了法，參訪了不容易的，要懂得這個道理。「唯心識觀」修成六根清淨圓初住的時候，才是上進不退位，住就是永遠在其位了。實際上我們發心到了信位，自然流轉時，信心就不退了，這是圓教的義理。這個還是從我們現在信起，如果我們聞到《華嚴經》，聞到《法華經》了義的大乘經典，深信不疑，就知道自己，不用去打卦，不是一佛二佛、三四五佛佛前所種的善根了，是千萬佛前所種的善根了，這句話是《金剛經》說的。還沒到這個地步，還沒到六根清淨，圓五品位都還沒達到呢！那麼我們每天寫的，受持讀誦，解說不就是五品位了嗎？受持解說是要到我不是讀經，也不是不讀經，必須懂得這種道理的讀經。

為什麼我們要學教呢？學教的目的就是自己認識自己，知道自己現在學佛信佛，修行到什麼境界，沒有證到都是不成功的，只能說是種善根。這一點我們上卷《占察善惡業報》說的很清楚，之所以用占察方法是因為自己不認識自己，連自己現在還有好多惑業，自己都不知道。這不是在銀行存好多款，開支票的時候，有錢沒錢自己很清楚。但要發心給眾生回向的時候，自己有好多功德，能產生好大的力量，能夠給人家好多？自己心裡還是得有個數，不能說一點也沒有。我是感覺到我沒有那麼大力量。雖然我們沒有那麼大力量，就仗著我們念《地藏經》，仗著稱地藏菩薩聖號。我們念著〈普賢行願品〉，就仗著普賢菩薩的力量。他們有力量，現在我念〈普賢行願品〉，用〈普賢行願品〉所教導我們的功德，迴向給一切眾生，這個力量是意想不到的，迴向就有這麼大的關係，這也是不可見的。

立了功德是什麼樣子？《地藏經》上，佛告訴文殊菩薩說，地藏菩薩的功德不可思議，十方一切諸佛都要讚歎他的功德，都讚歎不完。佛菩薩的功德什麼樣子？我們說持地藏菩薩的名號就可以免掉三塗的苦難，這是不可思議的。

但是什麼樣子？《地藏經》第九品地藏菩薩為利益眾生，向佛説了一個最方便的法門，稱誦佛名，念個佛號就能消四十劫罪，得到阿羅漢果。自己問自己，我念了好多遍，現在四果也沒有證到，這如何理解呢？這是指著相應，念到瑜伽，沒相應的時候不起作用，也就是我們這個電燈設了，但是開關沒有開呢？照樣不亮，得想辦法把開關打開。怎樣打開呢？念的時候必須隨文入觀，至心，如果連至心都沒有達到，那麼業障沒消，三業不清淨，所以成就不大。

若學習眞如實觀者，思惟心性無生無滅，不住見聞覺知，永離一切分別之想。

什麼叫「真如實觀」？就是「思惟心性，無生無滅，不住見聞覺知」。這個知、覺就是指「意識」，指「心」上面的心識，這裡就離開了。那是修「唯心識觀」，這個進一步要離開「見聞覺知」。「唯心識觀」已經修好了，進一步無生無滅，真空實體，沒有一切分別之想了。前面要用觀想去修，這裡要離開觀想修，這裡提幾個名字，下面解釋。

漸漸能過空處，識處，無少處，非想非非想處等定境界相，得相似空三昧。得相似空三昧時，識想受行粗分別相，不現在前。從此修學，爲善知識大慈悲者守護長養。

「無少處」就是無所有處，這個「修真如實觀」就是善超三有，色界、欲界、無色界全都頓超了。空無邊處，識無邊處，非想非非想處，這是四果聖人所居的四禪天。這當然是指著外道說的，也不是指著修成個境界相而已。要修這一定，這一定叫四空定的境界，這我們不詳細解釋了，這在小乘的九次第定裡，一句話就帶過去了。不住這九次第定。一共學九次，一位一位的超越了三有，得了「空三昧」，這個空可不是真正的空，不是實相境界。真正達到實相境界，證了法身是有地位的。我們前面不是講十住嗎？這已經到三賢菩薩所修的位置，相似十住、十行、十迴向的位置。這樣漸次修行，這三位叫賢而非聖，叫「相似空三昧」，不是那個真實的實相，真正的「空三昧」就是《華嚴經》講的重重無盡的境界相了，那就是真空裡的實相，得到三昧了。

前面講的那些識、受、想、行、分別的相不現前了。這個境界相就是「觀自在菩薩行深般若波羅蜜多時，照見五蘊皆空。」「五蘊皆空」就是這五蘊。這可不是觀自在菩薩得到的那個空，相似了，色受想行識五蘊法都不現了。這樣才夠得上一個善知識、大慈悲者的品位，是觀行菩薩六根清淨而證到觀行菩薩位了。能相似伏塵沙無明相，伏不是斷，是真正大慈悲者，這個時候從空出假，利益眾生，就產生妙有了。這個慈悲，就是慈悲喜捨四無量心。必須跟智慧相應，如果沒有智慧就叫愛見。不能有分別心，對他不好一點或差一點就不是行慈悲了。這就落入愛見大悲。慈是求具安樂及安樂因，必須讓他知道安樂因，安樂是怎麼來的？悲是求離諸苦及諸苦因，拔一切眾生痛苦，讓他永遠不受苦，怎麼樣才能做到呢？必須知道離苦的因。

是故離諸障礙，勤修不廢，展轉能入心寂三昧。

知道一切法如夢幻泡影，而且精勤不懈的修行，但是不被法所障礙，不被法所纏繞，為什麼呢？得到「心寂三昧」了，也就是心已經止於不分別境界相了。不分別一切境界相，不但外面的境界相，內色、外色一切都平伏了，這就修成觀了，這是「真如實相觀」。

得是三昧已，即復能入一行三昧。入是一行三昧已，見佛無數，發深廣行心，住堅信位，所謂於奢摩他毘婆舍那二種觀道，決定信解，能決定向。

這個時候「心」決定向了，究竟入位了。有的是圓五品位，有的是十信位開始，也就是觀行位到了極點，發出一種慧解，就是能入，能入什麼？能入一行圓信圓解。悟是圓滿的，沒有分別妄想，沒有其他一切雜念。經常有弟子問：「是專門念佛好？還是拜懺好？」「我是修地藏法門好？還是念文殊菩薩？」到了這種位置就不會有這種疑問了，怎樣解釋呢？一行一切行，念佛的時候具足拜懺了，念阿彌陀佛也包括拜懺，包括聽法，讀誦大乘，「一即一切」叫「一行三昧」。

有人把這個「一」當成一個的「一」了，「一行三昧」我只能這一樣。並不是這個意思，而是即一切圓的、圓滿的，信圓滿，解圓滿。「一行」是什麼行呢？法界行。入了法界一行就是觀法界行，一念就是一念法界行。無有法了，法界已經圓滿了，包括一切了，這叫圓滿大行。所做一切事情，隨念一即一切，悟了理就叫圓頓的，六根清淨行，這叫「決定向」，也叫緣十信滿心的初住。方才我們不是講圓十住嗎？到了這「真如實觀」修成了，圓初住證得了，這時候發菩提心行，行六波羅蜜，這個利益眾生是真正的利益眾生，也能夠真實觀行。修到這樣，有什麼好處呢？重頭修起沒有貪瞋癡夢了，隨做什麼事情都是圓滿的，隨學什麼法都是圓滿的。為什麼？不執著故。不執著住向的相，能夠遍滿的修一切善法。七覺支、八正道，這都是菩提的分法，行菩薩道有種種的遮難，都不生恐怖，沒有怯弱了。因為勝解，理解力強，永遠不會再退到二乘去了。無止的進修，一直到成佛果，成了佛果還是利益眾生。

隨所修學世間諸禪三昧之業，無所樂著。乃至遍修一切善根菩提分法，於生死中無所怯畏，不樂二乘。以依能習向二觀心最妙巧便，眾智所依，行根本故。

懂得「真如實觀」，這時候「奢摩他」、「毗婆舍那」才能夠善巧方便應用，在六根門頭放光動地做一切事。雖然是坐在那兒，沒看他動，他已到百千界去利益眾生了，也可以化現一切眾生了。所以是證了初住的菩薩，化度一切眾生，涵義就是如此，也就是行根本法。這個也可以說就是密宗，不可思議的密宗了。

復次，修學如上信解者，人有二種。何等爲二，一者利根，二者鈍根。其利根者，先已能知一切外諸境界，唯心所作，虛誑不實，如夢如幻等，決定無有疑慮。陰蓋輕微，散亂心少。如是等人，即應學習眞如實觀。

哪些人才能修呢？分別說一下，有兩種，一者利根，二者鈍根。利根的人有大智慧，過去的善根早培育好了，有利根能夠知道一切外面的境界都是心作的，知道如幻的不實的，決定無有疑慮，就是五陰五蓋這些輕微的散亂心很少，這些人能學習「真如實觀」。

其鈍根者，先未能知一切外諸境界，悉唯是心，虛誑不實。故染著情厚，蓋障數起，心難調伏，應當先學唯心識觀。

他雖然也行慈悲，也作喜捨，但是樂於愛見，因為沒有智慧，就叫鈍根。那怎麼辦呢？自己調伏不了，就別學「真如實觀」，先學「唯心識觀」。

若人雖學如是信解，而善根業薄，未能進趣。

修了半天還是修不進去。

諸惡煩惱，不得漸伏，其心疑怯，畏墮三惡道，生八難處。畏不常值佛菩薩等，不得供養聽受正法。畏菩提行難可成就，有如此疑怖及種種障礙等者，煩惱退伏不住，想坐下來修習觀，散亂心特別多，五蓋十纏都來了，有自己的，也有外面的，正想修觀，就來找你了。或者也有善業找你，當然不都是惡業！或者像我想做點什麼事情，正坐這兒想，電話來了，給我要求點什麼事，怎麼辦？當然得答應，這就叫「蓋纏」。善業也會擾亂你靜修，為什麼發了大心修行要入山裡？外緣都斷了，這個時候才能靜修。有的人這樣發心，先修好了再去利益眾生吧！現在不行，眾生還沒有利益到，自己先下地獄了。考慮來，考慮去，也有的人想文殊菩薩、觀音、地藏這些大菩薩都那麼做，我也那麼做，要墮落就墮落吧！沒有怯弱，就是堅信能夠得到諸佛的加持，使我能行菩薩道，這是兩種發心。要是產生畏懼心，菩提道難成，菩提心也難修，疑怖重重，種種障礙，這是「鈍根」。

應於一切時一切處，常勤誦念我之名字。

這個方法最簡便了。地藏菩薩說兩種觀行都修不成，就念我的名字吧！「一切時一切處」，換句話說念地藏菩薩的名號不要停。要想到我們前面一開始就講了，「地藏」是我自己的自心，「藏」是我的性藏。地藏就是我，念念念地藏菩薩，就是念念念自己，就是念念念著我那個「真如實觀」。有這麼一個心念地藏菩薩，外相顯自己自心，自心緣念外相，兩相結合，心裡隨時這樣觀想。有什麼好處呢？偶然間自身會變成地藏相。假使下地獄去，就這一念心，閻羅王一看，地藏菩薩來了！這就是真真假假，虛虛實實難辨了。自己緣念什麼就像什麼。

有些弟子說：「法師，我最怕下地獄了。」我說：「那你非下地獄不可！」為什麼呢？你怕地獄，一天想著地獄，你不到地獄到哪兒去？怎麼辦？我說：「根本沒有地獄，不要顧慮，念地藏菩薩，地藏菩薩已經把地獄的難都免了，哪還有地獄？」天天不緣念，八萬四千法門，善法不去緣念，卻天天想著地獄的。下地獄那不是自找苦惱嗎？我佛沒有哪一法要你緣念地獄的，畏地獄苦就別造業。並不是要你去緣念地獄。緣念天堂也比緣念地獄好啊！緣念東方藥師琉璃光世界不都很好嗎？緣念地藏菩薩就是自己的性，自己的心，自己的相分。鈍根這兩觀都修不成，地藏菩薩就教我們一個好法門，念名號好了。換句話說就是兩種意思，一種是加持消業障，能夠很快的再修觀，另一種念我就是念自己，也就是「真如實觀」。久了也就成了地藏菩薩，「真如實觀」的意思就是這樣。

若得一心，善根增長，其意猛利。當觀我法身及一切諸佛法身，與己自身，體性平等，無二無別。不生不滅，常樂我淨，功德圓滿，是可歸依。又復觀察己身心相，無常、苦、無我、不淨，如幻如化，是可厭離。

一切諸佛、地藏菩薩、文殊菩薩、觀音菩薩、普賢菩薩，證得同一個法身；能夠做到邊念地藏菩薩的名字，邊觀地藏菩薩的法身，意根猛利。觀我的法身也就是諸佛的法身，諸佛的法身跟自己的法身平等平等。剛才説念地藏菩薩就是自己，自己也變成地藏菩薩，是無二無別的。因為不生不滅法，常樂我淨的功德是可歸依故。不過翻回來説，如果對這個世間沒有厭離心，念地藏菩薩會念不下去，想到兒子、妻子、丈夫、家庭眷屬、洋樓、公司等等。不得厭離，地藏菩薩念不進去，念念在那兒想，怎樣保住洋樓、財產。不生厭離是不行的。

如果你觀察自己的身心是無常的、是苦的、是無我的、是不淨的，那對著前面的「常樂我淨」四德，就是四種煩惱。如果能用厭離心觀察自己如幻如化，就增勝厭離，厭離什麼呢？厭離一切世間，心樂地藏菩薩，心樂法身，如是兩相結合。因為現前我們這一念心就思一切十方諸佛所依恃的，一切的依正二報，都是依著現前一念心；但不能達到那種境界是什麼原因呢？因為對現實環境沒有厭離心，若有厭離心，虛妄雜染都消失清淨了。

若能修學如是觀者，速得增長淨信之心。所有諸障，漸漸損減。

一下子達不到，但是信心能漸漸增長。

何以故，此人名為學習聞我名者，

這個人念我名號，現在才算是聞地藏菩薩名號了，這好像是笑話似的。我們每天都在講地藏菩薩，耳朵都出繭了，現在怎麼說才聞到地藏菩薩呢？前面的聞是虛妄的，現在的聞才是真實的。事實上還沒有得到真實呢！要學習學習聞我名字，聽聽地藏菩薩這個名號還得學習會聽，能夠認識地藏菩薩，如果沒有學習，連聽都是妄聽妄聞，不是真的聞見地藏菩薩，念也是妄念，不是真實的念。

亦能學習聞十方諸佛名者。名爲學至心禮拜供養我者，亦能學至心禮拜供養十方諸佛者。

這個時候才能說是至心的禮拜供養，我還在學習當中，學習禮拜供養十方諸佛，學習禮拜供養地藏菩薩。這時候五品位中的讀誦受持解說也是這個意思。

名爲學聞大乘深經者。名爲學執持書寫供養恭敬大乘深經者。名爲學受持讀誦大乘深經者。名爲學遠離邪見，於深

正義中不墮謗者。名爲於究竟甚深第一實義中，學信解者。名爲能除諸罪障者。名爲當得無量功德聚者。此人捨身，終不墮惡道八難之處。還聞正法，習信修行。亦能隨願往生他方淨佛國土。

這個時候要學什麼呢？這段文字是學習「奢摩他」、「毗婆舍那觀」。念菩薩的名字，供養菩薩、供養佛必須用二種觀行來供養，二種觀行來修習。要這樣才能算做一個習信修行，這樣子產生淨心，這樣子學習，才能夠得入。假使願生極樂世界，願生琉璃光世界，願生不動世界，乃至於下回我還願意生華藏世界；那下回再來這世界，就變成華藏世界了。沒有染，也沒有淨，都是隨自己心；染者漸染，淨者漸淨；你看的是什麼境界，就隨著所見的境界有所不同，隨各人的業染，隨現的境界相不同。

復次，若人欲生他方現在淨國者，應當隨彼世界佛之名字，專意誦念，一心不亂。如上觀察者，決定得生彼佛淨國，

善根增長，速獲不退。

前面說願生淨佛國土，但是地藏菩薩說了，願生那方的國土，那個淨佛國土，那個世界的佛叫什麼名字，就念那個名字，但是得達到一心不亂。不止《阿彌陀經》上說要至一日乃至七日，《占察善惡業報經》上，地藏菩薩也告訴你決定能生。但是要能夠有二種觀行，就是「唯心識觀」或者是修「真如實觀」，決定能生彼淨佛國土。這不是說觀行修成了，而是說學習修觀，念著淨佛國的佛名，決定能生。並不是修成了，如果修成了，到淨佛國土去幹什麼？修成了自己就能夠度眾生了。因為這段文義是隨順眾生的意思。隨順眾生的緣，地藏菩薩方便眾生種種的想法，種種的障礙，這個修不成，換個方式。這個也有困難，再改個方式。念阿彌陀佛到極樂世界也好啊！但是必須得加這兩種觀行。兩種觀行怎麼修呢？「一心不亂」就具足兩種觀行了，「一心不亂」就是定了，能夠達到一心觀行，阿彌陀佛綿密不斷，定慧具足了。這樣來念阿彌陀佛，決定能成。但是得在三業清淨之後求。

這下卷所說的一切法都是在上卷的前題下求的。三業不清淨不能達到這種境界。障緣就會生起，如是者應當怎麼辦呢？因為我們要想求離障緣，這障緣包括很多，不只是修淨行的障緣，就是我們做世間的事業，或者要求家宅平安，要是家裡大人小孩有生病的，這都是障緣。至於求生淨土那是死了之後的事。怎麼辦呢？地藏菩薩教我們就是求生淨土也有幾種方便，依著方便法門修。有些方法不相應，可以換一個法門。最後說到念佛名，怎樣念法呢？

當知如上一心繫念思惟諸佛平等法身，一切善根中，其業最勝。所謂勤修習者，漸漸能向一行三昧。若到一行三昧者，則成廣大微妙行心，名得相似無生法忍。

這是講一心的殊勝因緣，這個是特別殊勝的。這一心所講的二種觀行，就是依著「一實境界」。「一實境界」是什麼呢？念阿彌陀佛，阿彌陀佛就是「一實境界」，但是念阿彌陀佛的方法不同，怎麼不同？「繫念」，繫就是繫住的意思，就是心繫住這一念，念什麼？念佛的法身，並不是我們所看到的像，泥塑木雕形相的相，而是從這個形相顯示，思惟諸佛的法身。這已經講過了，再把它重覆一下。精勤不懈的勤修習，繫念佛的名號。念阿彌陀佛，從這個名號觀諸佛的法身跟我們是平等的。

有人問《占察善惡業報經》不是消業障嗎？念佛的名號怎麼能達到消業障？怎麼能成為「一行三昧」呢？要是就狹義講「一行三昧」，念阿彌陀佛就是阿彌陀佛念佛法門，這是行門；但是要懂得既然是念佛的法身，釋迦牟尼佛、東方藥師琉璃光如來，乃至於十方世界，一切的諸佛，包括自己，也包括一切眾生，這是繫念法身了。前面講過一次，一行即一切行了。雖然是念阿彌陀佛，具足了二種觀行。這裡頭包括一個「奢摩他」，一個「毗婆舍那」。

一心繫念的時候，就是「一實境界」。如果前面占察輪相三業清淨了，得了相應。那麼這念佛的功力，特別殊勝不同。念「一行三昧」，念佛的功行成就了三昧。一行即一切行，這就是圓滿的。這圓滿的功德是從繫念起的，從一心來的。一心就是「一實境界」。繫念「一實境界」，這「一實境界」就是諸佛的法身。念阿彌陀佛就是阿彌陀佛的法身，包括自己，也包括一切眾生。念法身，這叫微妙觀行，這就相似得到無生法忍。這種念也不是究竟得，也不是分證得。

佛的法身是什麼樣子呢？無相的，念一聲阿彌陀佛，觀想阿彌陀佛的紙像也好，木像也好。那法身遍於像上，也遍於自己的心上，自己跟佛就自他無二了。這種境界是很深的，這是到三賢位的菩薩了。這是發菩提心由十信滿心位了，發菩提心得相似覺位，這種行是比較困難，在《阿彌陀經》上講念阿彌陀佛，念到若一日、若二日乃至七日，念多少天不是問題，問題在要念到一心不亂。不亂的意思不是我們講的不打妄想了，這個「一心不亂」就是法界，繫念於「一實境界」相而不亂。

要是沒有達到相似的法界性本體，永遠是亂的。那不是像我們說這樣念念，沒有其他的念頭了，這不是「一實境界」，必須得觀佛法身與自己的法身自他不二，乃至於觀一切眾生的法身都是自他不二，能夠這樣才能入「無生法忍」。什麼叫「無生法忍」？後面我們要詳細的講，這裡就是先著重繫念諸佛的平等法身。持佛名號跟地藏菩薩有什麼關係？下面就講了。

以能得聞我名字故，亦能得聞十方諸佛名字故。以能至心禮拜供養我故，亦能至心禮拜供養十方諸佛故。以能得聞

大乘深經故。能執持書寫供養恭敬大乘深經故。能受持讀誦大乘深經故。能於究竟甚深第一實義中，不生怖畏，遠離誹謗，得正見心，能信解故。決定除滅諸罪障故。現證無量功德聚故。

這裡講聞思修三慧。現在我們在這兒聽，聽完了地藏菩薩的名字。但這是以散亂心聽的，不是圓聞，這段經文承上面來的是圓聞。我們大家聞到地藏菩薩名號是很不容易的，我們不要輕易看過了。如果不是前生和地藏菩薩有善因緣的話，聞不到他的名字。他說，你聞到我的名字就是聞到十方一切諸佛的名字了。至心禮拜供養我，也就是能夠至心禮拜供養十方諸佛了。甚至於聞了地藏菩薩的名字，就說明了能夠得聞大乘甚深經故，所以也能夠讀誦，也能夠書寫，於佛的究竟甚深第一義中，不會恐怖也不會畏懼。再翻過來說，能夠得聞見地藏菩薩的名號，就得這麼大的功德，那麼這就是聞慧了。要聞思修三慧皆圓滿，圓思圓修。

一聽到名字就是名字位的菩薩了，但這裡面有觀察，我們的題目就是《占察善惡業報經》，察就是思慮。能這樣對佛所說的一切教法裡的實義，不生恐懼，絕不會去誹謗，能得到「正知正見」的心，能夠產生一個信解就不容易了。聽聞了之後一定要思惟，思惟就是觀行，觀行就是修心，思惟就是思念想，這個想就是觀行位的思想，相似覺就是相似慧的思想。這叫聞思修三慧。

所以者何。謂無分別菩提心，寂靜智現，起發方便業種種願行故。能聞我名者，謂得決定信利益行故。乃至一切所能者，皆得不退一乘因故。

「無分別菩提心」是什麼境界呢？我們上面所說的「一實境界」。菩提心就是覺心。我們說菩薩的涵義具足，就是「菩提薩埵」，翻成華語就是「覺有情」，使一切眾生覺悟。使一切眾生覺悟，自己必得先覺悟，而後才能使一切眾生覺悟，這叫菩提心。菩提心有三種，就是直心、深心、大悲心。直心，正念「一實境界」，正念真如深心，「一實境界」是空的，真空絕相屬於理法界。深心，樂具一切諸善行，一點點小的善事，菩薩都要去做；一點點利益眾生的事業都要去做，樂集一切諸善行。發了菩提心就有這麼大的功力，就要這樣做。

第三種是大悲心，大悲要拔除一切眾生的痛苦，為什麼他要受苦？受的苦是果。怎麼來的苦因？菩薩的大悲心要拔除眾生的苦因。不是在某件事上看他生病了，給他消消災；做生意賠錢了，簡直就活不下去，給他祈禱發個小財，這個解決不了問題。要讓他覺悟，自覺世間皆苦，這苦也就斷了，這叫大悲心。

但發菩提心不是一句話！涵義非常深，既要觀空而不捨有。利益一切眾生的功德行才能成就佛果，無量性功德的莊嚴。為什麼要這樣說，能聞到我的名字就有這麼大利益？因為發了菩提心。因為無分別的菩提心寂靜智現，就是「奢摩他」。前面說「奢摩他」就是寂靜的意思，就是「奢摩他觀」。從這個啓發方便義。「毗婆舍那」就是觀方便，就是悲。沒有智慧，一切利益眾生的事做不成，要發願要起行，最根本的基礎都是能聞我的名號故。地藏菩薩說，能聞我名故決定信解。有人問：聞地藏菩薩怎麼會有這麼大的力量呢？因為他是究竟成就的人。

若雜亂垢心，雖復稱誦我之名字，而不名爲聞。以不能生決定信解。

沒有聽到我的名字，沒得聞慧，所以不能生決定信解。為什麼這樣說呢？因為信「一實境界、二種觀行」，信的力量沒有得到慧解，智慧沒生出來，簡單說就是還沒有明白呢！沒明白「一實境界」和「二種觀行」的意義，這樣有沒有利益呢？有的。

但獲世間善報，不得廣大深妙利益。

人天的果報是絕對具足的，但是上面說的「相似覺」，至於廣大深妙的利益，還不行！要是沒有從散亂心念起，怎麼能達到繫念一心呢？所以我們大多數的時候都是散亂心。不過不必灰心喪氣，因為我們的散亂心能達到一心繫念，不能夠一心繫念是有種種障礙給我們障住了，障住我們的心不能那麼清淨，但是從雜亂能逐漸的消滅，使信心增長。逐漸的由雜亂變成清淨。雖然沒有得到深妙的利益，但人世間的利益，三界的利益是得到了。

如是雜亂垢心，隨其所修一切諸善，皆不能得深大利益。

如果沒有開圓解圓，沒有明白「一實境界」，沒有達到「心寂色寂一行三昧」，那他所行的善業得不到大利益，也就「皆不能得深大利益」。非得用開圓解圓修法，無法不圓，那就隨便修點善法都遍及十法界。為什麼大家發心誦經或者拜懺都回向法界一切眾生？就是學習著修法界觀，不局限於自己六親眷屬，不局限於自己，心遍法界的意思。

隨心量擴展，利益就大了。雖然修行很辛苦，但是依著雜亂垢心想得甚深的利益，那是不可能的，雖然也修「一實境界」相，也修「奢摩他」、「毗婆舍那」，但如此修又像沒有修似的。為什麼呢？因為主導的功能沒有達到，心還沒有做到。

善男子，當知如上勤心修學無相禪者，不久能獲深大利益，漸次作佛。

這個地方也是講禪，「無相禪」就是指「一實境界」。禪者禪那，就是靜慮。靜慮就是思惟觀察。在這「一實境界、兩種觀行」，修「唯心識觀」、修「真如實觀」的時候，沒有生死相。既無生死相，也無涅槃相，所以就叫「無相」，也就是無生無滅，不垢不淨，不增不減的意思。但它具足了正觀定慧，由此能夠逐漸的達到成佛。下文就解釋什麼叫深大利益？

深大利益者，所謂得入堅信法位，成就信忍故。入堅修位，成就順忍故。入正眞位，成就無生忍故。

在《華嚴經》、〈大乘起信論〉、《梵網經》或者《十地經》、《金剛經》上叫三世心，現在把這三世合成一個「堅信法位」，堅信成就一個什麼呢？信忍，這個忍一般是「忍可」的意思，解釋有很多，有二忍、三忍，乃至最後達到十忍。這個信呢？「忍可」有信心力。這個忍就是指著「一實境界」了，這是就圓教來講解。小乘的人就不同了，人家惱害我，人家的語言行動或者在利益上對我有害，這種忍就是生忍、勤苦的修行，修苦集滅道四諦因緣，知苦、斷集、擇滅、修道，這樣叫「法忍」。「生忍」是淺，「法忍」是深，但這是小乘教義。圓教講的就不同了，「忍可」是什麼呢？就是承認了十法界皆空，不但眾生法界空，就是佛法界也是空的。這就是「生忍」。十法界的「一實境界」相是對著不實境界說的，「一實境界相」也不安立了，這叫「法忍」。這是圓十住了。信這種忍，堅信不移的時候就是初住位菩薩，信自己和佛法身無二無別。「楞嚴經」上說的：「何藉劬勞，肯綮修證。」就是用死功不得行的。我剛才說的三種心指已登了地的菩薩。順了真的，才成就「無生法忍」，就是認為一切諸法無生無滅平等，佛亦如是。沒有修也沒有障，這是究竟的。下文還要解釋「信忍」。

又成就信忍者，能作如來種性故，成就順忍者，能解如來

行故，成就無生忍者，得如來業故。

「成就信忍」，得了信位，那就是決定成佛。登了十住就永遠不會退，就是得到如來的無漏智慧所起的不可思議定。定即是「奢摩他」、「毗婆舍那」二觀行。但「一實境界」中，這叫如來境界。「成就順忍」，能夠明白如來所行法、所修法，自己也能夠如是做，隨著如來去做。再進一步就能成就什麼呢？「無生法忍」。這時候發出來的智慧就是一切種智。對如來的事業能夠得到成就，就是佛了。就是修「一實境界」法，修圓滿了。我們前面講的「一實境界、二種觀行」都修圓滿了。

漸次作佛者，

「信忍」就是信堅固了，「順忍」解如來行，「成就無生法忍」就是作佛了。

略說有四種。何等爲四？一者，信滿法故作佛。

信心滿心登了初住，叫發心住。這一發菩提心，剛才講的真心證念真如達到了，能夠直心，一心不亂繫念真如，身心樂見一切，三行也在做，終日度眾生，不見得眾生相。這就是大悲心和智慧的關係，以智慧指導大悲心，不是愛見大悲，這叫信滿了，十信滿心了。

所謂依種性地，決定信諸法不生不滅，清淨平等，無可願求故。

第一種信一切法不生不滅，清淨平等、生佛無二無別，眾生跟佛是一樣的。

二者，解滿法故作佛。

信解行證，先是信，後來是解，完了行，完了證，證得，那是究竟證得。入信位而且確實自己生出慧了，能夠依著「一實境界」去起修，與觀行同時進行。

所謂依解行地，深解法性，知如來業無造無作，於生死涅槃不起二想，心無所怖故。

「無造無作」，究竟達到這種境界時，修即無修。不像我們是完全不修。達到這種境界是天天修而沒有修了。天天度眾生而無眾生可度，但是隨順法相同，眾生不能理解了，還要啓發眾生，是這樣的修行，「深解法性」，知道如來業無造無作的，這就叫生死即涅槃，煩惱即菩提了。我們凡夫是真煩惱，而他自己不起煩惱，看到眾生煩惱，也認為是菩提了。離開煩惱沒有菩提，離開眾生沒有諸佛，這個意思是很深的。我們信相修相，乃至初步的信都很不容易信入。不起二想，這樣子永遠沒有師長，三大阿僧祇劫也沒有師長，沒有恐懼，沒什麼長遠，時無定體，依法相立，是依心而立的。

三者，證滿法故作佛。

「證滿法」，就是所要證得的、所發的願力都已經填滿了。

所謂依淨心地，以得無分別寂靜法智，及不思議自然之業，無求想故。

登了地的菩薩從歡喜地一直到法雲地。

四者，一切功德行滿足故作佛。所謂依究竟菩薩地，能除一切諸障，無明夢盡故。

天台宗的「六即佛」，這是「究竟即佛」，達到究竟成了。以下就把幾種修習的方法講一下，不過有些是初機修行的，有的是出世間的，有些像禪宗，直觀真如。現在把它重覆一下，因為上面這些境界沒有次第，很不容易理解，所以地藏菩薩跟堅淨信菩薩又說一個漸次。

復次當知，若修學世間有相禪者，有三種。

剛才說「無相禪」。相對的是「有相禪」，什麼樣叫「有相禪」呢？有三種。

何等爲三？一者，無方便信解力故，貪受諸禪三昧功德，而生憍慢，爲禪所縛，退求世間。

我們前面說的信解力，沒有信，解更沒有了。修禪貪受諸三昧功德。我們有些人靜坐時得到一種輕安的境界，三、四個鐘頭自己也沒有感覺，或者靈魂出竅了，這是世間三昧，有這種境界相就驕傲了。或者是能發通，漏盡通沒有，前五通或者是天眼通，天耳通、宿命通，但是沒有漏盡通，不能證果，不能斷惑，就被這個禪位給束縛了。

有的是四空天、無所有處、識無有處、非非想處這種境界，比我剛才說的更深了，一入定就入多少劫；他是觀空而入定的，那個空和這個空是不一樣的。這是在有上觀空，當體即空，利益眾生不見眾生相，他那樣觀空不能利益眾生。他利益眾生干擾了他自己，必須得找寂靜處，必須得這樣修，形同枯木。這樣修就產生一種驕慢心，本來修這個禪定也能向前進展達到出世禪，但他一生驕慢心，驕慢心是二十個隨煩惱裏頭的一個。見惑還沒有斷，初果聖人還成不到，所以就退到世間法去了。這是第一種，世間禪沒有信解力。

二者，無方便信解力故，依禪發起偏厭離行，怖怯生死，退墮二乘。

這是二乘的禪定，因為對生死苦有恐懼，厭離世間，觀世事無常、無我，觀受是苦。這個觀是觀身不淨，這種觀本來可以由此遍，觀身不淨就偏離了。他不曉得還有無漏性功德，要是沒有這個，什麼道也修不成了。菩薩是不貪求而留淨惑，二乘人是斷了，斷後才能證，但他所證的涅槃是偏空，這是第二種禪。

三者，有方便信解力，

這就不同於二禪了。

所謂依止一實境界，習近奢摩他毘婆舍那二種觀道故，能信解一切法唯心想生，如夢如幻等。雖獲世間諸禪功德，而不堅著，不復退求三有之果。又信知生死即涅槃故，亦不怖怯，退求二乘。

菩薩作一切事，不執著功德。倘若我作件好事，利益人家了，心裡沒有利益的我，也沒有所利益的人；做什麼事情都無人無我的，絕不計較功利。這種境界我們也會有，對一件事情，但也是不關痛癢的，或者拿出一百塊錢來，那數目不太大，周濟周濟別人。要是拿一千，拿一萬，要是作的時候，就想我作件大功德了。心想我在莊嚴寺塑了幾尊佛像，我這功德不小了，這就錯誤了。一著相，功德局限了。不是完全沒有，但功德小了。要是功德不局限，無我相，無人相，無壽者相，無能塑者，也無所塑者，無能無所，這功德不可思議。這是形容，能夠看到一切法都是心生的，心生則種種法生，看一切諸法如夢如幻。「雖獲世間諸禪功德」，世間禪是九次第念，〈摩訶止觀〉上講，世間禪還沒入佛門呢！

「不復退求三有之果」，人天的果報修習，這些善果不貪著，連想都沒想過。又信生死即涅槃故，所以不怖畏，也永遠不會退求二乘。退求二乘是不知不覺的退，不是有意退的。怎樣退二乘呢？好比行菩薩道有厭煩心、有悔心，好像信了佛之後對佛門三寶做了很多事，然而自己感覺到什麼也沒有得到，同時看到生死流轉，對地獄相也沒有消失，看三塗畜牲，腦子裡思想緣念生恐怖，這種境界相大部份做夢的時候就會出現了。因此生恐怖，想菩薩道難行啊！自己了脫生死才是真的。所以念佛法門就是心裡念佛，大多數心想我念阿彌陀佛是作好事，就是真心念佛的人也是求自己往生而已，沒想到眾生，沒想到阿彌陀佛的願是什麼？觀世音菩薩在極樂世界那麼舒服，沒有煩惱的地方他不待，跑到這兒來幹什麼？從來沒想過這個，只知道是來度我們的，那麼我們在這個世界上為什麼不度度眾生呢？你說我不知道怎麼做？知道好多就算好多吧！把自己知道的對人說，這個效果還是不錯的。這就叫有怖怯，也可以說是退求二乘吧！我們說二乘都是自己了，只顧自己莫管他人。

中國的哲學常有這種理論，也是能忍能退讓，但不是積極的，像「勸君自掃門前雪，莫管他人瓦上霜。」別多事！這類事很多，看著也不錯，像宋朝一個宰相姓張，他們家的地給鄰居佔去了一兩尺，他的兒子給他修書，要他以權勢來解決問題，他就寫了一封回信說：

「千里修書只為牆，

讓他幾尺又何妨，

萬里長城今猶在，

不見當年秦始皇。」

在我們看來這很好了，不是退讓，與人無爭了嗎？但這僅僅屬於人天。要是積極點，有貪求的把他度一度，那就對了。這個惡人很壞，離他遠一點，就沒想到轉化這個惡人為善人能解決好多問題。如果力量不夠，把六親眷屬轉掉一些，別只顧自己，這就是菩薩道。從小到大，從身邊的六親眷屬，乃至周圍的朋友，所接觸的社會人士，能夠發心，真是大悲心感化他，但自己得先修「唯心識觀」，觀想他跟我一體，他惡！我把他當成觀世音菩薩，把他當成阿彌陀佛看成一體。要是真有這種心，不會退墮的。這些都是隨順「一實境界」相，真正的「一實境界」相就空，沒對待的。但是現在這不容易入，得做種種方便。

這又恢復了為什麼要用占察輪？這就明瞭了，自己沒有種種功行，就求地藏菩薩來幫助我們，照他的方法做一做吧！雖然如此，我們還要知道「一實境界、二種觀行」，前半卷是講事，讓你能夠入得信仰「一實境界」。為了達到這目的，地藏菩薩說了很多的方便。最後他說，你實在入不了，就念我名號好了，修別的都修不成，也不能達到一心，就散亂心去念，多修吧！

如是修學一切諸禪三昧法者，當知有十種次第相門，具足攝取禪定之業。能令學者成就相應，不錯不謬。何等爲十？

地藏菩薩說到這兒之後，不論修那種禪，那種靜慮都有十種次第，恐怕不容易深入，又修十種情況使你能夠深入，不論你修的有相，乃至無相都依著這十種去觀想。

一者，攝念方便相。

怎麼樣能夠一心繫念？用什麼方便法門？這個在天台宗止觀上講的最多，這要專門去學習。止觀有很多，在〈摩訶止觀〉裡，為了攝念方便，我選了幾種。第一要具足四種緣幫助我們，起個心信佛，信地藏菩薩，這是因，得緣幫助。想繫念真如？怎麼來攝念？要具四種緣，第一種是「增上緣」，給你做增上用的。我們把種子種到地底下去，沒有水土、沒有人工，能長東西嗎？能結果嗎？不可能的。得加水乃至培育，這叫緣。

我們想攝念方便，第一個要滅罪，因為有罪障，所以智慧不開。以什麼作為我們的增上緣呢？以佛做我們的增上緣。我們念阿彌陀佛，念一句阿彌陀佛消十億重罪，這就是我們的增上緣。因為你如是念，能如是消罪，所以叫增上緣，這還沒有說到一心繫念。

第二種攝念的方法能夠使我們得長命。誰也不想短壽，還是想活下去，還是希望好。現在境遇不好，總有好的一天。現在窮，將來總要發財的。死不願死，還得找個護壽命長的辦法。怎麼辦？求諸佛菩薩來護念，這個時候念阿彌陀佛也好，念藥師佛也好，念地藏菩薩、念觀世音菩薩也好，這是第二種念。第一種是佛為我們的增上緣，第二種是護念的增上緣。

第三種呢？是見佛的增上緣。我們現在找不到真佛了，連化身也找不到。三昧增上緣，那麼就是我們念佛往生，也不是靠自力，靠阿彌陀佛四十八大願的加持力，度這個娑婆世界的眾生。他能夠攝受你到他那個國土去。因為他有這個願力，十方諸佛就配合他。《彌陀經》就說這個法，這是無問自說，沒有當機眾的。

第四種就是證生的增上緣。證明在你命終的時候，能夠得生淨土。這是攝念的方便。總的說，念阿彌陀佛，求阿彌陀佛加持，念念從心起，就是妄心也好，念佛的時候不要離開心了。不要只是口念，心裡想另一邊去了，這是不行的。還有要修觀，觀什麼呢？觀想五欲境界，五欲就是色聲香味觸法，財色名食睡，地獄五條根，莫生貪戀。這給我們做增上緣，一貪念五慾，善念就沒有了，隨著五慾沈墮了。隨時念五蓋，什麼叫五蓋呢？「蓋」是蓋覆的意思。什麼是蓋覆呢？煩惱。五蓋是煩惱的別名，蓋覆人的心，使善法生不起來，所以叫五蓋。五蓋就是貪慾、瞋恨、睡眠、掉悔、懷疑。尤其是懷疑，任何法都信不進去。我們大家心想念佛，想壯大一點，多邀點道友大家都念。他不信，怎麼說都不信。缺少個因，雖然給助緣，還是不信。因為他懷疑這是迷信，對他沒有好處，說不定還要捨幾個錢。信了佛見了和尚要化緣，進廟裡要化緣。心裡感覺沒有好處，還會損失划不來。這是什麼呢？沒有這種因緣，善法善業生不起來。大致就這麼多吧！攝念方便還很多，凡是三十七道品，五根，五力，七覺支，八正道，那名相太多了，大致知道這麼幾個就行了，這叫「攝念方便」。

二者，欲住境界相。

就繫念緣生一切諸法，這是觀相，就觀地藏相。使我們的心繫念於地藏相上。因為我們的心散亂多，就是念經的時候，散亂也多，就繫念於所讀的大乘經典上。邊念著經，最初生疏的時候，妄想少些，恐怕念錯了。念熟了，特別是會背的時候，一邊念經，一邊打妄想。念念不曉得跑到那兒去了？這個情況很多，誰都有這種境界，我是經歷過的，因此你要繫念住這種境界相，不論觀什麼境，繫念於這個境上。觀佛也好，就像前面說禪定也好，制止這個心。要是有大乘心，善根深厚的就能體真止。體就是體性，真是真如，止就是定。住這個境界就是「一行三昧」了。

三者，初住境界，分明了了，知出知入相。

前面是說一個安心法。這個法已經學會了，心能夠安了，《金剛經》上須菩提問佛，我這個心怎樣的住？云何應住？云何降伏其心？就是我這個心降伏不了。剛才我們說的那些境界，比如發火了，瞋恨某些人，降伏不了；或者一個貪念也降伏不了，這種種心很不容易降伏，很紛亂。分明的出入相，我們舉個例子，能夠覺照出氣入氣，分明了了的一呼一吸，這就是學天台宗初入門的數息觀，由呼轉吸平靜的出入相，粗細了了分明，然後入定，這叫「了了分明相」。

四者，善住境界，得堅固相。

這是已經得到安心，心已能善住於上面所說的出入息，分明了了，還是不行就住在這分明了了上。

五者，所作思惟，方便勇猛，轉求進趣相。

這在欲界上已經得定了，不滿足現境還要進趣，要「明心見性」，想入體真止觀，就像「奢摩他」、「毘婆舍那」二種觀行。

六者，漸得調順，稱心喜樂，除疑惑信解，自安慰相。

這還只是欲界的，還沒有究竟成佛。心漸漸就明亮了，能夠自識自心。如果是大乘，就修體真止了。當體的修真如觀行，修真如定了。

七者，剋獲勝進，意所專者，少分相應，覺知利益相。

自己覺得自己有收穫，是定已經得到收穫了。

八者，轉修增明，所習堅固，得勝功德，對治成就相。

修觀的九種境界是一般講修觀最初應當得到的。修了了分明一覺，二觀照，照就是智慧。三喜，一打坐一入定，生起一種歡喜心。四樂，樂比喜還要進一層。喜是心裡初步的樂，是高興的微笑和大笑不同，但這是心裡的境界。最後達到一心，就是一心不亂的意思。心不退不轉，無雜念，什麼都沒有，清明了了的。

九者，隨心有所念作，外現功業，如意相應，不錯不謬相。

如果在世間相上講，在九次第定講，這種境界能生起這些變化了。

十者，若更異修，依前所得而起方便，次第成就，出入隨心，超越自在相。是名十種次第相門，攝修禪定之業。」

例如修初乘，往前進二乘，就不是前面所修的，跟前面所講的產生變異了，或能四空，修識無有處，「唯心識觀」就能夠達到這種境界了，心識還不是遍一切法界。地藏菩薩把這九次第定，融入十相觀，也就是前面入不進去，可以這麼一步一步來。就是「唯心識觀」或者修「真如實觀」，世間出世間禪也必須經過這些相。修實相觀要觀一切眾生，忘了我，也忘了眾生相，還要利益眾生，這種觀是同體大悲。因為我和眾生同一體故，和十方諸佛同一體故。求成佛不是我分外的，利益眾生也是我分內的事情，其因呢?同一體故。

爾時堅淨信菩薩摩訶薩，問地藏菩薩摩訶薩言：「汝云何巧說深法，能令眾生得離怯弱?」

上面已經開示很清楚了，先說「一實境界、二種觀行」。修時淺近的能得入，能得到些境界，但有些鈍根的聽了還是不明瞭。前面說「真空」，後面說「妙有」，真空妙有具足「空假中」。「有」是世間相，「空」是出世間相，完了到「有」。但有些人還是不能悟。堅淨信菩薩覺得還有一部份鈍根的人，不能理解，所以他又請地藏菩薩，說你不是能夠巧說深法嗎？能夠勸眾生離怯弱嗎？請問的意思。希望地藏菩薩再善巧的說，說得更淺顯一點，能夠勸有怯弱思想的眾生信入。

地藏菩薩摩訶薩言：「善男子，當知初學發意求向大乘，未得信心者，於無上道甚深之法，喜生疑怯。我當以巧便宣顯實義，而安慰之，令離怯弱。是故號我為善安慰說者。」

有些眾生心量很小，聽到甚深法聽不進去，沒有勇猛精進的心，那怎麼辦呢？慢慢的給他解說。因為初發心或者求大乘，但是對大乘還沒有信心，對無上菩提甚深的道理，不但不能生起法喜，而且生起懷疑膽怯，所以我常善巧方便，宣說實義。《占察善惡業報經》前半段就是地藏菩薩特別的善巧方便。

本來占卜星相，佛制戒律是不許可的。所以堅淨信菩薩向佛請說，佛就告訴他在這會中有地藏菩薩摩訶薩，你去請他，他有善巧方便，給我們說一個。要是有懷疑不明白的，就用占察輪占察占察。地藏菩薩的本意不是讓我們去學世間法，而是讓我們修學的時候，問這個法對我相應不相應？我也沒開智慧眼，我也不知道哪個是善知識？不是善知識？跟了一個錯誤的老師，不是掉到火坑裡去了嗎？所以這個占察輪相就告訴我們，我所跟隨學法的人，如果不是善知識，不要跟他學。跟著學法的人一定得是善知識，能夠引誘我們入正道，將來才能成佛。起碼也不失人天乘的果，來生再修吧！如果墮入三塗，就沒有修行的機會了。這不就是善巧方便嗎？

所以一切諸佛稱讚地藏菩薩是善安慰說者。他的發願就是地獄未空，誓不成佛，地獄是最苦的。對於大乘的空義，眾生都是執著的多。要是說什麼都沒有，這種思想信不進去，而且空的思想也不是什麼都沒有，還有無漏性功德呢！還要樂集一切諸善法呢！是這樣的一個空，但是不理解這都是本身具足的。所以我成為善安慰說者。

云何安慰。所謂鈍根小心眾生，聞無上道最勝最妙，意雖貪樂，發心願向。

地藏菩薩又進一步解釋了。下卷基本的法，主要的義是對治那些執著人說的。修大乘的善於空談，說我與佛無二無別，地藏就是我，我就是地藏。「地」是心，「藏」是性藏，用不著修了，佛在經上也這樣說，「何藉劬勞，肯綮修證」，那心又怎能明呢？所以地藏菩薩反覆的說，是專門對著那些不行、廢修的。乃至於給我們一個方便法門，就是稱我的名號，那最方便了。這就是安慰了。如何安慰呢？心量很小的眾生一聞到無上道，最勝最妙也發心了，也希望達到，但是又產生第二種思想。

而復思念，求無上道者，要須積功廣極。

要廣積一切功德。

難行苦行，自度度他，劫數長遠，

時間還長！那我得在生死中來回流轉，太勤苦了。

於生死中久受勤苦，方乃得獲。以是之故，心生怯弱，

以是之故，我還是不幹！

我即爲說眞實之義。所謂一切諸法，本性自空，畢竟無我，無作無受，無自無他，無行無到，無有方所，亦無過去現在未來。乃至爲說，十八空等，無有生死涅槃一切諸法定實之相而可得者。又復爲說，一切諸法，如幻如化，如水中月，如鏡中像，如乾闥婆城，如空谷響，如陽燄，如泡、

如露、如燈、如目曀、如夢、如電、如雲。煩惱生死，性甚微弱，易可命滅。又煩惱生死，畢竟無體，求不可得，本來不生，實更無滅。自性寂靜，即是涅槃。

這是善說第一空，顯第一空，這段意思就是空義。空就是沒有，沒有就是空了。但有十八種境界相來顯這個空，叫十八空。一者內空，二者外空，三者內外空，四者空空，五者大空，六者勝義空，七者有為空，八者無為空，九者畢竟空，十者無際空，十一者無散空，十二者本性空，十三者一切法空，十四者自相空，十五者不可得空，十六者無性空，十七者意性空，十八者無性自性空。生滅涅槃一切法皆空。怎樣善說呢？對什麼機說什麼法。

十八空，說那麼多空幹嘛？說一個空就好了，把煩惱空了就行了。性德是不空的，但是在這上面，性德也空了。就像看到燒盡的油燈，早晨的露水，太陽一出來就沒有了，眼睛有毛病長翳子，本來沒有相的，長翳子看上去有個假相，實際上是沒有的。這種種的比喻是顯示空義。為什麼要這樣說呢？眾生把一切煩惱，一切事物當成實有的了。煩惱就是這樣生起的，空了就不會再生煩惱了。有一個笑話，有一位黑夜做夢的出家人，夢到狼要吃他，他就逃。一下子栽了筋斗醒了，原來是做夢，心想該布施給它的，反正是做夢嘛！讓它吃了不就行了。

這是什麼意思呢？等到他醒了，就知道。做夢時，當成實有的了。醒了才想起布施，不就成道了嗎！我們現在都在做夢，拿這個笑話來印證我們自己，當我們命盡了一醒，啊呀！又做了一個夢。修行有點功夫，不會下地獄，知道也不會來了，心裡才明白。這是須菩提所證的空義。二乘人所證的涅槃就是證得空義而已。但只是半邊，為什麼呢？因為不能再返回去，有這個不空的無漏性空德。

這裡有座乾闥婆城怎麼會是空的？解釋一下。乾闥婆是香神，我們經常說天人不是人，乾闥婆城有天乾闥婆、有鬼乾闥婆、八部鬼神眾的鬼有個乾闥婆，翻成中文就是香神。他本身就是氣體，他的城哪有呢？沒有了！這是形容空義，用乾闥婆城來做這個比喻。

如此所說，能破一切諸見。損自身心執著想故，得離怯弱。

復有眾生，不解如來言説旨意故，而生怯弱。

前面講空義，空一切法的道理，執著有的眾生很不容易信入。地藏菩薩感覺到末法眾生的執著心特別強，所以說了那麼多的空，就連佛所證的涅槃也是空的，像這樣一切的知見不都是破了嗎？對於我們這些眾生，執著心屬於情，情就是我們所具足的，一般講的七情，喜怒哀樂憂恐驚，在我們生活當中離不開這些。高興的事情生了歡喜，相反的就憂愁，這叫情見。我們的情見是執著，剛才說那麼多空是破什麼呢？破我們執著的情見。我們看問題的看法，見解很不容易破。一個人看問題的看法往往跟別人有出入，固執己見是我們一般常說的，總認為自己的看法是對的，認為人家是錯的。那麼一切法都空，就沒有正確可得，完全是顯般若的意思。念《金剛經》，念《心經》都說這種空義，但是缺乏「重重無盡」！

以下就要講不空了。因為眾生儘給他講空，把見奪了，他感覺到無所捉摸了。往往執著得更厲害，執著奪掉了，他感覺到生命也沒有了。所以上面說的十八空，不但法空，連空法也空了，空還空什麼呢？舉例說像修識無邊處，無所有處，非非想處，修這些定的時候，入的就是空了。我們說這個空不是真實的，是假的，這個空是不空的，這個空也給他空掉，把能空的用心也要空掉。

十八空，我們不一個個解釋了。大體的意思就是世間法都把它空了，因為這個有情執，出世間法也是空的，大家讀過《金剛經》，佛對須菩提說二乘所證的果位不是真的，他的涅槃是假的，不但那是假的，就連佛所證的涅槃也不是真實的。

什麼是真實呢？「一實境界」是不空的。如是觀的話，得離怯弱，沒有恐怖感了，像這種道理不僅破凡夫，也是破二乘。我成道乃至於我們修個灌頂法，即身成佛，有個能成者，有個所成的佛，這完全屬於執著。也沒有道可成，也沒有眾生可度，所以佛說，若言我說法有所說者，這個人就是邪見。《金剛經》上不是這樣說的嗎？要這樣破除。那還有什麼怯弱，還有什麼時候的長短呢？還有什麼法界周轉的相呢？都沒有了。這樣是不是有些眾生能夠解到這個意思呢？因為一空，反倒認為佛法都是空的，不學也可以。我們真的發生過這種事！

在閩南佛學院講三論體空的時候，三論是指〈中論〉、〈百論〉、〈十二門論〉。在論上講，一切法皆不存在而且講緣生無性，無性就是空。一講空義，小和尚都不上了，乃至於說出家也沒有什麼意思，我求個什麼？求了半天是空的，這是聞法起了副作用。我們做很多事情都會起副作用，應得到的沒得到，讓他證空義沒證到，乃至於有門的功德也不想修了。如果聽到講淫怒癡即是佛性，那就不要出家了。我回家去安個家室，因為那都是佛性，這是錯誤的。這是破二乘人執著的。一切法皆空這種意思，他已經證得空了。對於初學的人那就不行。

《占察善惡業報經》上卷是不空的，如果真的證得空義，那個就不存在了，沒證得都是存在的。所以我們還要占察一下，因為我們迷惑不解，上卷的占察輪相，十法界宛然若在。入「一實境界、二種觀行」，這是給菩薩說的，當機眾不同，法就深入了。我們前面講的就是剛入佛門，都想得點什麼東西，學佛就想消災免難，家宅平安，最初是這個目的，應當給他講布施功德、持戒功德、忍辱功德、精進功德、禪定功德，就是我們前面講的善惡業報，善有善報，惡有惡報，但這不是究竟，要講究竟是後半部了。

必須三業清淨了，用占察輪，讓身、口、意清淨了，那麼聽空義，聽一切法才能領略「一實境界」，才能得到智慧。前面的前題沒有聽到，剛一聽到這個空義，非落斷滅不可。斷滅了也就無佛道可成，也無眾生可度，也沒有什麼叫惡，這是很危險的，斷滅，落頑空，落斷滅見，這個下到地獄的時候還是空不掉。人家打你兩個耳光，瞋恨心馬上就來了，這不是空，那要真空，無我相、無人相、沒有自己身心而後才能入「一實境界」。

這個地方我說多一點，大家要特別注意從有門入，這是甚深境界。按照分位說，不是我們的事情，我們做不到的，因為我們在用上起不到妙用，像我們大陸上說，一切都是人民的，人民為主，這些話是不錯，不論哪個民主國家都是人民為主。大家具體想一想，我們都是人民，管他在哪個國家，我們都是人民。人人跟佛是一樣的，都具足的，我們被煩惱所綁住，解脫不了，什麼都得不到自在。說我是佛，我是菩薩，一天當中煩惱的不得了。兩句話不順心就面紅耳赤的爭的不得了。這是「口談空義，心在有中」，做一切事都是在有裡，那還是從有門入吧！有一類眾生不能理解如來說的意思，生性怯弱。雖然也聞法，也學法，佛說的甚深義沒有理解，講還不理解，要得個灌頂，授個密咒，說一學就形成了，我不相信。就算三藏都懂了，知道咒語總持的意思，能夠用總持攝持前面的一切，這個咒是真懂了。這個咒要念起來才能得到加持，不錯，功德很大；如果完全不懂，那咒語有啥作用？我說不是開悟，而是耽誤了。這耽誤是知見上起了錯覺，不曉得要經過多少劫了！

一切眾生不解如來的言說意義，單有言說都無實義，在言語中去琢磨，越琢磨越遠了，離開言語就行了嗎？更不明白了！在言語中不執著就是了。佛讓我們於一切法無著之意。這不是靠一兩個鐘頭就能夠講一部《占察經》，使大家都開悟了，沒有那麼容易，這得靠自己的思惟修，還有諸佛菩薩加持力使業障漸漸消除，自己開悟就明白了，明白之後自己知道怎麼做，做完了也沒有執著。無罣無礙，但是必須得有智慧，《心經》上不是有這麼幾句話嗎？

「菩提薩埵依般若波羅蜜多故，心無罣礙，無罣礙故，無有恐怖，遠離顛倒夢想，究竟涅槃。」

必須得依般若波羅蜜多，必須有智慧。我們行布施，行慈悲，行喜捨，如果沒有智慧不行。「有慧方便解，無慧方便縛」，就像我們讀小說〈濟公傳〉，濟公他利益眾生，我們就不行了。吃狗肉喝燒酒造了罪，他可以，為什麼？他有智慧，他是覺悟的用，沒有智慧用方便，亂用不能行，一切佛法也如是。他這樣做可以，你不可以，因為你沒證到他那個程度。

換句話說，功力不夠，所以擲占察輪，後面跟前面要結合。雖然擲占察輪相不執著。好，要這樣做，不好，我也是這樣做，就是這樣念了。拜地藏懺，修習這個懺法，我決定這樣修了，是個好相我也不喜，是個不好相我也不憂，這是業報。但是我用什麼方法呢？就用持名的方法轉它，這樣就會起變化，換句話說，禮拜念經念佛持誦都是心，心變則一切法變，感是自己求的，自己應的，這個道理很深。我們一再的講「地」是心地，「藏」是性藏，根據這個來理解如來的言說，所以沒有怯弱，就是歷經三十大阿僧祇劫也沒有關係，因為時間沒有一定的。

當知如來言說旨意者，所謂如來見彼一實境界故，究竟得離生老病死眾惡之法，證彼法身常恒清涼不變等無量功德聚。復能了了見一切眾生身中，皆有如是眞實微妙清淨功德，而為無明闇染之所覆障，長夜恒受生老病死無量眾苦。如來於此起大慈悲意，欲令一切眾生離於眾苦，同獲法身

第一義樂。而彼法身，是無分別離念之法。唯有能滅虛妄識想不起念者，乃所應得。但一切眾生，常樂分別取著諸法，以顛倒妄想故而受生死。是故如來爲欲令彼離於分別執著想故，說一切世間法，畢竟體空，無所有乃至一切出世間法，亦畢竟體空無所有。若廣說者，如十八空。如是顯示一切諸法，皆不離菩提體。

這以下是「如來言說旨意」，究竟如來言說的旨意是什麼呢？「旨意」就是在「一實境界」相得到究竟了解。因為「一實境界」相得到究竟了，生老病死這些法都不存在了，都是虛妄的幻相，什麼幻相？法身的幻相，沒有生老病死這些幻相呢？很清涼的，永遠不變。生老病死是變化的。

這種境界相在《楞嚴經》上，佛問波斯匿王：「你幾歲看見恆河的？」他說：「我行年三歲，我母親帶我出去，我就看到恆河了。」「現在你好大年歲了？」他說：「現在我六十多歲了。」「三歲看見的恆河跟你六十多歲看見的恆河有什麼變化沒有？」他說：「我看沒有什麼變化。」因為這變化的速度，以凡夫用肉眼來計算，看不到什麼變化，其實它念念都在變化，這個水，前一念的水流過去了，再來的並不是我們所看到的水，怎麼會還是那時候的水呢？他認為沒有變化，其實現在看那恆河水，兩岸也不是那個時候的樣子了。但是在經上不是證明這個，而是證明見沒變。儘管物質怎樣變，見沒變化。

例如我們看一個山，看一個水，年輕小孩的時候看，現在已經六、七十歲了，再去看那山、那水感覺沒變，因為這個變化速度太慢了，見不到。如果是兩個朋友就不同了。廿歲的時候看他，到七十歲的時候再看，或者不相識了，速度變化的特別快。這是變化的快慢，一切事物都在變化，有的很顯然，可以用見分別出來。但是法身這個體永遠是清涼不變的。有些人看境界相就不同了。

在五台山，我們看見那大風在吹，到了八月以後，滿天的白雪，很荒涼的。但是菩薩看或者行道者來看，這山都是黃金，黃顏色的金色世界，例如說五台山有時候稱清涼寶山，為什麼呢？文殊菩薩在那兒說法，可是我們看不見，我們所看見的就不同了。

佛具足無量性功德是修來的，但釋迦牟尼佛成道之後看每個眾生都具足這種功德，這不是白修了嗎？不是這個意思。修才能顯出來，這是眾生本具的，也就是得無所得。所以在《金剛經》上得阿耨多羅三藐三菩提，那是虛妄見了。實際上無少法可得，就是這個意思。所以說在眾生身中建立諸佛的功德，法身上見到的生老病死是不存在的，但是我們在妄中看到生老病死。諸佛的一切殊勝功德，地藏菩薩、文殊師利也好，觀世音菩薩也好，我們身上都具足的，但是我們一點也見不到，這是我們有障礙，什麼障礙呢？就是受塵妄給障礙住的，真心證不到了。我們就證不到這「一實境界」，不相應了。隨順生老病死苦，無量苦來逼迫糾纏，好的見不到。

我跟道友個別交談的時候就說，如果心裡經常是愉快的接受，這境界也不覺得怎樣好，那境界也不覺得怎樣的壞，平等對待，這樣就有幾分相似了，還不是證得，只能說相似；相似者很少煩惱，那麼也就漸漸的能夠入法身了。這可以說是「名字覺」。證這個名字，漸漸就能達到相似，就明白了。雖然是實際還不明白，由這相似而後才能夠隨分，一點一點一分一分的達到究竟明白。因為眾生對這個不明白，連名字都沒有，連相似都沒有，連心都不曾發，就引起了諸佛菩薩的大慈悲意，想讓眾生離開這些痛苦。想要得到法身第一義，要先離分別妄念，把妄想都滅除，就能得到。這就是當初開始修「唯心識觀」；

不過，這個觀行如果沒有得到三業清淨是很不容易得到相應的。

「一切眾生常樂分別取著諸法」，這個樂就是快樂的意思。心裡最喜歡的是什麼呢？分別取著。執取相、計名字相，起業迷惑，完了就變業，就業繫苦了。所以眾生喜歡取著一切法，用思想來判斷是非，雖然是不乾淨的，他認為是乾淨的。好比我們出一身汗，或者做一點勞動，沾些泥土，我們自己到浴室裡一洗乾淨了。如果能把真心、腸胃都拿出來洗一洗就更乾淨了。但拿不出來的，就算能拿出來還是魔障。

五十種陰魔裡就有這種陰魔，有一位修道者就往他肚子裡一拿，隔著肚皮就把肚裡的蟲給抓出來了，如果認為這是神通，那就著魔事；這叫內魔，不是外面的天魔鬼神，就是自己認為自己成就了，這叫五蘊魔的色魔，是十魔中的一種。有很多行者認為現神通，現的是虛妄境界，一切法身都沒有這些，但是眾生就喜歡這些。

像我們現在修瑜伽法，杯子在這兒就推走了，有神通不得了了，這是虛妄的！顛倒妄想，什麼原因呢？氣功不是真的嗎？氣是假的，不過是用內力假外力和內力結合了，這也是他用功得來的，但這不是真實的。在大陸上，嚴新在清華大學表演成功了，到香港就失敗，再也推不動了。什麼原因？虛妄分別，但眾生樂著顛倒，一切世間法都是空的，這裡頭的變化都是耍戲法耍魔術的。魔術師氈子底下一摸就是一隻鴿子，別把它當成真實的。所以前面說的十八空就是顯示一切諸法都不離開體，不是有也不是無，那就是非有非無了，不是非無非非無俱。

菩提體者：非有、非無、非非有，非非無、非有無俱；非一、非異、非非一、非非異、非一異俱，乃至畢竟無有一相而可得者，

那就是四句了。一切法，「離四句、絕有無」，就是這樣說，這樣想，這樣去做，都不對了。究竟沒有一相可得，這些都是依名安立的，這叫戲論，每一句話都叫戲論。

以離一切相故，離一切相者，所謂不可依言說取，以菩提

法中，無有受言說者，及無能言說者故。又不可依心念知，以菩提法中，無有能取可取，無自無他，離分別相故。若有分別想者，則爲虛僞，不名相應。如是等說，

一切法言說取受，「言說者」說我們這個說是空的，過去就沒有了。錄下來也不是真實的，能錄下來怎麼不是實的呢？這話好像不容易理解，有人問我這話，我說是說火不是火；說火不是火是什麼？說火要是火就把嘴巴燒了，說火就是火不把人燒光了嗎？說水也不是水，說水要是水就永遠不渴了。這只是一個媒介，因此得在自己思惟修的時候，沒有受者，也沒有得者；沒有能受所受，也沒有能說所說，那該是依心念知吧？又不是依心念知，沒有能知所知，沒有自相，也沒有他相，沒共相，「不共不無因，是故說無生」，「因緣所生法，我說即是空」。不過這意思並不是我們學一年兩年能把它學清楚的。

要明白這個道理，一個是學〈大智度論〉，必須得學，看一遍都好，就把這些道理反反覆覆的看，這都是重覆的，只要是不厭煩，多反覆幾道，才能明瞭。一個從「有」方向入手，〈瑜珈師地論〉也得學。這兩部論不學不會懂得

這種道理；而且學這兩部論都有輔助的論，像〈攝大乘論〉、〈成唯識論〉，是佛學院每天都要講的。所以我們大家都要學。但是有些道友心裡還不太舒服，我們一個星期學兩個鐘頭就不錯了，一天學兩個鐘頭，天天學不行啦！你得學上幾年才能夠認識這些術語，再瞭解義理而後再一邊念著經，一邊隨著文就入觀了，念到《金剛經》無人相、無我相、無眾生相、無壽者相，一切諸法皆空。但這空不是斷滅，還有諸佛的功德，眾生還空不了呢！

要積善業，這個善果幫助你能空，很快就空掉惡業，因此必須隨時作善業，出世間善，不是世間上作點好事那個善，什麼不殺、不盜、不邪淫，這還不行，必須深入，因為這是無分別的，凡有分別想的都叫虛妄，就不能相應，要沒有分別想。我們做一件事情，就是學一種技術，隨便哪一樣，就是學習裁剪衣服也得經過三年的苦功，不僅學而且還要經過實踐，一般的技術都得經過這些過程，如果想入佛門，入無上的法門，這就更難了，這不是一般的知見了。

鈍根眾生不能解者，謂無上道如來法身，但唯空法，一向畢竟而無所有。其心怯弱，畏墮無所得中。或生斷滅想作

增減見，轉起誹謗，自輕輕他。我即爲說，如來法身，自性不空，有眞實體，具足無量清淨功業。從無始世來，自然圓滿，非修非作。乃至一切衆生身中，亦皆具足，不變不異，無增無減。如是等說，能除怯弱，是名安慰。又復愚癡堅執衆生，聞如是等說，亦生怯弱。以取如來法身本來滿足，非修非作相故，起無所得相而生怯弱。或計自然，墮邪倒見。

地藏菩薩很清楚眾生的心，這樣一說眾生一定發生誤解，認為法身是什麼樣子呢？法身是空的，沒有！沒有我學什麼呢？就生起一種怯弱見，得不到真義，這就是鈍根的，不能夠理解如來道的無上法身，就墮於斷滅或者增減了。在我們眾生斷煩惱好像煩惱滅了，增加功德。三十二相就好像煩惱沒有了，這叫增減見，落到謗大乘法。同時一落了斷滅空，自己對自己的一切善根也不承認了。修善法有什麼用？空的！假的！好多同學都這樣說，假的，別騙我了吧！知道空的一面，還有不空的一面呢！眾生說有執有，說空執空，你有種說，他有種種執，佛為什麼要說八萬四千法呢？不必這麼多！這個說到了，就執著這個，那個說到了，又跟著那個修，這個又斷了。眾生一旦落空見，邪見就更容易產生。

地藏菩薩說我是善說者，可是要落入這種見解誤解了，我就給他說如來不空，什麼是如來法身真實體，布施、持戒、忍辱、禪定、智慧全是不空的，能夠圓滿成就佛果。但不是作意得來的，在那兒本具足的。這是地藏菩薩用一個巧妙的方法說，使眾生得到什麼利益呢？眾生沒有畏懼心理得到安慰了。

不是稱地藏菩薩善安慰說者嗎？能夠善說安慰眾生，這種再達不到，就拿著占察輪占察占察吧！怎樣斷惡業，怎樣生善業，保你不下地獄，不落三塗就好了。在人中、在天道慢慢的修行，一生不行，兩生，反正是不下地獄，永遠在快樂當中修行不要受苦了。但事情得從兩方面講，佛法是面面觀，八萬四千法門這麼說也執著了一點。一點苦不受，修行不成的。

又復有些愚癡的，堅持執著不捨的，把如來法身當成什麼呢？這種非修非作又無所得不是自然產生的嗎？這個也是錯誤的，不是自然的。一切法都是眾生心生的，心生一切法生，一切法生心生，一切法滅心滅，「心生則種種法生，心滅則種種法滅」。我們反覆的這樣去修觀，觀久了就全明白了。究竟的圓滿菩提就是菩提佛果，得無所得，因為無所得才會無所用，用無所用，說得這樣沒那樣，無所得能夠圓得，這個意思是很深，好像無所得是不得了，那佛與一切眾生得度了，這不是得嗎？這又沒有得相，得無得相。不是自然的，自然是邪倒見，這裡頭有很多的過。

在佛教裡我們說佛的身與眾生身是平等無二的，圓滿的。我們是本具的佛，不假修習。要是不假修習，又怎麼能得到？但是《維摩詰經》、《楞嚴經》都這樣說，「何藉劬勞，肯綮修證」。莫假修證，不要辛辛苦苦的，這是為顯覺，顯給二乘人的。假使見思惑不斷，不修就受苦，沒有受苦那本事大了，成就了真。藉淫怒癡而能見到法身，能做到嗎？圓話好說，圓事不好做。

看《華嚴經》，「一微塵中轉大法輪」，十方諸佛在我們汗毛孔裡轉法輪呢！感覺得到嗎？話說起來容易，但印證絕對不行。有些人學圓頓教義學完了，學淫怒癡，你看他娶妻生子，他說他在修喜金剛呢！這種自稱是如來的要下金剛地獄，誰下呢？誰做呢？自己做的，這叫破金剛戒。

所以地藏菩薩要我們把戒定慧來回反覆的去行，反覆的去學，寧可墮有莫墮無；墮無非下地獄不可，墮有頂多慢慢去修就是了，還可以斷見惑，墮無可就不得了！假使我要冒充我是總統或是總理，人家會抓起來的，這是不可以冒充的，但是我們都是公民，都是一人一份，現在執行的職位不同而已。到閻羅王那兒去跟他說，我跟你平等，你不要拘我了，不要送我去下火坑，也不要送我上刀山了，我不聽你的。他說，你有本事到火坑刀山上變化一下子，自然就不苦了，變不了就得受。幻化空身即法身，能夠認得當下，即證得法身是不錯，但這是理，事上還做不到。這種邪倒見，地藏菩薩又為他說了。

我即爲說，修行一切善法，增長滿足，生如來色身，得無量功德清淨果報。

這也是圓教的教義圓修，叫一修一切修，修善法即起修，不離一切善法，法法皆是如來，就是前面無所得之意，能夠對這些邪知邪見了，也可以破除我念，念一個咒就成佛是不能的，即使成了佛也不會說法，會說法必須得三藏十二部一切的佛法都能說出來。

如此等說，令離怯弱，是名安慰。

給他一切善法，增長滿足了，生如來色身，這樣才對，要努力去修行善法，就能夠離生死，得快樂。

而我所說甚深之義，眞實相應，無有諸過，以離相違說故。

云何知離相違相。

地藏菩薩說，我所說的甚深法義是跟真實法身相應的，不相違過。「相違」就是互相違背，像前面講的有跟空是相違背的，有即是空就離了相違過。怎麼樣的無違，怎麼樣的離，在經義上有一定的分寸。經上說不生不滅，不垢不淨，怎麼樣才叫不增不減？就法身的理體來說，例如佛修成了無量性功德，能夠利益一切眾生，那是從眾生分中說的，以這個來斷增減就是相違了。法身是平等的，修即無修，跟眾生本具的原來是一樣的。他修什麼呢？修障沒有了，障又是什麼樣子呢？不可見的。本來是眾生妄心所造的，等到妄心變成真心，障也就沒有了。住一切障礙也沒有障礙相了。我們心裡所想的問題，想明白了，所想的不存在了，黑夜時做夢，夢見很多事物，接觸很多人，一個也不存在，沒有這麼回事！沒有這麼回事做什麼呢？任何人你跟他說了老半天很熱鬧，什麼時候到什麼地方去，做夢去的，說是虛假的。現在如果這一生盡了，明白了，醒了，就知道跟做夢一樣。對醒著的人說，醒的人是清清楚楚的，曉得說的是夢話。

所謂如來法身中，雖復無有言說境界，離心想念，非空非不空。乃至無一切相，不可依言說示。而據世諦幻化因緣假名法中，相待相對，則可方便顯示而說。以彼法身性，實無分別，離自相，離他相，無空無不空，乃至遠離一切諸相故，說彼法體爲畢竟空無所有。

這裡是假名一法，才可方便顯示。説無言説又不能不説，不説眾生無法入，得用方便了。地藏菩薩就是用這方便善巧講説。在前半部是讓我們擲輪相，有懷疑都可以擲輪相，就是顯示而説的。但是知道這前半部，也要理解後半部，那是方便，不是真實的。法身性體實在是沒有分別，也沒有自相，也沒有他相；也沒有什麼叫空，也沒有什麼叫不空，這個空和所有都是分別而已。

以離心分別，想念則盡。無一相而能自見，自知爲有。是故空義決定眞實，相應不謬。

這個才跟空義相應不謬，前面那個是謬的，用一個謬的，用一個不謬的，兩個相對照，這就是如來藏性的不空義。如來藏性的法身，這是不空的。如來的無漏性功德看對哪一類人説的，對什麼機就説什麼名詞，在這部經叫真如，在那部經不叫真如，叫如來藏性，因為顯的義理不同故。

復次，即彼空義中，以離分別妄想心念故，則盡畢竟無有

一相而可空者。以唯有眞實故，即爲不空。所謂離識想故，無有一切虛僞之相。畢竟常恒，不變不異。以更無一相可壞可滅，離增減故。又彼無分別實體之處，從無始世來，具無量功德自然之業，成就相應，不離不脫故，說爲不空。

什麼叫空呢？就是無念，則畢竟無有一相可得可空者，哪有一相可空呢？沒有。以唯有真實故。像《華嚴經》裡講的法法皆空，隨拈一法體具法界。《華嚴經》不講空講有，但這有是不可思議的有。在我們一個汗毛孔裡釋迦牟尼佛在轉大法輪呢！就在我們眾生身中一個汗毛孔裡說的。不是汗毛孔空了變成一法界，容得下諸佛在那裡轉大法輪嗎？這不是空義嗎？但人又不空了，因為眾生的事畢竟有這汗毛孔，這有又非有了，這甚深微妙義是給證得的地上大菩薩說的，能知道就不用說這種甚深義了。

以前跟人抬槓，我說我不大相信歷史。人家問為什麼？有些地方該相信，有些地方不能信。別說歷史，就是現在，我們有些地方也不知道。呂后是怎麼把韓信騙進未央宮殺的，歷史上沒有記載。現在跟前的這個社會發生很多事不知道，這還是民主社會，這民主當中還有不民主呢！很多事以後才知道，波茨坦會議瓜分世界，我們知道嗎？親自參加的人都不知道，只能說那幾個巨頭知道。

有很多的事情我們不知道，別說大的，小的也不知道。一天出了好多事，都知道嗎？還說歷史那麼遠，就是眼皮底下都不知道，用用腦筋，數過眼眉有好多根？能知道嗎？因為聰明還不行，俗話說聰明反被聰明誤。我們只能說不知道。不知道就說不知道，知道的不真實，片面的聽人家說，傳播有的時候也是假的！

如是實體功德之聚，一切眾生雖復有之。但為無明曀覆障故，而不知見，不能尅獲功德利益。與無莫異，

怎麼樣的來安慰眾生，破除虛妄的想像，修就有所得，這就是地藏菩薩善安慰說者。像地藏菩薩天天說地獄不空，誓不成佛，沒有啦！地獄哪有？沒有還有什麼意思？有什麼不空？地獄根本沒有，他還有什麼成佛不成佛？這都是方便善巧。我們不是這個法身的實體功德之聚，一切眾生雖然自有，但是被無明業障給障住了。不知也不見，不能剋獲功德利益，跟沒有有什麼兩樣呢？

說名未有。以不知見彼法體，所有功德利益之業，非彼眾生所能受用，不名屬彼。唯依遍修一切善法，對治諸障，見彼法身，然後乃獲功德利益。是故說修一切善法，生如來色身。

每一個眾生都有法身體，但是不能夠生起作用，等於沒有。這個意思就像我們在大陸經常說銀行是人民的，但是哪個人民進去拿一分錢也不行。人民是人民，進去取不行，警察會抓起來說你搶銀行，是不是這樣呢？說我是佛，什麼佛？糊塗佛，這個佛不行，因為不能受用，怎麼辦呢？要修。唯依遍修一切善法，修行善法把業障都對治完了，見到法身，功德利益就屬於你了。因此修一切善法，生如來色身。

菩薩諸佛說法，那也是相當慈悲的，要是經文看不懂，他一層一層的，就像吃大蔥大蒜似的，皮子一層一層的剝，這才能吃。心連皮吃不行，味道也不對了，必須一層一層剝。說法也是一層一層顯，不是一下子顯示，不能懂。講空說了半天又不空，不空還得遍行一切法對治障礙，把障礙都對治了，一切法都修好了，生如來的色身。這點一定要清楚，如來的法身跟我們的法身是一樣的，色身和我們眾生身不一樣，是諸佛菩薩功德修習善法成的。像我們有善有惡，如果不善不能聚在一起來學，有惡在我們身上，生老病死苦都具足的。像和尚也有求不得苦，或者是修間廟辦不到，求不得的事特多，每個人都有求不得苦，要想求得就修一切善法，就得到了，等得到了才知道，唉！我知道這個，我就不修了！為什麼？得到了等於無，這就是諸佛修即無修的意思。

善男子！如我所說甚深之義，決定眞實。離相違過，當如是知。

我所說的甚深義，這個真實的道理沒有相違的過錯，唯一切善法，順如來性功德，就與法身不相違。

爾時地藏菩薩摩訶薩說如此等殊勝方便深要法門時，

這就是解行利益了，就是這麼反反覆覆的說這個「一實境界、二種觀行」。

有十萬億眾生發阿耨多羅三藐三菩提心，

有好多呢？十萬億。發了無上正等正覺的菩提心了。

住堅信位。

堅淨信信了，登了十信了，相次見理，這就是十住、十行、十迴向了。

復有九萬八千菩薩得無生法忍。

這是大心已經發了，行菩薩道的，得無生法忍，登地了；但不是全的，有的得一分，有得兩分的，有得三分的，所得的不同。

一切大眾，各以天妙香華，供養於佛，及地藏菩薩摩訶薩。

聞完法以後了。

爾時佛告諸大眾言：「汝等各各應當受持此法門，隨所住處，廣令流布。所以者何？

大家受持是自己領受，修「一實境界、二種觀行」。還得修，還沒有究竟成佛，達到究竟，才達到無修住。只是自己修不行，要在所住的地方廣令流布，如果大家聽了《地藏經》，向周圍的人說，不信的人先引人信。

如此法門，甚爲難値，

像這樣的法門，很難得遇到。

能大利益。

這就是不說經也不說什麼法了。

若人得聞彼地藏菩薩摩訶薩名號，及信其所說者，當知是人，速能得離一切所有諸障礙事，

別說能聽到他所說的法，就是聽到地藏菩薩這麼個名字，更深入的就是信他所說的話，能得到什麼利益呢？

一切障礙的事情，都能得離，很快的成佛。

疾至無上道。」

這樣就能達到成佛了。這不是權教，而是對實教菩薩說的法，顯示《占察善惡業報經》的後半部是圓頓教。有人說地藏法門是小乘教，我不同意。我們大家聽聽這後半部說的這個意思，小乘教是不能得入的，必須得大菩薩發大心的人，才聽的進去；前半部可以，但不能把一部經分開來分列，所以可以速疾的至無上道。

於是大眾皆同發言：「我當受持，流布世間，不敢令忘。」

我讓這部經永遠的在世間流布，我們都應當受持。

爾時堅淨信菩薩摩訶薩白佛言：

堅淨信菩薩是代表末世眾生請法者，到這裡結束了，他就問佛。

世尊！如是所說六根聚修多羅中，名何法門？此法眞要，

我當受持。令末世中，普皆得聞。

「修多羅」就是契機，契合眾生之機，契合諸佛之理的這部經叫什麼名字？不能叫六根聚吧？我當受持這個法，但是我要讓末世的眾生都能聞到，佛應給它定個名字。每部經的最後，請法者都要諸佛說這部經的名字，因為經都有許多名字，必須請佛說，怎麼樣的名字才能完整。

佛告堅淨信菩薩：「此法門名為占察善惡業報。亦名消除諸障增長淨信，亦名開示求向大乘者進趣方便，顯出甚深究竟實義，亦名善安慰說，令離怯弱，速入堅信決定法門。

這個法門的名字就叫「占察善惡業報」。另一個名字叫「消除諸障增長淨信」。把一切障礙都消除，使我們生起清淨的信心，這又是一個名字。還有一個名字叫「開示求向大乘者進趣方便」。地藏菩薩開示我們求大乘的，怎麼樣趣大乘到達大乘。怎麼樣一個方便法門顯出甚深實義，這又是一個名字。亦名

「善安慰說」，這個名字很少聽說，地藏菩薩是善安慰者，能夠善安慰說法，看眾生不敢發大心、怯弱，對甚深道理產生畏怯不前，不敢勇猛，軟弱無力。經過地藏菩薩善說安慰，能夠速入堅信決定法門，雖然是名字很多，但通用的還是《占察善惡業報經》，藏經裡有《占察善惡業報經》這部經。

依如是名義，汝當受持。

以上這些名字，隨便說什麼名字都可以，當如是受持。

佛說此法門已，一切大會，悉皆歡喜，信受奉行。

這個涵義大家都懂得的。

卷下 竟

國家圖書館出版品預行編目資料

占察善惡業報經講記/夢參老和尚主講 ; 吳碧濤整理.
-- 二版. -- 臺北市 : 方廣文化事業有限公司, 2023.03
面 ; 公分
ISBN 978-986-99031-5-8 (精裝)
1. CST: 經集部
221.78　　1112001182

占察善惡業報經講記《修訂版》

主講：上夢下參老和尚
出版：方廣文化事業有限公司
整理：吳碧濤居士　方廣編輯部校正修訂
通訊地址：台北市大安區青田郵局第一二〇號信箱
電話：(〇二)二三九二-〇〇〇三　傳真：(〇二)二三九一-九六〇三
劃撥帳號：一七六二三四六三
戶名：方廣文化事業有限公司
封面設計：大觀創意團隊
印製：鎏坊工作室
裝訂：精益裝訂有限公司
經銷：聯合發行股份有限公司
電話：(〇二)二九一七-八〇二二　傳真：(〇二)二九一五-六二七五
出版日期：二〇二四年四月　(二版二刷)
定價：新台幣五九九元　軟精裝　(附占察輪暨修行手冊)
行政院新聞局出版登記證：局版臺業字第六〇九〇號
網址：www.fangoan.com.tw
電子信箱：fangoan@ms37.hinet.net

No. D509A

方廣文化出版品目錄〈一〉

夢參老和尚系列
書 籍

● 八十華嚴講述

HP01 大乘起信論淺述 (八十華嚴 導讀一)
H208 淺說華嚴大意 (八十華嚴 導讀二)
H209 世主妙嚴品 (第1至3冊)
H210 如來現相品・普賢三昧品 (第4冊)
H211 世界成就品・華藏世界品・毘盧遮那品 (第5冊)
H212 如來名號品・四聖諦品・光明覺品 (第6冊)
H213 菩薩問明品 (第7冊)
H214 淨行品 (第8冊)
H215 賢首品 (第9冊)
H301 升須彌山頂品・須彌頂上偈讚品・十住品 (第10冊)
H302 梵行品・初發心功德品・明法品 (第11冊)
H401 升夜摩天宮品・夜摩宮中偈讚品・十行品・十無盡藏品 (第12冊)
(H501～H903 陸續出版中......)

● 華 嚴

H203 華嚴經淨行品講述
H324 華嚴經梵行品新講 (增訂版)
H205 華嚴經普賢行願品講述
H206 華嚴經疏論導讀
H255 華嚴經普賢行願品大意

● 天 台

T305A 妙法蓮華經導讀

● 楞 嚴

LY01 淺說五十種禪定陰魔—《楞嚴經》五十陰魔章
L345 楞嚴經淺釋 (全套三冊)

方廣文化出版品目錄〈二〉

夢參老和尚系列
書 籍

● 地藏三經

地藏經

D506 地藏菩薩本願經講述 (全套三冊)
D516A 淺說地藏經大意

占察經

D509A 占察善惡業報經講記(附HIPS材質占察輪及修行手冊)
D512A 占察善惡業報經新講

大乘大集地藏十輪經 D507 (全套六冊)

D507-1 地藏菩薩的止觀法門 (序品 第一冊)
D507-2 地藏菩薩的觀呼吸法門 (十輪品 第二冊)
D507-3 地藏菩薩的戒律法門 (無依行品 第三冊)
D507-4 地藏菩薩的解脫法門 (有依行品 第四冊)
D507-5 地藏菩薩的懺悔法門 (懺悔品 善業道品 第五冊)
D507-6 地藏菩薩的念佛法門 (福田相品 獲益囑累品 第六冊)

● 般 若

B411 般若波羅蜜多心經講述 (合輯本)
B406 金剛經
B409 淺說金剛經大意
B412 應無所住：金剛經十四堂課

● 開 示 錄

S902 修行 (第一集)
Q905 向佛陀學習 (第二集)
Q906 禪・簡單啟示 (第三集)
Q907 正念 (第四集)
Q908 觀照 (第五集)

方廣文化出版品目錄〈三〉

系列	編號	書名
地藏系列	D503	地藏三經 (經文版) (地藏菩薩本願經、大乘大集地藏十輪經、占察善惡業報經)
	D511	占察善惡業報經行法 (占察拜懺本) (中摺本)
華嚴系列	H201	華嚴十地經論
	H202	十住毘婆沙論
	H207	大方廣佛華嚴經 (八十華嚴) (全套八冊)
般若系列	B402	小品般若經
	B403A	大乘理趣六波羅蜜多經
	B404A	能斷金剛經了義疏 (附心經頌釋)
	B408	摩訶般若波羅蜜經 (中品般若) (全套三冊)
天台系列	T302	摩訶止觀
	T303	無量義經 (中摺本)
	T304	觀普賢菩薩行法經 (中摺本)
部派論典系列	S901A	阿毘達磨法蘊足論
	Q704	阿毗達磨俱舍論 (全套二冊)
	S903	法句經 (古譯本) (中摺本)
瑜伽唯識系列	U801	瑜伽師地論 (全套四冊)
	U802A	大乘阿毗達磨集論
	B803	成唯識論
	B804A	大乘百法明門論解疏
	B805	攝大乘論暨隨錄
憨山大師系列	HA01	楞嚴經通議 (全套二冊)

方廣文化出版品目錄〈四〉

密宗系列

M001　菩提道次第略論釋 (全套四冊)
M002　勝集密教王五次第論
M003　入中論釋
M004　大乘寶要義論(諸經要集)
M006　菩提道次第略論
M007　寂天菩薩全集
M008　菩提道次第廣論
M010　菩提道次第修法筆記
M011　白度母修法(延壽法門修法講解)
M012 A 中陰-死亡時刻的解脫
M018　菩提道次第廣論集註 (卷一～卷十三)
M019　佛教的本質-《佛教哲學與大手印導引》
M020　業的力量-(與死亡的恐懼共處)

能海上師系列

N601 般若波羅蜜多教授現證莊嚴論名句頌解
N602 菩提道次第論科頌講記
N606 能海上師傳
N607 現證莊嚴論清涼記
N608 菩提道次第心論

論頌系列

L101 四部論頌(釋量論頌 現證莊嚴論頌 入中論頌 俱舍論頌)
L102 中觀論頌 (中摺本)
L103 入菩薩行論頌 (中摺本)
L104A 彌勒菩薩五部論頌
L105A 龍樹菩薩論頌集
L106 中觀論頌釋
R001 入中論頌 (小摺本)

方廣文化出版品目錄〈五〉

南傳佛教系列

SE05 七種覺悟的因素
SE06 南傳大念處經 (中摺本)
SE07 三十七道品導引手冊 (阿羅漢的足跡增訂版)
SE08 內觀基礎 《從身體中了悟解脫的真相》
SE09 緬甸禪坐 《究竟的止觀之道》(增訂版)

其他系列

Q701 單老居士文集
Q702 肇論講義
Q703B 影 塵-倓虛老法師回憶錄
Q705 佛學小辭典 (隨身版)
ZA01 參 禪《虛雲老和尚禪七開示》
ZA02 禪淨雙修《虛雲老和尚開示錄》
Z005 《禪宗公案》-李潤生著

大乘大集地藏十輪經

夢參老和尚講述

《大乘大集地藏十輪經》共有八品十卷，自從唐代玄奘大師譯成中文之後，迄今千餘年，幾無任何相關經論註釋，可供參考研習。

1995年秋冬之際，旅居加拿大溫哥華地區的三寶弟子，特別禮請夢參老法師講述《地藏十輪經》，闡明這部經的微言奧義，讓現代人可以深入淺出的攝受地藏法門止觀境界。

NO. D507 大乘大集地藏十輪經講述
25K 平裝(六本) NT:1, 560

消除修行障礙・增長清淨信心

編號：D512

這是夢參老和尚有關《占察善惡業報經》的第二本講述著作。

1998年夏夢參老和尚應五台山普壽寺僧眾的邀請重新講解，讓我們了解地藏法門的基本精神，並且具體活用占察輪相，將修行與生活結合。

編號：D516
精裝 NT：320

如何依止《金剛經》修行？並將經典與生活結合？這是本書〈淺說金剛經大意〉的旨趣。

2007年夢參老和尚在五台山解說《金剛經》的大意；並依流通本三十二分的架構，簡擇出《金剛經》的辯證義理。

占察善惡業報經講記（修訂版）

編號:D509A 25K NT:599
(附占察輪HIPS材質 & 修行手冊)

《占察善惡業報經講記》是夢參老和尚赴美國弘法，第一本集結成冊的書籍。由於深入淺出，有修有證，廣受海內外讀者的讚許與推荐。

本書的內容，娓娓道出他學習地藏占察輪相的傳承，以及具體的修持步驟，使得學習地藏占察輪相，逐漸成為佛弟子懺除業障、增長信心、求得清淨戒律的重要方便法門。

這本書是夢參老和尚在一九八九年九月，應美國紐約菩提心協會的邀請而舉行的開示內容，編輯部在徵得夢參老和尚的同意下，重新校正修訂出版。

《華嚴經淨行品》為八十華嚴的第十一品，夢參老和尚講述《華嚴三品》是以〈淨行品〉為首，主要是增長我們修行的信德，用事顯理，彰顯信位菩薩「善用其心」的無礙智慧。

編號：H203
25K NT：280

為方便瞭解華嚴義海，夢參老和尚介紹了《華嚴經疏論纂要》第一卷的玄談導引。

在講解過程中，特別釐清了清涼國師與李通玄長者的異同，並將古奧的華嚴疏論，化為深入淺出的語言。

編號：H206A
25K NT：320

《華嚴經梵行品》是八十華嚴的第十六品，這一品表現出佛教義理當中純粹的思惟與辯證的理性，尤其是在面對出家人的清淨戒行上，這一品的經文更是逐一辯難，讓修行人可以銷除疑惑，證得空性。

編號：H324（增訂版）
25K NT：220

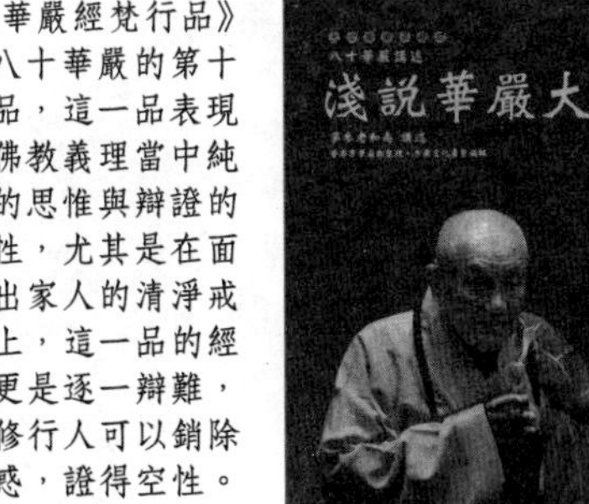

編號：H208
小16K NT：399

〈普賢行願品〉是《華嚴經》的最後一品，也是華嚴事事無礙的具體法門。

夢參老和尚以修持〈普賢行願品〉半世紀的經驗，提出修學《華嚴經》的要訣。

編號：H205
25K NT：300

2004年早春，夢參老和尚以九十歲高齡，在五台山講述《大方廣佛華嚴經》，完整開演華嚴甚深奧義。

為學習全套【八十華嚴】奠定基礎，隨書附贈一片紀念版DVD光碟，讓無緣親臨華嚴法會者，能如親臨現場參與請法儀式，聽聞老和尚演說華嚴大意。